THE ROUGH GUIDE

POLISH

PHRASEBOOK

Compiled by

LEXUS

ROUGH
GUIDES

www.roughguides.com

Credits

Compiled by Lexus with Ania Plank
Lexus Series Editor: Sally Davies
Rough Guides Reference Director: Andrew Lockett
Rough Guides Series Editor: Mark Ellingham

First edition published in 1996.
Revised in 2000.
This updated edition published in 2006 by
Rough Guides Ltd,
80 Strand, London WC2R 0RL
345 Hudson St, 4th Floor, New York 10014, USA
Email: mail@roughguides.co.uk.

Distributed by the Penguin Group.

Penguin Books Ltd, 80 Strand, London WC2R 0RL
Penguin Putnam, Inc., 375 Hudson Street, NY 10014, USA
Penguin Group (Australia), 250 Camberwell Road, Camberwell,
Victoria 3124, Australia
Penguin Books Canada Ltd, 10 Alcorn Avenue, Toronto,
Ontario, Canada M4V 1E4
Penguin Group (New Zealand), Cnr Rosedale and Airborne Roads,
Albany, Auckland, New Zealand

Typeset in Bembo and Helvetica to an original design by Henry Iles.
Printed in Italy by LegoPrint S.p.A

British Library Cataloguing in Publication Data
A catalogue for this book is available from the British Library.

ISBN 13: 978-1-84353-637-6
ISBN 10: 1-84353-637-4

3   5   7   9   8   6   4

The publishers and authors have done their best to ensure the
accuracy and currency of all information in The Rough Guide
Polish Phrasebook however, they can accept no responsibility for
any loss or inconvenience sustained by any reader using the book.

Online information about Rough Guides can be
found at our website www.roughguides.com

CONTENTS

Introduction

The Rough Guide Polish phrasebook is a highly practical introduction to the contemporary language. Laid out in clear A-Z style, it uses key-word referencing to lead you straight to the words and phrases you want – so if you need to book a room, just look up 'room'. The Rough Guide gets straight to the point in every situation, in bars and shops, on trains and buses, and in hotels and banks.

The main part of the Rough Guide is a double dictionary: English-Polish then Polish-English. Before that, there's a section called **Basic Phrases** and to get you involved in two-way communication, the Rough Guide includes, in this new edition, a set of **Scenario** dialogues illustrating questions and responses in key situations such as renting a car and asking directions. You can hear these and then download them free from **www.roughguides.com/phrasebooks** for use on your computer or MP3 player.

Forming the heart of the guide, the **English-Polish** section gives easy-to-use transliterations of the Polish words wherever pronunciation might be a problem. Throughout this section, cross-references enable you to pinpoint key facts and phrases, while asterisked words indicate where further information can be found in a section at the end of the book called **How the Language Works**. This section sets out the fundamental rules of the language, with plenty of practical examples. You'll also find here other essentials like numbers, dates, telling the time and basic phrases. In the **Polish-English** dictionary, we've given you not just the phrases you'll be likely to hear (starting with a selection of slang and colloquialisms) but also many of the signs, labels, instructions and other basic words you may come across in print or in public places.

Near the back of the book too the Rough Guide offers an extensive **Menu Reader**. Consisting of food and drink sections (each starting with a list of essential terms), it's indispensable whether you're eating out, stopping for a quick drink, or browsing through a local food market.

szczęśliwej podróży!
have a good trip!

Basic
Phrases

Basic Phrases

yes
tak

no
nie
n-yeh

OK
dobrze
dobJeh

hello
dzień dobry
djen dobri
(in the evening)
dobry wieczór
v-yechoor

good morning
dzień dobry
djen dobri

good evening
dobry wieczór
v-yechoor

good night
dobranoc
dobranots

goodbye
do widzenia
veedzen-ya

hi!/cheerio!
cześć!
chesh-ch

see you!
do zobaczenia!
zobachen-ya

please
proszę
prosheh

yes, please
tak, chętnie
Hent-nyeh

thank you, thanks
dziękuję
djenkoo-yeh

no thank you
dziękuję, nie
n-yeh

thank you very much
dziękuję bardzo
bards-o

don't mention it
proszę bardzo
prosheh

how do you do?
jak się pan/pani ma?
yak sheh pan/panee

how are you?
co słychać?
tso swiHach

fine, thanks
dziękuję, wszystko w
  porządku
djenkoo-yeh fshistko f poJontkoo

nice to meet you
miło mi pana/panią poznać
meewo mee pana/pan-yon poznach

excuse me
przepraszam
psheprasham

excuse me?
(didn't understand/hear)
słucham?
swooHam

(I'm) sorry
przepraszam
psheprasham

sorry?/pardon (me)?
słucham?
swooHam

what?
co takiego?
tso tak-yego

what did you say?
(to a man)
co pan powiedział?
tso pan pov-yedja^{wuh}
(to a woman)
co pani powiedziała?
panee pov-yedjawa

I see/I understand
rozumiem
rozoom-yem

I don't understand
nie rozumiem
n-yeh

do you speak English?
czy pan/pani mówi po
  angielsku?
chi pan/panee moovee po ang-
  yelskoo

I don't speak Polish
nie mówię po polsku ...
n-yeh moov-yeh po polskoo

**could you speak more
  slowly?**
proszę wolniej!
prosheh vol-nyay

could you repeat that?
proszę to powtórzyć
prosheh poftooJich

9

please write it down
proszę to napisać
prosheh – napeesach

I'd like a ...
proszę o ...
prosheh

I'd like to ...
chciałbym/chciałabym ...
Hcha^wuh bim/Hchawabim

can I have a ...?
czy mogę dostać ...?
chi mogeh dostach

do you have ...?
czy ma pan/pani ...?
chi – panee

how much is it?
ile to kosztuje?
eeleh to koshtoo-yeh

cheers! (toast) na zdrowie!
zdrov-yeh

it is ...
to jest ...
yest

where is it?
gdzie to jest?
gJeh

where is/are ...?
gdzie jest/są ...?
gJeh yest/son

is it far?
czy to jest daleko?
chi

what time is it?
która godzina?
ktoora godjeena

Scenarios

download these scenarios as MP3s from:

1. Accommodation

is there an inexpensive hotel you can recommend?
▶ proszę mi polecieć niedrogi hotel
[prosheh mee polecheech n-yedrogee hotel]

przykro mi, nie mają już wolnych pokoi ◀
[pshikro mee n-yeh ma-yON yoosh volniH poko-ee]
I'm sorry, they all seem to be fully booked

can you give me the name of a good middle-range hotel?
▶ proszę mi polecić dobry hotel, ale nie z tych najdroższych
[prosheh mee polecheech dobri hotel aleh n-yeh stiH nidrosh-shiH]

zaraz zobaczę, czy to ma być w centrum? ◀
[zaras zobacheh chi to ma bich ftsentroom]
let me have a look; do you want to be in the centre?

if possible
▶ najchętniej
[niHentn-yay]

czy hotel może być poza miastem? ◀
[chi hotel moJeh bich poza m-yastem]
do you mind being a little way out of town?

not too far out
▶ ale nie za daleko
[aleh n-yeh za daleko]

where is it on the map?
▶ proszę mi to pokazać na planie miasta
[prosheh mee to pokazach na plan-yeh m-yasta]

can you write the name and address down?
▶ proszę mi zapisać nazwę i adres
[prosheh mee zapeesach nazveh ee adres]

I'm looking for a room in a private house
▶ szukam pokoju w prywatnym domu
[shookam poko-yoo fprivatnim domoo]

2. Banks

bank account	konto bankowe	[konto bankoveh]
to change	wymienić	[vim-yenich p-yen-yondseh]
money	pieniądze	
cheque	czek	[chek]
to deposit	wpłacić	[fpwacheech]
euro	euro	[eh-ooro]
pin number	numer PIN	[noomer peen]
pound	funt	[foont]
to withdraw	wyciągnąć	[vichongnonch]

can you change this into zlotys?
▶ mogę to tu zamienić na złotówki?
[mogeh to too zam-yeneech na zwotoofkee]

do you have information in English about opening an account?
▶ czy mają państwo instrukcje otwierania konta w języku angielskim?
[chi ma-yON pan^{yuh}stfo eenstrookts-yeh otf-yeran-ya konta vyenzikoo ang-yelskeem]

jakie to ma być konto?
[yak-yeh to ma bich konto]
yes, what sort of account do you want?

a current account
▶ rachunek bieżący
[raHoonek b-yeJontsi]

proszę pani paszport
[prosheh pana pashport]
your passport, please

can I use this card to draw some cash?
▶ czy mogę wyciągnąć pieniądze z tej konta za pomocą karty?
[chi mogeh vichong-nonch p-yen-yondseh z tay konta za pomotsON karti]

proszę przejść do kasy
[prosheh pshaysh-ch do kasi]
you have to go to the cashier's desk

I want to transfer this to my account at ...
▶ chcę przelać tę sumę na moje konto w...
[Htseh pshelach teh soomeh na mo-yeh konto v]

dobrze, ale pobierzemy opłatę za rozmowę telefoniczną
[dobJeh aleh pob-yeJemi opwateh za rozmoveh telefoneechnON]
OK, but we'll have to charge you for the phonecall

3. Booking a room

shower	prysznic	[prishnits]
telephone in the room	telefon w pokoju	[telefon fpoko-yoo]
payphone in the lobby	automat telefoniczny na korytarzu	[owtomat telefoneechni na koritaJoo]

do you have any rooms?
▶ czy mają państwo wolne pokoje?
[chi ma-yON panstfo volneh poko-yeh]

▶ dla ilu osób?
[dla eeloo osoop]
for how many people?

for one/for two
▶ dla jednej/dla dwóch
[dla yednay/dla dvooH]

tak, mamy wolne pokoje ◀
yes, we have rooms free
[tak mami volneh poko-yeh]

▶ na jak długo?
[na yak dwoogo]
for how many nights?

just for one night
▶ na jedną dobę
[na yedON dobeh]

how much is it?
▶ ile to kosztuje?
[eeleh to koshtoo-yeh]

90 złotych z łazienką, a 70 złotych bez łazienki ◀
[djev-yendjeshont zwotiH zwaJenkON shedemdjeshont bez waJenkee]
90 zlotys with bathroom and 70 zlotys without bathroom

does that include breakfast?
▶ czy cena obejmuje śniadanie?
[chi tsena obaymoo-yeh shn-yadan-yeh]

can I see a room with bathroom?
▶ czy mogę obejrzec pokój z łazienką?
[chi mogeh obayJech pokoo^{yuh} zwaJenkON]

ok, I'll take it
▶ dobrze, proszę ten pokój
[dobJeh prosheh ten pokoo^{yuh}]

when do I have to check out?
▶ o której muszę opuścić pokój?
[o ktooray moosheh opoosh-cheech pokoo^{yuh}]

is there anywhere I can leave luggage?
▶ czy mogę gdzieś zostawić bagaż?
[chi mogeh gdjesh zostaveech bagash]

4. Car hire

automatic	automatyczna skrzynia biegów	[owtomatichna skshin-ya b-yegoof]
full tank	pełny bak	[pee^{wuh}ni bak]
manual	ręczna skrzynia biegów	[renchna skshin-ya b-yegoof]
rented car	wynajęty samochód	[vina-yenti samoHoot]

I'd like to rent a car
▸ chciałbym wynająć samochód
[Hchowbim vinayonch samoHoot]

▸ na jak długo?	**two days**
[na yak dwoogo]	▸ na dwa dni
for how long?	[na dva dnee]

I'll take the ...
▸ poproszę o ...
[poprosheh o]

is that with unlimited mileage?	tak ◂
▸ czy to oferta bez limitu dobowego?	[tak]
[chi to oferta bes leemeetoo dobovego]	**it is**

▸ poproszę pana prawo jazdy	▸ i paszport
[poprosheh pana pravo yazdi]	[ee pashport]
can I see your driving licence, please?	**and your passport**

is insurance included?
▸ czy ta oferta obejmuje ubezpieczenie?
[chi ta oferta obaymoo-yeh oobesp-yechen-yeh]

tak, ale będzie pan musiał zapłacić pierwsze 100 złotych ◂
[tak aleh bendjeh pan mooshow zapwacheech p-yerfsheh sto zwotiH]
yes, but you have to pay the first 100 zlotys

może pan wpłacić 100 złotych depozytu? ◂
[moJeh pan fpwacheech sto zwotiH depozitoo]
can you leave a deposit of 100 zlotys?

and if this office is closed, where do I leave the keys?
▸ gdzie zostawić kluczyki, gdyby państwa biuro było zamknięte?
[gdjeh zostaveech kloocheekee gdibi panstfa b-yooro biwo zamkn-yenteh]

proszę je wrzucić do tej skrzynki ◂
[prosheh yeh vJoocheech do tay skshinkee]
you drop them in that box

5. Communications

English	Polish	Pronunciation
ADSL modem	modem ADSL	[modem a deh es el]
at	małpa	[ma^{wuh}pa]
dial-up modem	modem telefoniczny	[modem telefoneechni]
dot	kropka	[kropka]
Internet	internet	[eenternet]
mobile (phone)	komórka	[komoorka]
password	hasło	[Haswo]
telephone socket adaptor	telefoniczne łącze przejściowe	[telefoneechneh woncheh pshaysh-choveh]
wireless hotspot	bezprzewodowy punkt dostępu do internetu	[bespshevodovi poonkt dostempoo do eenternetoo]

is there an Internet café around here?
▶ czy jest tu gdzieś kawiarnia internetowa?
[chi yest too gdjesh kav-yarn-ya eenternetova]

can I send email from here?
▶ czy mogę stąd wysłać e-maila?
[chi mogeh stont viswach eemayla]

where's the at sign on the keyboard?
▶ gdzie na klawiaturze jest znak "małpa"?
[gdjeh na klav-yatooJeh yest znak ma^{wuh}pa]

can you put me through to...?
▶ proszę mnie połączyć z ...
[prosheh mnyeh powoncheech z ...]

can you switch this to a UK keyboard?
▶ czy można przełączyć klawiaturę na angielską?
[chi moJna pshewonchich klav-yatooreh na ang-yelskON]

can you help me log on?
▶ czy może pani pomóc mi się zalogować?
[chi moJeh panee pomoots mee sheh zalogovach]

I'm not getting a connection, can you help?
▶ nie mogę się połączyć, może mi pani pomóc?
[n-yeh mogeh sheh powonchich moJeh mee panee pomoots]

where can I get a top-up card for my mobile?
▶ gdzie mogę kupić kartę zdrapkę?
[gdjeh mogeh koopeech karta zdrapkeh]

zero	zero [zeh-ro]
	one jeden [yeden]
two	dwa [dva]
	three trzy [tshi]
four	cztery [chteri]
	five pięć [p-yench]
six	sześć [shesh-ch]
	seven siedem [shedem]
eight	osiem [oshem]
	nine dziewięć [dyevyench]

6. Directions

hi, I'm looking for Szewska Street
▶ przepraszam, szukam ulicy Szewskiej
[psheprasham shookam ooleetsi shefsk-yay]

hi, Szewska
Street, do
you know
where it is?
przepraszam,
wie pan,
gdzie jest
Szewska?
[psheprasham
v-yeh pan gdjeh
yest shefska]

przepraszam, nie znam takiej ulicy ◀
[psheprasham n-yeznam tak-yay ooleetsi]
sorry, never heard of it

hi, can you tell me where Szewska Street is?
▶ przepraszam, gdzie jest ulica Szewska?
[psheprasham gdjeh yest ooleetsa shefska]

ja też nie jestem stąd ◀
[ya tesh n-yeh yestem stont]
I'm a stranger here too

where?
gdzie?
[gdjeh]

which direction?
w jakim kierunku?
[v-yakeem k-yeroonkoo]

▶ tuż za rogiem
[toosh za rog-yem]
just round the corner

▶ na lewo za drugimi światłami
[na levo za droogeemee shf-yatwamee]
left at the second traffic lights

▶ i dalej pierwsza ulica w prawo
[ee dalay p-yerfsha ooleetsa fpravo]
then it's the first street on the right

dalej [dalay] **further**	naprzeciw [napshecheef] **opposite**	z powrotem [spovrotem] **back**	przed [pshet] **in front of**
koło [ko-wo] **past the ...**	niedaleko [n-yedaleko] **near**	po prawej [po pravay] **on the right**	tam **over there** ulica [ooleetsa] **street**
po lewej [po levay] **on the left**	obok **next**	prosto **straight ahead**	zaraz za [zaras za] **just after**

7. Emergencies

accident	wypadek	[vipadek]
ambulance	karetka pogotowia	[karetka pogotov-ya]
consul	konsul	[konsul]
embassy	ambasada	[ambasada]
fire brigade	straż pożarna	[strash poJarna]
police	policja	[poleets-ya]

help!
▶ pomocy!
[pomotsi]

can you help me?
▶ proszę mi pomóc
[prosheh mee pomoots]

please come with me! it's really very urgent
▶ proszę ze mną! to naprawdę bardzo pilne
[prosheh zeh mnON to napravdeh bardso peelneh]

I've lost (my keys)
▶ zgubiłam (klucze)
[zgoobeewam (kloocheh)]

(my car) is not working
▶ (mój samochód) się popsuł
[(moo^yuh samoHoot) sheh popsoo^wuh]

(my purse) has been stolen
▶ ukradziono mi (portmonetkę)
[ookradjono mee (portmonetkeh)]

I've been mugged
▶ napadnięto mnie
[napadn-yento mnyeh]

jak się pani nazywa? ◀
[yak sheh panee naziva]
what's your name?

proszę pokazać mi paszport ◀
[prosheh pokazach mee pashport]
can I see your passport?

I'm sorry, all my papers have been stolen
▶ przepraszam, ukradziono mi wszystkie dokumenty
[psheprasham ookradjono mee fshistk-yeh dokoomenti]

8. Friends

hi, how're you doing?
▶ cześć, jak ci leci?
[chesh-ch yak chee lechee]

nieźle, a tobie? ◀
[n-yeJleh a tob-yeh]
OK, and you?

yeah, fine
▶ dobrze
[dobjeh]

not bad
▶ nienajgorzej
[n-yenigoJay]

d'you know Mark?
▶ znasz Marka?
[znash marka]

and this is Hannah
▶ a to jest Hanna
[a to yest hanna]

tak, znamy się ◀
[tak znami sheh]
yeah, we know each other

where do you know each other from?
▶ skąd się znacie?
[skont sheh znacheh]

poznaliśmy się u Andrzeja ◀
[poznaleeshmi sheh oo andJay-a]
we met at Andrzej's place

that was some party, eh?
▶ ależ to była impreza, co?
[alesh to biwa eempreza]

świetna ◀
[shf-yetna]
the best

are you guys coming for a beer?
▶ idziecie na piwo?
[eedjecheh na peevo]

▶ super, chodźmy
[sooper Hochmi]
cool, let's go

▶ nie mogę, mam się spotkać z Ewą
[n-yeh mogeh mam sheh spotkach zevON]
no, I'm meeting Ewa

see you at Andrzej's place tonight
▶ do zobaczenia dziś wieczorem u Andrzeja
[do zobachen-ya djeesh v-yechorem oo andJay-a]

na razie ◀
[na raJ-yeh]
see you

9. Health

I'm not feeling very well
▶ źle się czuję
[Jleh sheh choo-yeh]

can you get a doctor?
▶ proszę wezwać lekarza
[prosheh vezvach lekaJa]

▶ w którym miejscu boli?
[fktoorim m-yaystsoo bolee]
where does it hurt?

it hurts here
▶ boli mnie tutaj
[bolee mnyeh tootI]

▶ czy boli cały czas?
[chi bolee tsowi chas]
is the pain constant?

it's not a constant pain
▶ nie boli cały czas
[to n-yeh bolee tsowi chas]

can I make an appointment?
▶ chciałbym zamówić wizytę
[Hchowbim zamoovich veeziteh]

can you give me something for ...?
▶ czy może pani dać mi coś na ...?
[chi moJeh panee dach mee tsosh na]

yes, I have insurance
▶ tak, mam ubezpieczenie
[tak mam oobesp-yechen-yeh]

antibiotics	antybiotyki	[antib-yotikee]
antiseptic ointment	maść antyseptyczna	[masch antiseptichna]
cystitis	zapalenie pęcherza	[zapalen-yeh penHeJa]
dentist	dentysta	[dentista]
diarrhoea	biegunka	[b-yegoonka]
doctor	lekarz	[lekash]
hospital	szpital	[shpeetal]
ill	chory	[Hori]
medicine	lekarstwo	[lekarstfo]
painkillers	środki przeciwbólowe	[shrotkee pshecheefbooloveh]
pharmacy	apteka	[apteka]
to prescribe	przepisać	[pshepeesach]
thrush	grzybica	[gJibeetsa]

10 . Language difficulties

a few words	kilka słów	[keelka swoof]
interpreter	tłumacz	[twoomach]
to translate	tłumaczyć	[twoomachich]

transakcji nie autoryzowano ◀
[transakts-yee n-yeh owtorizovano]
your credit card has been refused

what, I don't understand; do you speak English?
▶ nie rozumiem, mówi pan po angielsku?
[n-yeh rozoom-yem moovee pan po ang-yelskoo]

to nie jest ważne ◀
[to n-yeh yest vaɹneh]
this isn't valid

could you say that again?   **slowly**
▶ proszę powtórzyć   ▶ powoli
[prosheh poftooɹich]   [povolee]

I understand very little Polish
▶ niewiele rozumiem po polsku
[n-yev-yeleh rozoom-yem po polskoo]

I speak Polish very badly
▶ bardzo słabo mówię po polsku
[bardso swabo moov-yeh po polskoo]

nie może pani płacić tą kartą ◀
[n-yeh moɹeh panee pwacheech ton kartoN]
you can't use this card to pay

▶ rozumie pani?   **sorry, no**
[rozoom-yeh panee]   ▶ przepraszam, nie rozumiem
do you understand?   [psheprasham n-yeh rozoom-yem]

is there someone who speaks English?
▶ czy ktoś tu mówi po angielsku?
[chi ktosh too moovee po ang-yelskoo]

oh, now I understand   **is that ok now?**
▶ ach, teraz rozumiem   ▶ teraz jest w porządku?
[aH teras rozoom-yem]   [teras yest fpoɹontkoo]

download these scenarios as MP3s from:

11. Meeting people

hello
▶ dzień dobry
[djen^yuh dobri]

dzień dobry, na imię mam Ewa ◀
[djen^yuh dobri na eem-yeh mam eva]
hello, my name's Ewa

Graham, from England, Thirsk
▶ Graham, z Thirsk w Anglii
[graham z thirsk vanglee]

nie słyszałam o tym, gdzie to jest? ◀
[n-yeh swichawam o tim gdjeh to yest]
don't know that, where is it?

not far from York, in the North; and you?
▶ niedaleko Yorku, na północy, a pani?
[n-yedaleko yorkoo na poo^wuh notsi a panee]

mieszkam w Krakowie; jest pan tu sam? ◀
[m-yeshkam fkrakov-yeh yest pan too sam]
I'm from Kraków; here by yourself?

no, I'm with my wife and two kids
▶ nie, jestem tu z żoną i dwojką dzieci
[n-yeh yestem too z jonON ee dvoo^yuh kON djechee]

what do you do?
▶ czym się pani zajmuje?
[chim sheh panee zimoo-yeh]

komputerami ◀
[kompooteramee]
I'm in computers

me too
▶ ja też
[ya tesh]

here's my wife now
▶ to moja żona
[to mo-ya jona]

bardzo mi miło ◀
[bardso mee mee-wo]
nice to meet you

12. Post offices

airmail	poczta lotnicza	[pochta lotneecha]
post card	kartka pocztowa	[kartka pochtova]
post office	poczta	[pochta]
stamp	znaczek	[znachek]

what time does the post office close?
▶ o której zamykają pocztę?
[oktooray zamyka-yon pochteh]

w dni powszednie o piątej ◀
[vdnee pofshedn-yeh op-yontay]
five o'clock weekdays

is the post office open on Saturdays?
▶ czy poczta jest otwarta w soboty?
[chi pochta yest otfarta fsoboti]

do dwunastej ◀
[do dvoonastay]
until midday

I'd like to send this registered to England
▶ chciałbym to wysłać listem poleconym do Anglii
[Hchowbim to viswach leestem poletsonim do anglee]

proszę, to będzie 10 złotych ◀
[prosheh to bendjeh djeshench zwotiH]
certainly, that will cost 10 zlotys

and also two stamps for England, please
▶ proszę też dwa znaczki do Anglii
[prosheh tesh dva znachkee do anglee]

do you have some airmail stickers?
▶ mają państwo nalepki poczty lotniczej?
[ma-yON panstfo nalepkee pochti lotneechay]

do you have any mail for me?
▶ czy są dla mnie jakieś listy?
[chi sON dla mnyeh yak-yesh leesti]

krajowy	domestic
listy	letters
międzynarodowy	international
paczki	parcels

13. Restaurants

bill	rachunek	[raHoonek]
menu	karta dań	[karta dan^{yuh}]
table	stół	[stoo^{wuh}]

can we have a non-smoking table?
▶ prosimy o stół w części dla niepalących
[prosheemi o stoo^{wuh} fchensh-chee dla n-yepalontsiH]

there are two of us
▶ jesteśmy we dwójke

there are four of us
▶ jest nas czworo
[yesteshmi veh dvoo^{yuh}keh][yest nas chforo]

what's this?
▶ co to jest?
[tso to yest]

to ryba ◀
[to riba]
it's a type of fish

miejscowy specjał ◀
[m-yaystsovi spets-yow]
it's a local speciality

proszę wejść, pokażę panu ◀
[prosheh vaysh-ch pokaJeh panoo]
come inside and I'll show you

we would like two of these, one of these, and one of those
▶ poprosimy dwa razy to, raz to i raz to
[poprosheemi dva razi to raz to ee raz to]

▶ coś do picia?
[tsosh do peech-ya]
and to drink?

red wine
▶ czerwone wino
[chervoneh veeno]

white wine
▶ białe wino
[b-yaweh veeno]

a beer and two orange juices
▶ piwo i dwa razy sok pomarańczowy
[peevo ee dva razi sok pomaranchovi]

some more bread please
▶ prosimy więcej pieczywa
[prosheemi v-yentsay p-yechiva]

▶ smakowało?
[smakovowo]
how was your meal?

excellent!, very nice!
▶ wspaniałe!, bardzo smaczne!
[fspan-yaweh bardso smachneh]

▶ będzie coś jeszcze?
[bendjeh tsosh yesh-cheh]
anything else?

just the bill thanks
▶ nie, dziękujemy, prosimy o rachunek
[n-yeh djenkoo-yemi prosheemi o rahoonek]

14. Shopping

słucham pana ◀
[swooHam pana]
can I help you?

---

can I just have a look around?
▶ mogę się rozejrzeć?
[mogeh sheh rozayJech]

yes, I'm looking for ...
▶ tak, szukam ...
[tak shookam]

---

how much is this?
▶ ile to kosztuje?
[eeleh to koshtooyeh]

trzydzieści dwa złote ◀
[tshidjesh-chee dva zwoteh]
thirty-two zlotys

OK, I think I'll have to leave it; it's a little too expensive for me
▶ w takim razie dziękuję, trochę to dla mnie za drogie
[ftakeem raJeh djenkoo-yeh troHeh to dla mnyeh za drog-yeh]

a to? ◀
how about this?

---

can I pay by credit card?
▶ mogę zapłacić kartą?
[mogeh zapwacheech kartON]

---

it's too big
▶ jest za duże
[yest za dooJeh]

it's too small
▶ jest za małe
[yest za maweh]

---

it's for my son – he's about this high
▶ to dla mojego syna – jest mniej więcej takiego wzrostu
[to dla moyego sina yest mn-yay v-yentsay tak-yego vzrostoo]

▶ czy to już wszystko?
[chi to yoosh fshistko]
will there be anything else?

that's all thanks
▶ to już wszystko, dziękuję
[to yoosh fshistko djenkoo-yeh]

---

make it twenty zlotys and I'll take it
▶ proszę spuścić cenę do dwudziestu złotych i wezmę to
[prosheh spoosh-chich tseneh do dvoodjestoo zwotiH ee vezmeh to]

---

fine, I'll take it
▶ dobrze, wezmę to
[dobJeh vezmeh to]

---

kasa	**cash desk**	wyprzedaż	**sale**
otwarte	**open**	zamknięte	**closed**
wymienić	**to exchange**		

download these scenarios as MP3s from:

15. Sightseeing

art gallery	galeria sztuki	[galer-ya shtookee]
bus tour	wycieczka autobusem	[vichechka owtoboosem]
city centre	centrum miasta	[tsentroom m-yasta]
closed	nieczynne	[n-yechinneh]
guide	przewodnik	[pshevodneek]
museum	muzeum	[moozeh-oom]
open	otwarte	[otfarteh]

I'm interested in seeing the old town
▶ chciałabym zobaczyć stare miasto
[Hchowabim zobachich stareh m-yasto]

are there guided tours?
▶ czy są tu jakieś wycieczki z przewodnikiem?
[chi sON too yak-yesh vichechkee spshevodneek-yem]

przykro mi, mamy już komplet ◀
[pshikro mee mami yoosh komplet]
I'm sorry, it's fully booked

how much would you charge to drive us around for four hours?
▶ ile by kosztowało wynajęcie taksówki na cztery godziny?
[eeleh bi kosztovow-o vina-yenche taksoofkee na chteri godjeeni]

can we book tickets for the concert here?
▶ czy można tu zarezerwować bilety na koncert?
[chi moJna too zarezervovach beeleti na kontsert]

▶ tak, na jakie nazwisko?   ▶ jaką będzie pani płaciła kartą?
[tak na yak-yeh nazveesko]   [yakON bendjeh panee pwacheewa kartON]
yes, in what name?   **which credit card?**

where do we get the tickets?   będzie je można odebrać przy wejściu ◀
▶ gdzie odebrać kupić bilety?   [bendjeh yeh moJna odebrach pshi vaysh-choo]
[gdjeh odebrach koopeech beeleti]   **just pick them up at the entrance**

is it open on Sundays?   **how much is it to get in?**
▶ czy w niedzielę jest otwarte?   ▶ ile kosztuje wstęp?
[chi vn-yedjeleh yest otfarteh]   [eeleh koshtoo-yeh fstemp]

are there reductions for groups of 6?
▶ czy dla sześcioosobowej grupy są jakieś zniżki?
[chi dla shesh-cho-osobovay groopi sON yak-yesh zneeshkee]

that was really impressive!
▶ to było naprawdę wspaniałe!
[to biwo napravdeh fspan-yaweh]

16. Trains

to change trains	przesiąść się	[psheshonch sheh]
platform	peron	[peron]
return	powrotny bilet	[povrotni beelet]
single	bilet w jedną stronę	[beelet vy-endON stroneh]
station	dworzec	[dvoJets]
stop	stacja	[stats-ya]
stop (for bus, tram)	przystanek	[pshistanek]
ticket	bilet	[beelet]

how much is ...?
▶ ile kosztuje ...?
[eeleh koshtooyeh]

a single, second class to ...
▶ bilet w jedną stronę, druga klasa, do ...
[beelet v-yednON stroneh drooga klasa do]

two returns, second class to ...
▶ dwa bilety powrotne, druga klasa, do ...
[dva beeleti povrotneh drooga klasa do]

for today	**for tomorrow**	**for next Tuesday**
▶ na dzisiaj	▶ na jutro	▶ na następny wtorek
[na djeeshī]	[na yootro]	[nastempni ftorek]

za Intercity jest dopłata ◀
[za intercity yest dopwata]
there's a supplement for the Intercity

z rezerwacją? ◀
[zrezervats-yON]
do you want a seat reservation?

proszę się przesiąść we Wrocławiu ◀
[prosheh sheh psheshonsh-ch veh vrotswav-yoo]
you have to change at Wrocław

is this seat free?
▶ czy to miejsce jest wolne?
[chi to m-yaystseh yest volneh]

excuse me, which station are we at?
▶ przepraszam, co to za stacja?
[psheprasham tso to za stats-ya]

is this where I change for Wrocław?
▶ czy to tu trzeba się przesiąść do Wrocławia?
[chi to too tsheba sheh psheshonsh-ch do vrotswav-ya]

English → Polish

A

a, an*

about: about 20 około
dwudziestu [okowo]

it's about 5 o'clock jest około
piątej [yest]

a film about Poland film o
Polsce

above* nad

abroad za granicą [granitsON]

absolutely absolutnie [apsoloot-nyeh]

absorbent cotton wata [vata]

accelerator pedał gazu
[peda^wuh gazoo]

accept przyjmować [pshi-movach]/przyjąć [pshi-yonch]

accident wypadek [vipadek]

there's been an accident
zdarzył się wypadek [zdaji^wuh sheh]

accommodation nocleg
[notslek]

accurate dokładny [dokwadni]

ache ból [bool]

my back aches boli mnie
krzyż [bolee mnyeh kshish]

across: across the road po
drugiej stronie ulicy [droog-yay stron-yeh ooleetsi]

adapter (for voltage) przełącznik
napięcia [psheh-wonchnik nap-yencha]

(plug) rozgałęziacz
[rozgawenJach]

address adres

what's your address? pana/
pani adres? [panee]

address book notatnik
adresowy [adresovi]

admission charge opłata za
wstęp [opwata za fstemp]

adult (adj) dorosły [doroswi]

advance: in advance zawczasu
[zafchasoo]

aeroplane samolot

after* po

after you (pol: to man) pan
pierwszy [p-yerfshi]
(to woman) pani pierwsza
[panee p-yerfsha]

afternoon popołudnie
[popowood-nyeh]

in the afternoon po południu
[powood-nyoo]

this afternoon dzisiaj po
południu [djeeshī]

aftershave płyn po goleniu
[pwin po golen-yoo]

aftersun cream krem po
opalaniu [opalan-yoo]

afterwards potem

again znowu [znovoo]

against* przeciw [pshecheef]

age wiek [v-yek]

ago: a week ago tydzień temu
[temoo]

an hour ago godzinę temu

agree: I agree zgadzam się
[zgads-am sheh]

Aids Aids

air powietrze [pov-yetsheh]

by air samolotem

air-conditioning klimatyzacja
[kleematizats-ya]

airmail: by airmail pocztą

lotniczą [pochtON lotnichON]
airmail envelope koperta
lotnicza [lotneecha]
airplane samolot
airport lotnisko [lotneesko]
to the airport, please proszę
na lotnisko [prosheh]
airport bus autobus na
lotnisko [owtoboos]
aisle seat miejsce przy
przejściu [m-yaystseh pshi
pshaysh-choo]
alarm clock budzik [boodjik]
alcohol alkohol
alcoholic (adj) alkoholowy
[alkoholovi]
all wszystko [fshistko]
all the boys wszyscy chłopcy
[fshistsi]
all the girls wszystkie
dziewczyny [fshist-kyeh]
all of it wszystko [fshistko], co
tu jest [tso too yest]
all of them wszyscy [fshistsi]
that's all, thanks dziękuję, to
wszystko [djenkoo-yeh]
not at all wcale nie [vtsaleh
n-yeh]

allergic: I'm allergic to ... mam
uczulenie na ...
[oochoolen-yeh]
allowed dozwolone
[dozvoloneh]
are we allowed to ...? czy tu
wolno ...? [chi too volno]
all right w porządku
[fpoJontkoo]
I'm all right (I feel all right) nic
mi nie jest [nits mee n-yeh yest]

(nothing for me) nic mi nie
brakuje [brakoo-yeh]
are you all right? czy nic się
panu/pani nie stało? [chi nits
sheh panoo/panee n-yeh stawo]
almond migdał [meegdow]
almost prawie [prav-yeh]
alone sam (**m**), sama (**f**)
alphabet alfabet

a [a]	h [ha
ą [ON]	i [ee]
b [beh]	j [yot]
c [tseh]	k [ka]
ć [chuh]	l [el]
d [deh]	ł [eh^wuh]
e [eh]	m [em]
ę [un]	n [en]
f [ef]	ń [en^yuh]
g [g-yeh]	o [o]
ó [oo]	v [fow]]
p [peh]	w [voo]
q [koo]	x [eeks]
r [er]	y [eegrek]
s [ess]	z [zet]
ś [esh]	ź [Jet]
t [teh]	ż [Jet]
u [oo]	

already już [yoosh]
also też [tesh]
although chociaż [Hochash]
altogether ogółem [ogoowem]
always zawsze [zafsheh]
am*: I am jestem [yestem]
a.m.: at seven a.m. o siódmej
rano
amazing zdumiewający
[zdoom-yevi-ontsi]

ambulance pogotowie
[pogotov-yeh]
call an ambulance! proszę
wezwać pogotowie! [prosheh
vezvach]
America Ameryka [amerika]
American (adj) amerykański
[amerikanskee]
I'm American (man/woman)
jestem Amerykaninem/
Amerykanką [yestem
amerikaneenem/amerikankON]
among* między [m-yendzi]
amount ilość [eelosh-ch]
(money) suma [sooma]
amp: a 13-amp
fuse bezpiecznik
trzynastoamperowy [besp-
yechnik tshinasto-amperovi]
and i [ee]
angry zły [zwi]
animal zwierzę [z-vyeJeh]
ankle kostka
anniversary (wedding) rocznica
ślubu [rochneetsa shlooboo]
annoy: this man's annoying
me ten mężczyzna mnie
prześladuje [mensh-chizna
mnyeh psheshladoo-yeh]
annoying irytujący [eeritoo-
yontsi]
another (different) inny [een-ni],
inna [een-na], inne [een-neh]
another beer, please proszę
jeszcze jedno piwo [prosheh
yesh-cheh yedno]
antibiotics antybiotyk [antib-
yotik]
antifreeze płyn przeciw

zamarzaniu [pwin pshechif
zamarzan-yoo]
antihistamines antyhistamina
[antiheestameena]
antique: is it an antique? czy
to antyk? [chi to antik]
antique shop sklep z
antykami [sklep z antikamee]
antiseptic antyseptyczny
[antiseptichni]
any: have you got any bread?
czy jest chleb? [chi yest]
have you got any tomatoes?
czy są pomidory? [SON]
anybody ktoś [ktosh],
każdy [kaJdi]
(with negation) nikt
does anybody speak
English? czy ktoś tu mówi
po angielsku? [chi ktosh too
moovee po ang-yelskoo]
there wasn't anybody there
nikogo tam nie było [n-yeh
biwo]
anything coś [tsosh],
cokolwiek [tsokol-vyek]
(with negation) nic [nits]
hardly anything prawie nic
[prav-yeh]

dialogues

anything else? czy coś
jeszcze? [chi tsosh yesh-
cheh]
nothing else, thanks
dziękuję, to wszystko
[djenkoo-yeh to fshistko]
would you like anything to

drink? czy chce pan/pani czegoś się napić? [Htseh pan/panee chegosh sheh napeech]
I don't want anything, thanks dziękuję, nic mi nie potrzeba [mee n-yeh potsheba]

apart from oprócz [oprooch], za wyjątkiem [vi-yont-kyem]
apartment mieszkanie [m-yeshkan-yeh]
apartment block blok mieszkaniowy [m-yeshkan-yovi]
aperitif aperitif
apology przeprosiny [psheprosheeni]
appendicitis zapalenie wyrostka [zapalen-yeh virostka]
appetizer zakąska [zakonska]
apple jabłko [yapko]
appointment wizyta [veezita]
  to make an appointment zamówić wizytę [zamooveech veeziteh]

dialogue

good morning, how can I help you? dzień dobry, czym mogę służyć? [djen dobri chim mogeh swooJich]
I'd like to make an appointment chciałbym/chciałabym zamówić wizytę [Hchowbim/Hchawabim zamooveech veeziteh]

what time would you like? na którą godzinę? [ktoorON godjeeneh]
three o'clock na trzecią
I'm afraid that's not possible, is four o'clock all right? niestety, to niemożliwe, czy może być czwarta? [n-yesteti to n-yemoJleeveh chi moJeh bich]
yes, that will be fine tak, dziękuję [djenkoo-yeh]
the name was ...? pana/pani nazwisko ...? [panee nazveesko]

apricot morela
April kwiecień [k-fyechen^(yuh)]
are*: we are jesteśmy [yesteshmi]
  you are (sing, fam) jesteś [yestesh]
  (pol) pan/pani jest [panee yest]
  (to more than one person) państwo są [panstfo soN]
  they are oni są
area okolica [okoleetsa]
area code numer kierunkowy [noomer k-yeroonkovi]
arm ręka [renka]
arrange załatwić [zawatfeech] (transport etc) zorganizować [zorganizovach]
  will you arrange it for us? czy może to pan/pani nam załatwić? [chi moJeh – panee]
arrival przylot [pshilot]
arrive (by transport) przyjechać

[pshi-yeHach]
(by plane) przylecieć
[pshilechech]
(on foot) przybyć [pshibich]
when do we arrive? o której
jesteśmy na miejscu? [oktooray
yesteshmi na m-yaystsoo]
has my fax arrived yet? czy
mój fax już przyszedł? [chi
moo^yuh faks yoosh pshishet]
we arrived today (by plane)
przyjechaliśmy dzisiaj [pshi-
yeHaleeshmi djeeshi]
art sztuka [shtooka]
art gallery galeria sztuki [galer-
ya shtookee]
artist artysta **m** [artista],
artystka **f** [artistka]
as: as big as taki duży jak
[takee dooji yak]
as soon as possible
możliwie jak najszybciej
[mojleev-yeh yak nishipchay]
ashtray popielniczka [pop-
yelnichka]
ask (question) pytać [pitach]/
zapytać
(for something) prosić
[prosheech]/poprosić
I didn't ask for this nie
prosiłem/prosiłam o to
[n-yeh proshee-wem/
proshee-wam]
could you ask him to ...? czy
może go pan/pani poprosić,
żeby ...? [chi mojeh – panee
– Jebi]
asleep: she's asleep ona śpi
[shpee]

aspirin aspiryna [aspeerina]
asthma astma
astonishing zdumiewający
[zdoom-yevi-ontsi]
at*: at the hotel w hotelu [f]
at the station na dworcu
at six o'clock o szóstej
godzinie [godjeen-yeh]
at Tomek's u Tomka [oo]
at Ewa's u Ewy
athletics lekkoatletyka [lek-
ko-atletika]
attractive atrakcyjny [atraktsee-
ni]
August sierpień [serp-yen^yuh]
aunt ciotka [chotka]
Auschwitz Oświęcim [osh-
fencheem]
Australia Australia [owstral-ya]
Australian (adj) australijski
[owstralee-skee]
I'm Australian (man/woman)
jestem Australijczykiem/
Australijką [yestem owstralee-
chik-yem/owstralee-kON]
Austria Austria [owstr-ya]
automatic (adj) automatyczny
[owtomatichni]
automatic teller bankomat
autumn jesień **f** [yeshen^yuh]
in the autumn jesienią [yeshen-
yON]
avenue aleja [alaya]
average przeciętny
[pshechentni]
on average przeciętnie
[pshechent-nyeh]
awake: is he awake? czy on
nie śpi? [chi on n-yeh shpee]

away: go away! proszę odejść!
[prosheh odaysh-ch]
is it far away? czy to daleko?
[chi]
awful okropny [okropni]
it's awful! to okropne!
[okropneh]
axle oś f [osh]

B

baby niemowlę [n-yemovleh]
baby food jedzenie dla
niemowląt [yeds-en-yeh dla
n-yemovlont]
baby-sitter osoba do
pilnowania dzieci f [peelnovan-
ya djechee]
back (of body) plecy [pletsi]
(back part) tył [ti^{wuh}]
at the back z tyłu [stiwoo]
can I have my money back?
czy mogę prosić o zwrot
pieniędzy? [chi mogeh prosheech
o zvrot p-yen-yendsi]
to come/go back wracać
[vratsach]/wrócić [vroocheech]
backache ból krzyża [bool
kshiJa]
bacon boczek [bochek]
bad zły [zwi]
a bad headache silny ból
głowy [sheelni bool gwovi]
it's not so bad nieźle
[n-yeJleh]
badly źle [Jleh]
bag torba, worek [vorek]
(handbag) torebka [torepka]

(suitcase) walizka [valeeska]
baggage bagaż [bagash]
baggage check kontrola
bagażowa [bagaJova]
(US: left luggage) przechowalnia
bagażu [psheHoval-nya bagaJoo]
baggage claim odbiór bagażu
[od-byoor]
bakery sklep z pieczywem
[sklep s p-yechivem]
balcony balkon
a room with a balcony
poproszę pokój z balkonem
[poprosheh pokoo^{yuh}]
bald łysy [wisi]
ball piłka [pee^{wuh}ka]
ballet balet
balloon balon
ballpoint pen długopis
[dwoogopees]
Baltic (Sea) Bałtyk [bowtik]
banana banan
band (musical) grupa [groopa]
bandage bandaż [bandash]
Bandaid® plaster
bank (money) bank
bank account konto bankowe
[bankoveh]
bar bar
a bar of chocolate tabliczka
czekolady [tableechka chekoladi]
barber's fryzjer męski [friz-yer
menskee]
basket koszyk [koshik]
bath kąpiel f [komp-yel]
can I have a bath? czy
mogę wziąć kąpiel? [chi mogeh
vJonch]
bathroom łazienka [waJenka]

with a private bathroom z
własną łazienką [vwasnON
waJenkON]

bath towel ręcznik kąpielowy
[renchnik komp-yelovi]

bathtub wanna [van-na]

battery bateria [bater-ya]
(for car) akumulator
[akoomoolator]

bay zatoka

be* być [bich]

beach plaża [plaJa]
on the beach na plaży [plaJi]

beach mat mata

beach umbrella parasol

beans fasola
French beans fasolka
szparagowa [shparagova]
broad beans bób [boop]

beard broda

beautiful piękny [p-yenkni]

because ponieważ [pon-yevash]
because of ... z powodu ...
[spovodoo]

bed łóżko [wooshko]
I'm going to bed now idę spać
[eedeh spach]

bed and breakfast (place)
hotel/pensjonat ze
śniadaniem [Hotel/pens-yonat zeh
sh-nyadan-yem]

bedroom sypialnia [sip-yal-nya]

beef wołowina [vowoveena]

beer piwo [peevo]
two beers, please proszę dwa
piwa [prosheh dva peeva]

before* przed [pshed]

begin zaczynać [zachinach]/
zacząć [zachonch]

when does it begin? o której
jest początek? [oktooray yest
pochontek]

beginner początkujący **m**
[pochontkoo-yontsi]

beginning początek [pochontek]
at the beginning na początku
[pochontkoo]

behind* za
behind me za mną [mnON]

beige beżowy [beJovi]

Belarus Białoruś
[b-yaworoosh]

Belarussian (adj) białoruski [b-
yaworooskee]

Belgium Belgia [belg-ya]

believe wierzyć [v-yeJich]/
uwierzyć [oov-yeJich]

below* pod

belt pasek

bend (in road) zakręt [zakrent]

berth (on ship) koja [koya]

beside*: beside the ... obok ...

best najlepszy [nilepshi]

better lepszy [lepshi]
are you feeling better? czy
się już lepiej czujesz? [chi sheh
yoosh lep-yay choo-yesh]

between* między [m-yendsi]

beyond* poza

bicycle rower [rover]

big duży [dooJi]
this is too big to jest za duże
[yest za dooJeh]
it's not big enough to jest za
małe [maweh]

bike rower [rover]
(motorbike) motocykl [mototsikl]

bikini bikini **n**

bill rachunek [raHoonek] (US: banknote) banknot

could I have the bill, please? proszę o rachunek [prosheh]

bin kubeł na śmieci [koobeh^{wuh} na sh-myechee]

binding (ski) wiązanie [v-yonzan-yeh]

bin liners torby do kubła na śmieci [torbi do koobwa]

bird ptak

Birkenau Brzezinka [bJeJeenka]

birthday urodziny [oorodjeeni]

happy birthday! wszystkiego najlepszego na urodziny! [fshist-kyego nīlepshego na oorodjeeni]

biscuit herbatnik [herbatneek]

bit: a little bit odrobinkę [odrobeenkeh]

a big bit duży kawałek [dooJi kavawek]

a bit of ... trochę ... [troHeh]

a bit expensive trochę za drogie [drog-yeh]

bite (by insect) ukąszenie [ookonshen-yeh]

bitter (taste etc) gorzki [goshki]

black czarny [charni]

blanket koc [kots]

bleach (for toilet) środek dezynfekujący [shrodek dezinfekoo-yontsi]

bless you! na zdrowie! [zdrov-yeh]

blind niewidomy [n-yevee-domi]

blinds rolety [roleti]

blister pęcherz [penHesh]

blocked (road, pipe) zablokowany [zablokovani]

blond (adj) 'blond'

blood krew [kref]

high blood pressure wysokie ciśnienie [visok-yeh cheesh-nyen-yeh]

blouse bluzka [blooska]

blow-dry modelowanie na szczotkę [modelovan-yeh na sh-chotkeh]

I'd like a cut and blow-dry proszę obciąć i wymodelować na szczotkę [prosheh opchONch ee vimodelovach]

blue niebieski [n-yeb-yeskee]

blusher róż [roosh]

boarding house pensjonat [pens-yonat]

boarding pass karta pokładowa [pokwadova]

boat łódź [wooch] (for passengers) statek

body ciało [chawo]

boiled egg (soft-boiled) jajko na miękko [yīko na m-yenk-ko] (hard-boiled) jajko na twardo [tfardo]

bone kość [kosh-ch] (in fish) ość [osh-ch]

bonnet (of car) maska

book książka [kshonshka] (verb) rezerwować [rezervovach]/zarezerwować

can I book a seat? czy mogę zarezerwować miejsce? [chi mogeh – m-yaystseh]

dialogue

I'd like to book a table for two chciałbym/chciałabym zarezerwować stolik dla dwóch osób [Hchowbim/Hchawabim – stoleek dla dvooH osoop]

what time would you like it booked for? na którą godzinę? [ktoorON godjeeneh]

half past seven na w pół do ósmej [fpoo^{wuh}]

that's fine proszę bardzo [prosheh bards-o]

and your name? nazwisko pana/pani? [nazveesko pana/panee]

bookshop, bookstore księgarnia [kshengarn-ya]

boot (footwear) but [boot]
(of car) bagażnik [bagaɟneek]

border (of country) granica [graneetsa]

bored znudzony [znoods-oni]

I'm bored nudzi mi się [noodjee mee sheh]

boring nudny [noodni]

born: I was born in London urodziłem/urodziłam się w Londynie [oorodjeewem/oorodjeewam sheh v londin-yeh]

I was born in 1960 urodziłem/urodziłam się w roku tysiąc dziewięćset sześćdziesiątym [vrokoo]

borrow: may I borrow ...? czy mogę pożyczyć ...? [chi mogeh

poɟichich]

both obaj [obi]

bother: sorry to bother you przepraszam, że sprawiam kłopot [psheprasham ɟeh spravyam kwopot]

bottle butelka [bootelka]

a bottle of red wine butelkę czerwonego wina [bootelkeh]

bottle-opener klucz do otwierania butelek [klooch do ot-fyeran-ya bootelek]

bottom (of person) pośladki pl [poshlatkee]

at the bottom of the street na końcu ulicy [kontsoo]

box pudełko [poodeh^{wuh}ko]

box of chocolates pudełko czekoladek [chekoladek]

box office kasa teatralna

boy chłopiec [Hwop-yets]

boyfriend chłopiec

bra biustonosz [b-yoostonosh]

bracelet bransoletka

brake hamulec [Hamoolets]

brandy koniak [kon-yak]
(Polish) winiak [veen-yak]

bread chleb [Hlep]

white bread bułka [boo^{wuh}ka]

brown bread chleb

wholemeal bread chleb razowy [razovi]

rye bread chleb żytni [ɟitni]

break (verb) złamać [zwamach]

I've broken the ... złamałem/złamałam ... [zwamawem/zwamawam]

I think I've broken my wrist chyba złamałem/złamałam

rękę w nadgarstku [Hiba
– renkeh vnadgarstkoo]

break down zepsuć się
[zepsooch sheh]

I've broken down (car) zepsuł
mi się samochód [zepsoo^wuh
mee sheh samoHoot]

breakdown (mechanical) awaria
[avar-ya]

breakdown service pogotowie
techniczne [pogotov-yeh
teHneechneh]

breakfast śniadanie [sh-nyadan-
yeh]

break-in włamanie [vwaman-
yeh]

I've had a break-in włamano
mi się do domu [mee sheh do
domoo]

breast pierś f [p-yersh]

breathe oddychać [od-diHach]

breeze lekki wiatr [lek-kee
v-yatr]

bridge (over river) most [mosst]

brief zwięzły [z-vyenzwi]

briefcase teczka [techka]

bright (light etc) jasny [yasni],
jaskrawy [yaskravi]

bright red jaskrawoczerwony
[yaskravochervoni]

brilliant (idea, person) genialny
[gen-yalni]

bring przynosić [pshinosich]/
przynieść [pshin-yesh-ch]

I'll bring it back later odniosę
to później [od-nyoseh to pooJ-
nyay]

Britain Wielka Brytania
[v-yelka britan-ya]

British brytyjski [britee-skee]

brochure broszura [broshoora]

broken złamany [zwamani]

bronchitis zapalenie oskrzeli
[zapalen-yeh osskshelee]

brooch broszka [broshka]

brother brat

brother-in-law szwagier [shvag-
yer]

brown brązowy [bronzovi]

bruise siniak [sheen-yak]

brush (for cleaning) szczotka
[sh-chotka]
(for hair) szczotka do włosów
[vwosoof]
(artist's) pędzel [pends-el]

bucket wiadro [v-yadro]

buffet car wagon
restauracyjny [vagon
restowratsee-ni]

buggy (for child) wózek [voozek]

building budynek [boodinek]

bulb (light bulb) żarówka
[Jaroofka]

bumper zderzak [zdeJak]

bunk koja [koya]

bunk-bed (for children) łóżko
piętrowe [wooJko p-yentroveh]

bureau de change kantor
wymiany walut [vim-yani
valoot]

burglary włamanie [vwaman-
yeh]

burn oparzenie [opaJen-yeh]
(verb: something) spalić [spaleech]
(food) przypalić [pshipaleech]

to burn oneself oparzyć się
[opaJich sheh]

burnt: this is burnt to jest

przypalone [pshipaloneh]
burst: a burst pipe pęknięta rura [penk-nyenta roora]
bus autobus [owtoboos]
what number bus is it to ...? jakim autobusem dojadę do ...? [yakeem – doy-adeh]
when is the next bus to ...? kiedy jest następny autobus do ...? [k-yedi yest nastempni]
what time is the last bus? o której odchodzi ostatni autobus? [oktooray odHodjee ostatnee]

dialogue

does this bus go to ...? czy ten autobus jedzie do ...? [chi ten – yedjeh]
no, the number ... bus goes there nie, tam jedzie autobus numer ... [n-yeh – noomer]

business sprawy służbowe [spravi swooJboveh]
bus station dworzec autobusowy [dvoJets owtoboosovi]
bus stop przystanek autobusowy [pshistanek]
bust (chest) biust [b-yoost]
busy (town, street etc) ruchliwy [rooHleevi]
I'm busy tomorrow jutro jestem zajęty/zajęta [yootro yestem zī-enti/zī-enta]
but ale [aleh]

butcher's sklep mięsny [sklep m-yensni]
butter masło [maswo]
button guzik [goojik]
buy kupić [koopeech]
where can I buy ...? gdzie mogę kupić ...? [gjeh mogeh koopeech]
by: by bus/car autobusem/samochodem
written by ... autor: [owtor]
by the window przy oknie [pshi]
by the sea nad morzem
by Thursday do czwartku
bye do widzenia [veeds-en-ya]

C

cabbage kapusta [kapoosta]
cabin (on ship) kabina [kabeena]
cable car kolejka linowa [kolayka leenova]
café kawiarnia [kav-yarn-ya]
cagoule cienka kurtka ortalionowa [chenka koortka ortal-yonova]
cake ciasto [chasto]
cake shop cukiernia [tsook-yern-ya]
calendar kalendarz [kalendash]
call (verb) wołać [vowach]/zawołać
(to phone) zadzwonić [zadzvoniech], telefonować [telefonovach]/zatelefonować
what's it called? jak to się nazywa? [yak to sheh naziva]

he/she is called ... on/ona
nazywa się ...

please call the doctor proszę
wezwać lekarza [prosheh
vezvach lekaJa]

**please give me a call at 7.30
a.m. tomorrow** proszę mnie
jutro obudzić o w pół do
ósmej rano [prosheh mnye
yootro oboodjeech]

please ask him to call me
proszę poprosić go, żeby
do mnie zadzwonił [prosheh
poproseech go Jebi do mnyeh
zads-voni^{wuh}]

call back: I'll call back later
zadzwonię później [zadzvon-
yeh pooJ-nyay]

**call round: I'll call round
tomorrow** przyjdę jutro
[pshee-deh yootro]

camcorder kamera

camera aparat fotograficzny
[fotografeechni]

camera shop sklep
fotograficzny

camp: can we camp here? czy
można tu rozbić namiot? [chi
moJna too rozbeech nam-yot]

camping gas gaz w butli [gas
vbootlee]

campsite camping [kampeenk]

can puszka [pooshka]

  a can of beer piwo w puszce
[peevo fpooshtseh]

can*: can you ...? czy może
pan/pani ...? [chi moJeh pan/
panee]

  can I have ...? czy mogę

prosić ...? [mogeh prosheech]

  I can't ... nie mogę ... [n-yeh
mogeh]

Canada Kanada

Canadian (adj) kanadyjski
[kanadee-skee]

  I'm Canadian (man/woman)
jestem Kanadyjczykiem/
Kanadyjką [yestem kanadee-
chik-yem/kanadee-kON]

canal kanał [kana^{wuh}]

cancel odwołać [odvovach]

candle świeczka [sh-fyechka]

candy cukierki [tsook-yerkee]

canoe kajak [kī-ak]

canoeing kajakarstwo [kī-
akarstfo]

can-opener otwieracz do
puszek [ot-fyerach do pooshek]

cap (hat) czapka [chapka]

  (of bottle) kapsel

car samochód [samoHoot]

  by car samochodem
[samoHodem]

carafe karafka

  **a carafe of house white,
please** proszę karafkę białego
wina [prosheh karafkeh]

caravan przyczepa [pshichepa]

caravan site camping dla
przyczep turystycznych
[kampeenk dla pshichep
tooristichniH]

carburettor gaźnik [gaJnik]

card (birthday etc) karta

  here's my (business) card
oto moja wizytówka [moya
veezitoofka]

cardigan sweter [sfeter]

cardphone telefon na karty magnetyczne [karti magnetichneh]

careful uważny [oovaJni]

be careful! ostrożnie! [ostroJnyeh]

caretaker dozorca **m** [dozortsa], dozorczyni **f** [dozorchinee]

car ferry prom samochodowy [samoHodovi]

carnation goździk [goJdjik]

carnival karnawał [karnava^wuh]

car park parking [parkeenk]

carpet dywan [divan]

car rental wynajem samochodów [viní-em samoHodoof]

carriage (of train) wagon [vagon]

carrier bag torba

carrot marchewka [marHefka]

carry nieść [n-yesh-ch]

carry-cot łóżeczko-torba [wooJechko torba]

carton karton

carwash myjnia samochodowa [mee-nya samoHodova]

case (suitcase) walizka [valeeska]

cash pieniądze [p-yen-yondseh], gotówka [gotoofka]
(verb) zrealizować czek [zreh-aleezovach chek]

to pay cash płacić gotówką [pwatseech gotoofKON]

will you cash this for me? czy może mi pan/pani zrealizować ten czek? [chi moJeh mee pan/panee zrealeezovach ten chek]

cash desk kasa

cash dispenser bankomat

cassette kaseta

cassette recorder magnetofon kasetowy [kasetovi]

castle zamek

casualty department ostry dyżur [ostri diJoor], pogotowie [pogotov-yeh]

cat kot

catch (verb) łapać [wapach]/ złapać

where do we catch the bus to ...? gdzie jest przystanek autobusu do ...? [gjeh yest pshistanek owtoboosoo]

cathedral katedra

Catholic (adj) katolicki [katoleetskee]

cauliflower kalafior [kalaf-yor]

cave jaskinia [yaskeen-ya]

ceiling sufit [soofeet]

celery seler

cellar piwnica [pivnitsa]

cellular phone telefon komórkowy [komoorkovi]

cemetery cmentarz [tsmentash]

centigrade* stopień w skali Celsjusza [stop-yen^yuh fskalee tsels-yoosha]

centimetre* centymetr [tsentimetr]

central centralny [tsentralni]

central heating centralne ogrzewanie [tsentralneh ogJevan-yeh]

centre ośrodek [oshrodek]
(town) centrum [tsentroom]

how do we get to the city centre? jak mam jechać do centrum? [yak mam yeHach tsentroom]

cereal płatki śniadaniowe [pwatkee sh-nyadan-yoveh], kornfleksy [kornfleksi]

certainly oczywiście [ochiveesh-cheh]

certainly not skądże [skon-djeh]

chair krzesło [ksheswo]

champagne szampan [shampan]

change (money) drobne [drobneh], reszta [reshta] (verb: money) wymienić [vim-yen-yeech]

can I change this for ...? czy mogę to wymienić na ...? [chi mogeh]

I don't have any change nie mam drobnych [n-yeh mam drobniH], nie mam reszty [reshti]

can you give me change for a 20-zloty note? czy może mi pan/pani rozmienić banknot dwudziestozłotowy? [chi moJeh mee pan/panee roz-myenich]

dialogue

do we have to change (trains)? czy musimy się przesiadać? [mooseemi sheh psheshadach]

yes, change at Olsztyn/ no, it's a direct train tak, przesiadka w Olsztynie/ nie, to bezpośrednie połączenie [psheshatka volshtin-yeh/n-yeh to bezposhred-nyeh powonchen-yeh]

changed: to get changed przebierać się [psheb-yerach sheh]

chapel kaplica [kapleetsa]

charge opłata [opwata] (verb) pobierać opłatę [pob-yerach opwateh]

cheap tani [tan-yee]

cheaply tanio [tan-yo]

do you have anything cheaper? czy jest coś tańszego? [chee yest tsosh tanshego]

check (verb) sprawdzać [spravds-ach]/sprawdzić [spravdjeech]

could you check the ..., please? czy może pan/pani sprawdzić ...? [chi moJeh pan/panee]

check (US: noun) czek [chek] (bill) rachunek [raHoonek]

checkbook książeczka czekowa [kshonJechka chekova]

check-in odprawa bagażowa [otprava bagaJova]

check in: to check luggage in zdać bagaż [zdach bagash]

cheek (on face) policzek [poleechek]

cheerio! cześć! [chesh-ch]

cheers! (toast) na zdrowie!

[zdrov-yeh]

cheese ser

chemist's apteka

cheque czek [chek]

  do you take cheques? czy można zapłacić czekiem? [chi moJna zapwacheech chek-yem]

cheque book książeczka czekowa [kshonJechka chekova]

cheque card karta czekowa

cherry czereśnia [cheresh-nya] (sour) wiśnia [veesh-nya]

chess szachy [shaHi]

chest klatka piersiowa [p-yershova]

chewing gum guma do żucia [gooma do Joocha]

chicken kurczę [koorcheh]

chickenpox ospa wietrzna [v-yechna]

child dziecko [djetsko] **children** dzieci [djechee]

child minder opiekunka do dzieci [op-yekoonka do djechee]

children's pool brodzik [brodjeek]

children's portion porcja dziecinna [ports-ya djecheen-na]

chin podbródek [podbroodek]

china porcelana [portselana]

Chinese (adj) chiński [Heenskee]

chips frytki [fritkee] (US) chipsy [cheepsi]

chocolate czekolada [chekolada] **milk chocolate** czekolada mleczna [mlechna] **plain chocolate** czekolada zwyczajna [zvichīna] **a hot chocolate** czekolada pitna na gorąco [peetna na gorontso]

choose wybierać [vib-yerach]/ wybrać [vibrach]

Christian name imię [eem-yeh]

Christmas Boże Narodzenie [boJeh narods-en-yeh]

Christmas Eve Wigilia Bożego Narodzenia [veegeel-ya boJego narods-en-ya] **merry Christmas!** Wesołych Świąt! [vesowiH sh-fyont]

church kościół [kosh-choo wuh]

cider jabłecznik [yabwechnik]

cigar cygaro [tsigaro]

cigarette papieros [pap-yeros]

cigarette lighter zapalniczka [zapalnichka]

cinema kino [keeno]

circle koło [kowo] (in theatre) galeria [galer-ya]

city miasto [m-yasto]

city centre centrum miasta [tsentroom m-yasta]

clean (adj) czysty [chisti] **can you clean these for me?** czy może to pan/pani oczyścić? [chi moJeh to pan/panee ochish-cheech]

cleaning solution (for contact lenses) płyn do szkieł kontaktowych [pwin do sh-kyeh wuh kontaktoviH]

cleansing lotion mleczko kosmetyczne [mlechko kosmetichneh]

clear klarowny [klarovni] (obvious) wyraźny [viraJni]

clever mądry [mondri]

cliff urwisko [oorveesko]
climbing wspinaczka
[fspeenachka]
cling film folia [fol-ya]
clinic klinika [klineeka]
cloakroom szatnia [shat-nya]
clock zegar
close (verb) zamykać
[zamikach]/zamknąć [zamk-
nonch]

dialogue

what time do you close?
do której godziny jest
otwarte? [ktooray godjeeni
yest otfarteh]
we close at 8 p.m. on
weekdays and 6 p.m.
on Saturdays w dni
powszednie otwarte do
osiemnastej, a w soboty
do dwudziestej [vdni
pofshed-nyeh otfarteh –
fsoboti]
do you close for lunch?
czy jest zamknięte
podczas przerwy
obiadowej? [chi yest zamk-
nyenteh potchas pshervi ob-
yadovay]
yes, between 1 and 3.30
p.m. tak, od trzynastej do
piętnastej trzydzieści

closed zamknięty [zamk-nyenti]
cloth materiał [mater-ya^{wuh}]
(for cleaning etc) ściereczka [sh-
cherechka]

clothes ubranie [oobran-yeh]
clothes line linka do bielizny
[leenka do b-yeleezni]
clothes peg kołek do bielizny
[kowek]
cloud chmura [Hmoora]
cloudy pochmurny
[poHmoorni]
clutch sprzęgło [spshengwo]
coach (bus) autocar [owtokar]
(on train) wagon [vagon]
coach station dworzec
autobusowy [dvoJets
owtoboosovi]
coach trip (excursion)
wycieczka autokarowa
[vichechka owtokarova]
coast wybrzeże [vib-JeJeh]
on the coast na wybrzeżu
[vib-JeJoo]
coat (long coat) palto
(jacket) żakiet [Jak-yet], kurtka
[koortka]
coathanger wieszak
[v-yeshak]
cockroach karaluch [karalooH]
cocoa kakao [kaka-o]
coconut orzech kokosowy
[oJeH kokosovi]
code (for phoning) numer
kierunkowy [noomer
k-yeroonkovi]
what's the code for Rabka?
jaki jest numer kierunkowy
do Rabki? [yakee yest]
coffee kawa [kava]
two coffees, please proszę
dwie kawy [prosheh – kavi]
coin moneta

Coke® Coca Cola

cold (adj) zimny [Jeemni]

  I'm cold jest mi zimno [yest
  mee Jeemno]

  I have a cold jestem
  przeziębiony [yestem
  psheJemb-yoni]

collapse: he's collapsed
zemdlał [zemdla^wuh^]

collar kołnierz [ko^wuh^nyesh]

collect odebrać [odebrach]

  I've come to collect ...
  przyszedłem/przyszłam
  odebrać ... [pshishedwem/
  pshishwam]

collect call rozmowa R
[rozmova er]

college szkoła pomaturalna
[shkova pomatooralna], koledż
[kolech]

colour kolor

  **do you have this in other
  colours?** czy jest jeszcze w
  innych kolorach? [chi yest
  yesh-cheh veen-niH koloraH]

colour film film kolorowy
[feelm kolorovi]

comb (noun) grzebień [gJeb-
yen^yuh^]

come przychodzić
[pshiHodjich]/przyjść [pshee-
sh-ch]

dialogue

  where do you come from?
  skąd pan/pani pochodzi?
  [skont pan/panee poHodjee]
  I come from Edinburgh

jestem z Edynburga
[yestem]

come back wrócić [vroocheech]

  I'll come back tomorrow
  przyjdę jutro [pshee-deh yootro]

come in! proszę! [prosheh]

comfortable wygodny [vigodni]

communism komunizm
[komooneezm]

communist (adj)
komunistyczny
[komooneestichni]

compact disc płyta
kompaktowa [pwita
kompaktova]

company (business)
przedsiębiorstwo [pshetshemb-
yorstfo], firma [feerma]

compartment (on train)
przedział [pshedja^wuh^]

compass kompas

complain złożyć zażalenie
[zwoJich zaJalen-yeh]

complaint zażalenie

  I have a complaint mam
  zażalenie

completely całkowicie
[tsa^wuh^koveecheh]

computer komputer [kompooter]

concentration camp obóz
koncentracyjny [oboos
kontsentratsee-ni]

concert koncert [kontsert]

concussion wstrząs mózgu
[fstshons moozgoo]

conditioner (for hair) odżywka
[odJifka]

condom prezerwatywa

[prezervativa]
conference konferencja
[konferents-ya]
confirm potwierdzić [pot-
fyerdjeech]
congratulations! gratulacje!
[gratoolats-yeh]
connecting flight lot z
przesiadką [spsheshatkON]
connection połączenie
[powONchen-yeh]
conscious przytomny
[pshitomni]
constipation zatwardzenie
[zatfardsen-yeh]
consulate konsulat [konsoolat]
contact (verb) skontaktować
się [skontaktovach sheh]
contact lenses szkła
kontaktowe [shkwa
kontaktoveh]
contraceptive środek
antykoncepcyjny [shrodek
antikontseptsee-ni]
convenient dogodny [dogodni]
that's not convenient to mi
nie odpowiada [mee n-yeh
otpov-yada]

cook (verb) gotować [gotovach]/
ugotować
not cooked niedogotowane
[niedo-gotovaneh]
cooker kuchenka [kooHenka]
cookie herbatnik [herbatneek]
cooking utensils naczynia i
przybory kuchenne [nachin-ya
ee pshibori kooHen-neh]
cool chłodny [Hwodni]
cork korek

corkscrew korkociąg
[korkochonk]
corner (of street) róg [rook]
(of room) kąt [kont]
on the corner na rogu [rogoo]
in the corner w kącie
[koncheh]
round the corner za rogiem
[rog-yem]
cornflakes kornfleksy
[kornfleksi]
correct (right) poprawny
[popravni]
corridor korytarz [koritash]
cosmetics kosmetyki
[kosmetikee]
cost (verb) kosztować
[koshtovach]
how much does it cost? ile to
kosztuje? [eeleh to koshtoo-yeh]
cot łóżeczko [wooJechko]
cotton bawełna [bavehʷᵘʰna]
cotton thread nici [neechee]
cotton wool wata [vata]
couch (sofa) tapczan [tapchan],
sofa
couchette kuszetka
[kooshetka]
cough (noun) kaszel [kashel]
cough medicine lekarstwo na
kaszel [lekarstfo]
could: could you ...? (to man)
czy mógłby pan ...? [chi
moogʷᵘʰbi]
(to woman) czy mogłaby
pani ...? [mogwabi panee]
could I have ...? czy mogę
prosić o ...? [mogeh prosheech]
I couldn't ... nie mogłem/

mogłam ... [n-yeh mogwem/
mogwam]
country (nation) kraj [krī]
  (countryside) wieś [v-yesh]
countryside okolica wiejska
couple (two people) para
  a couple of ... kilka ... [keelka]
courier (man/woman) kurier
  [koor-yer]
course (main course etc) danie
  [dan-yeh]
  of course oczywiście
  [ochiveesh-cheh]
  of course not skądże
  [skondjeh]
cousin (male/female) kuzyn
  [koozin], kuzynka [koozinka]
cow krowa [krova]
crab krab [krap]
crackers (biscuits) krakersy
  [krakersi]
Cracow Kraków [krakoof]
crafts rzemiosło [Jem-yoswo]
craft shop sklep z wyrobami
  rzemieślniczymi [zvirobamee
  Jem-yeshlneechimee]
crash (noun) katastrofa
  I've had a crash miałem
  wypadek [m-yawem vipadek]
crazy zwariowany [zvar-yovani]
cream (in cake, lotion) krem
  (colour) kremowy [kremovi]
creche żłobek [Jwobek]
credit card karta kredytowa
  [kreditova]
  do you take credit cards?
  czy można zapłacić kartą
  kredytową? [chi moJna
  zapwacheech kartON kreditovON]

dialogue

> can I pay by credit card?
> czy mogę zapłacić kartą
> kredytową? [mogeh]
> which card do you want to
> use? jaką kartą chce pan/
> pani zapłacić? [yakON – Htseh
> pan/panee]
> Access/Visa
> yes, sir tak, proszę pana
> [prosheh]
> what's the number? jaki
> numer? [yakee noomer]
> and the expiry date? data
> ważności? [vaJnosh-chee]

crisps chipsy [cheepsi]
crockery naczynia [nachin-ya]
crossing (by sea) podróż
  morska [podroosh]
crossroads skrzyżowanie
  [skshiJovan-yeh]
crowd tłum [twoom]
crowded zatłoczony
  [zatwochoni]
crown (on tooth) koronka
cruise rejs [rays]
crutches kule [kooleh]
cry (verb) płakać [pwakach]
cucumber ogórek [ogoorek]
cup filiżanka [feeleeJanka]
  a cup of ..., please proszę
  filiżankę ... [prosheh
  feeleeJankeh]
cupboard szafa [shafa]
cure (verb) wyleczyć [vilechich]
curly kręcone [krentsoneh]
current (noun) prąd [pront]

curtains zasłony [zaswoni]
cushion poduszka [podooshka]
Customs cło [tswo]
cut (noun) skaleczenie
[skalechen-yeh]
(verb: bread etc) kroić [kro-ich]
I've cut myself skaleczyłem/
skaleczyłam się [skalechiwem
– sheh]
cutlery sztućce pl [shtooch-tseh]
cycling jazda na rowerze
[yazda na roveJeh]
cyclist (man/woman) rowerzysta
m [roveJista]
Czech (adj, language) czeski
[cheskee]
Czech Republic Czechy [cheHi]

D

dad tatuś [tatoosh]
damage (verb) uszkodzić
[ooshkodjeech]
damaged uszkodzony
[ooshkods-oni]
damn! cholera! [Holera]
damp (adj) wilgotny [veelgotni]
dance taniec [tan-yets]
(verb) tańczyć [tanchich]/
zatańczyć
would you like to dance? czy
mogę prosić do tańca? [chi
mogeh prosheech do tantsa]
dangerous niebezpieczny
[n-yebesp-yechni]
Danish duński [doonskee]
dark (adj) ciemny [chemni]
it's getting dark robi się

ciemno [robee sheh chemno]
date data
what's the date today? jaka
jest dziś data? [yaka yest
djeesh]
**let's make a date for next
Monday** umówmy się na
przyszły poniedziałek
[oomoofmi sheh na
pshishwi pon-yedjawek]
dates (fruit) daktyle [daktileh]
daughter córka [tsoorka]
daughter-in-law synowa
[sinova]
dawn: at dawn o świcie
[shfeecheh]
day dzień [djen^yuh]
the day after następnego dnia
[nastempnego dnya]
the day after tomorrow
pojutrze [po-yootsheh]
the day before poprzedniego
dnia [popshed-nyego]
the day before yesterday
przedwczoraj [pshetfchorI]
every day codziennie [tsodjen-
nyeh]
all day cały dzień [tsawi
djen^yuh]
in two days' time za dwa dni
have a nice day życzę
przyjemnego dnia [Jicheh pshi-
yemnego]
day trip wycieczka
jednodniowa [vichechka
yednod-nyova]
dead (person) zmarły [zmarwi]
(animal) zdechły [zdeHwi]
deaf głuchy [gwooHi]
deal (business) transakcja

[transakts-ya], umowa [oomova]

it's a deal! załatwione! [zawat-fyoneh]

death śmierć **f** [sh-myerch]

decaffeinated coffee kawa bezkafeinowa [kava beskafeh-eenova]

December grudzień [groodjen^{yuh}]

decide decydować [detsidovach]/zdecydować

we haven't decided yet jeszcze się nie zdecydowaliśmy [yesh-cheh sheh n-yeh zdetsidovaleeshmi]

decision decyzja [detsiz-ya]

deck (on ship) pokład [pokwat]

deckchair leżak [leJak]

deep głęboki [gwembokee]

definitely definitywnie [defeenitiv-nyeh]

definitely not stanowczo nie [stanofcho n-yeh]

degree (qualification) stopień naukowy [stop-yen^{yuh} na-ookovi]

delay (noun) opóźnienie [opooJ-nyen-yeh]

deliberately umyślnie [oomishl-nyeh]

delicatessen delikatesy [deleekatesi]

delicious wyśmienity [vish-myeneeti]

delivery dostawa [dostava]

(of mail) poczta [pochta]

Denmark Dania [dan-ya]

dental floss 'dental floss'

dentist dentysta **m** [dentista], dentystka **f**

dialogue

> **it's this one here** to ten
> **this one?** ten tutaj? [tooti]
> **no, that one** nie, tamten [n-yeh]
> **here?** tu? [too]
> **yes** tak

dentures proteza zębowa [zembova]

deodorant dezodorant

department store dom towarowy [tovarovi]

departure odlot

departure lounge sala odlotowa [odlotova]

depend: it depends to zależy [zaleJi]

it depends on ... to zależy od ... [ot]

deposit (as security) depozyt [depozit]

(as part payment) przedwpłata [pshet-fpwata]

description opis [opees]

dessert deser

destination cel podróży [tsel podrooJi]

develop wywołać [vivovach]

dialogue

> **could you develop these films?** czy moke pan/pani wywogae te filmy? [chi

moJeh pan/panee – teh feelmi]
yes, certainly tak,
oczywiście [ochiveesh-cheh]
when will they be ready?
kiedy będą gotowe?
[k-yedi bendON gotoveh]
tomorrow afternoon jutro
po południu [yootro po
powood-nyoo]
how much is the four-
hour service? ile kosztuje
serwis ekspresowy? [eeleh
koshtoo-yeh servees ekspresovi]

diabetic (man/woman) chory/
chora na cukrzycę [Hori/Hora na
tsookshitseh]
dial (verb) nakręcać
[nakrentsach]/nakręcić
[nakrencheech]
dialling code numer
kierunkowy [noomer
k-yeroonkovi]
diamond brylant [brilant]
diaper pieluszka [p-yelooshka]
diarrhoea biegunka
[b-yegoonka]
do you have something for
diarrhoea? czy mogę prosić
o środek przeciw biegunce?
[chi mogeh proshich o shrodek
pshecheef b-yegoontseh]
diary (business etc) notatnik
(for personal experiences)
dziennik [djen-neek]
dictionary słownik [swovneek]
didn't* see not
die umrzeć [oomJech]
diesel olej napędowy [olay

napendovi]
diet dieta [d-yeta]
I'm on a diet jestem na diecie
[yestem na d-yecheh]
I have to follow a special
diet muszę przestrzegać
specjalnej diety [moosheh
pshest-shegach spets-yalnay d-yeti]
difference różnica [rooJneetsa]
what's the difference? jaka
jest różnica? [yaka yest]
different inny [een-ni], inna
[een-na], inne [een-neh]
a different table inny stolik
difficult trudny [troodni]
difficulty trudność [troodnosh-
ch], problem
dinghy łódka gumowa [woodka
goomova]
dining room jadalnia [yadal-nya]
dinner (evening meal) kolacja
[kolats-ya], obiad [ob-yat]
to have dinner jeść obiad
[yesh-ch]
direct (adj) bezpośredni
[besposhredni]
is there a direct train? czy jest
bezpośredni pociąg? [chi yest]
direction kierunek [k-yeroonek]
which direction is it? w jakim
to jest kierunku? [v yakeem to
yest k-yeroonkoo]
is it in this direction? czy to
w tym kierunku? [chi to ftim]
directory enquiries biuro
numerów [b-yooro noomeroof]
dirt brud [broot]
dirty brudny [broodni]
disabled inwalida [eenvaleeda]

is there access for the disabled? czy można tam wjechać wózkiem inwalidzkim? [chi moɹna tam v-yeHach voosk-yem eenvaleedskeem]

disappear zniknąć [zniknonch]

it's disappeared zginęło [zgeeneh-wo]

disappointed zawiedziony [zav-yedjoni]

disappointing kiepski [k-yepskee]

disaster katastrofa

disco dyskoteka [diskoteka]

discount zniżka [zneeshka]

disease choroba [Horoba]

disgusting obrzydliwy [obɹidleevi]

dish (meal) potrawa [potrava] (bowl) miseczka [meesechka]

dishcloth ścierka do naczyń [sh-cherka do nachin^{yuh}]

disinfectant środek dezynfekujący [shrodek dezinfekoo-yontsi]

disk (for computer) dysk [disk]

disposable diapers/nappies pampersy [pampersi]

distance odległość [odlegwosh-ch]

in the distance w oddali [vod-dalee]

distilled water woda destylowana [voda destilovana]

district dzielnica [djelneetsa]

disturb przeszkodzić [psheshkodjich]/przeszkadzać

[psheshkads-ach]

diversion (detour) objazd [ob-yast]

diving board trampolina [trampoleena]

divorced rozwiedziony [roz-vyedjoni]

dizziness zawroty głowy [zavroti gwovi]

dizzy: I feel dizzy kręci mi się w głowie [krenchee mee sheh vgwov-yeh]

do (verb) robić [robeech]/zrobić

what shall we do? co robimy? [tso robeemi]

how do you do it? jak to się robi? [yak to sheh]

will you do it for me? czy pan/pani może to dla mnie zrobić? [chi pan/panee moɹeh to dla mnyeh zrobeech]

dialogues

how do you do? dzień dobry [djen-yuh dobri]

nice to meet you bardzo mi miło [bards-o mee meewo]

what do you do? (work) jaki jest pana/pani zawód? [yakee yest pana/panee zavoot]

I'm a teacher, and you? jestem nauczycielem/nauczycielką, a pan/pani? [yestem]

I'm a student jestem na studiach [yestem]

what are you doing this

evening? co pan/pani robi dzisiaj wieczorem? [djeeshī v-yechorem]

we're going out for a drink, do you want to join us? idziemy na drinka, może się pan/pani do nas przyłączy? [eedjemi – moJeh sheh – pshiwonchi]

do you want cream? czy życzy sobie pan/pani z kremem? [chi Jichi sob-yeh]
I do, but she doesn't ja tak, a ona nie [ya – n-yeh]

doctor (man) doktór [doktoor], lekarz [lekash]
(woman) lekarka
we need a doctor musimy wezwać lekarza [moosheemi vezvach lekaJa]
please call a doctor proszę wezwać lekarza [prosheh]

dialogue

where does it hurt? gdzie boli? [gjeh bolee]
right here w tym miejscu [ftim m-yaystsoo]
does that hurt now? czy teraz boli? [chi teras bolee]
yes tak
take this to the pharmacy proszę to zanieść do apteki [prosheh to zan-yesh-ch do aptekee]

document dokument [dokooment]
dog pies [p-yes]
doll lalka
domestic flight lot krajowy [krī-ovi]
don't!*: don't do that! proszę tego nie robić! [prosheh tego n-yeh robeech]
see not
door pl drzwi [dJvee]
doorman portier [port-yer]
double podwójny [podvoo^{yuh}ni]
double room pokój dwuosobowy [pokoo^{yuh} dvoo-osobovi]
doughnut pączek [ponchek]
down na dół [doo^{wuh}]
it's down there on the right to tam na prawo [pravo]
it's further down the road to nieco dalej na tej ulicy [n-yetso daley na tay ooleetsi]
downhill skiing narciarstwo zjazdowe [narcharstfo z-yazdoveh]
downmarket (restaurant etc) podrzędny [podJendni]
downstairs na dole [doleh]
dozen tuzin [tooJeen]
drain (in sink) spust [spoost]
(in road) przewód kanalizacyjny [pshevoot kanaleezatsee-ni]
draught przeciąg [pshechonk]
draught beer piwo beczkowe [peevo bechkoveh], piwo ciemne [chemneh]
draughty: it's draughty tu

wieje [too v-yayeh]
drawer szuflada [shooflada]
drawing rysunek [risoonek]
dreadful okropny [okropni]
dream (noun) sen
dress (noun) sukienka [sook-yenka]
dressed: to get dressed ubierać się [oob-yerach sheh]
dressing (for cut) opatrunek [opatroonek]
(for salad) przyprawa do sałaty [pshiprava do sawati]
dressing gown szlafrok [shlafrok]
drink (alcoholic) trunek [troonek], 'drink'
(non-alcoholic) napój [napoo^{yuh}]
(verb) pić [peech]
can I get you a drink? czy się pan/pani czegoś napije? [chi sheh pan/panee chegosh napee-yeh]
what would you like to drink? czego się pan/pani napije? [chego]
(fam) czego się napijesz? [napee-yesh]
no thanks, I don't drink dziękuję, nie piję [djenkoo-yeh n-yeh pee-yeh]
I'll just have a drink of water poproszę o szklankę wody [poprosheh o shklankeh vodi]
drinking water woda do picia [voda do peecha], woda pitna [peetna]
drive: to drive a car prowadzić samochód [provadjeech samoнot]

we drove here przyjechaliśmy samochodem [pshi-yeнaleeshmi samoнodem]
I'll drive you home odwiozę pana/panią do domu [od-vyozeh pana/pan-yoн do domoo]
I don't drive nie prowadzę samochodu [n-yeh provadseh samoнodoo]
driver (man/woman) kierowca **m** [k-yerovtsa]
driver's licence prawo jazdy [pravo yazdi]
drop kropla
just a drop, please (of drink) dla mnie dosłownie kropelkę [mnyeh doswov-nyeh kropelkeh]
drug lek
drugs (narcotics) narkotyki [narkotikee]
drunk (adj) pijany [pee-yani]
drunken driving jazda po pijanemu [yazda po pee-yanemoo]
dry (adj) suchy [sooнi]
(wine) wytrawne [vitravneh]
dry-cleaner pralnia chemiczna [pral-nya нemeechna]
duck kaczka [kachka]
due: he was due to arrive yesterday miał przyjechać wczoraj [m-ya^{wuh} pshi-yeнach fchorı]
when is the train due? o której ten pociąg przyjeżdża? [oktooray ten pochonk pshi-yeдja]
dull (pain) tępy [tempi]
(weather) pochmurny

[poHmoorni]

dummy (baby's) smoczek
[smochek]

during* podczas [potchas]

dust kurz [koosh]

dustbin pojemnik na śmieci
[po-yemnik na sh-myechee]

dusty zakurzony [zakooJoni]

duty-free (goods) wolnocłowy
[volnotswovi]

duty-free shop sklep w strefie
wolnocłowej [fstref-yeh
volnotswovay]

duvet kołdra [ko^{wuh}dra]

E

each (every) każdy [kaJdi]
how much are they each?
po ile za sztukę? [eeleh za
shtookeh]

ear ucho [ooHo]

earache ból ucha [bool ooHa]
I have earache boli mnie
ucho [mnyeh]

early wcześnie [fchesh-nyeh]
early in the morning
wczesnym rankiem [fchesnim
rank-yem]
I called by earlier byłem/
byłam tu już wcześniej [biwem/
biwam too yoosh fchesh-nyay]

earrings kolczyki [kolchikee]

earth ziemia [Jem-ya]

east wschód [fsHoot]
in the east na wschodzie
[fsHodjeh]

Easter Wielkanoc [v-yelkanots]

Eastern Europe Europa
Wschodnia [eh-ooropa vsHod-
nya]

easy łatwy [watfi]

eat jeść [yesh-ch]
we've already eaten, thanks
(lunch) dziękuję, jesteśmy po
obiedzie [djenkoo-yeh yesteshmi
po ob-yedjeh]
I don't eat meat nie jadam
mięsa [n-yeh yadam]

eau de toilette woda kolońska
[voda kolonska], woda
toaletowa [to-aletova]

economy class klasa
turystyczna [tooristichna]

egg jajko [yīko]

either: either ... or ... albo ...
albo ...
either of them którykolwiek
[ktoorikolv-yek]

elastic (noun) gumka [goomka]

elastic band gumka

elbow łokieć [wok-yech]

electric elektryczny
[elektrichni]

electrical appliances
urządzenia elektryczne
[ooJonds-en-ya elektrichneh]

electric fire piecyk
elektryczny [p-yetsik
elektrichni], grzejnik
elektryczny [gJayneek]

electrician elektryk [elektrik]

electricity elektryczność
[elektrichnosh-ch]

elevator winda [veenda]

else: something else coś
innego [tsosh een-nego]

somewhere else gdzie indziej
[gjeh eendjay]

dialogue

> would you like anything
> else? czy pan/pani jeszcze
> sobie czegoś życzy? [chi
> pan/panee yesh-cheh sob-yeh
> chegosh Jichi]
> no, nothing else, thanks
> nie, dziękuję [n-yeh djenkoo-
> yeh]

e-mail e-mail
embassy ambasada
emergency nagły wypadek
[nagwi vipadek]
 this is an emergency! to
 nagły wypadek!
emergency exit wyjście
 bezpieczeństwa [vee-sh-cheh
 besp-yechenstfa], wyjście
 awaryjne [avaree-neh]
empty pusty [poosti]
end (noun) koniec [kon-yets]
 (verb) kończyć [konchich]/
 skończyć
 at the end of the street na
 końcu ulicy [kontsoo ooleetsi]
engaged (toilet, telephone) zajęty
[zí-enti]
 (to be married) zaręczony
[zarenchoni]
engine (car) silnik [sheelneek]
England Anglia [ang-lya]
English angielski [ang-yelskee]
 I'm English (man/woman)
 jestem Anglikiem/Angielką

[yestem angleek-yem/ang-yelkON]
do you speak English?
czy pan/pani mówi po
angielsku? [chi pan/panee
moovee po ang-yelskoo]
enjoy: to enjoy oneself dobrze
się bawić [dobJeh sheh baveech]

dialogue

> how did you like the film?
> czy podobał ci się film?
> [chi podoba^wuh chee sheh
> feelm]
> I enjoyed it very much, did
> you enjoy it? tak, bardzo, a
> tobie? [bards-o a tob-yeh]

enjoyable przyjemny [pshi-
yemni]
enlargement powiększenie
[pov-yenkshen-yeh]
enormous ogromny
[ogromni]
enough dosyć [dosich]
 there's not enough nie
 wystarczy [n-yeh vistarchi]
 it's not big enough to jest za
 małe [yest za maweh]
 that's enough (sufficient) to
 wystarczy
entrance wejście [vaysh-cheh]
envelope koperta
epileptic (man/woman)
 epileptyk [epeeleptik],
 epileptyczka [epeeleptichka]
equipment sprzęt [spshent]
error błąd [bwont], omyłka
[omi^wuhka]

especially szczególnie
[sh-chegool-nyeh]
essential niezbędny
[n-yezbendni]
it is essential that ... jest
konieczne, aby ... [yest kon-
yechneh abi]
EU Unia Europejska [oon-ya
eh-ooropayska]
euro euro [eh-ooro]
Eurocheque Eurocheque [eh-
oorochek]
Eurocheque card karta
Eurocheque
Europe Europa [eh-ooropa]
European (adj) europejski
[eh-ooropayskee]
even: even (the) ... nawet ...
[navet]
even if ... nawet jeśli ...
[yeshlee]
even then nawet wtedy [ftedi]
evening wieczór [v-yechoor]
this evening dzisiaj
wieczorem [djeeshī v-yechorem]
in the evening wieczorem
evening meal kolacja [kolats-ya]
eventually w końcu [fkontsoo]
ever kiedyś [k-yedish]
(with negation) nigdy [neegdi]
hardly ever rzadko kiedy
[Jatko k-yedi]

dialogue

have you ever been
to Zakopane? czy był
pan/była pani kiedyś w
Zakopanem? [chi bi^wuh

pan/biwa panee k-yedish
vzakopanem]
yes, I was there two years
ago tak, byłem/byłam tam
dwa lata temu [biwem]

every każdy [kaɹdi]
every day codziennie [tsodjen-
nyeh]
everyone wszyscy [fshistsi]
everything wszystko [fshistko]
everywhere wszędzie
[fshendjeh]
exactly! dokładnie! [dokwad-
nyeh]
exam egzamin [egzameen]
example przykład [pshikwat]
for example na przykład
excellent doskonały
[doskonawi]
(food) wyśmienity [vish-
myeneeti]
excellent! wspaniale! [fspan-
yaleh]
except oprócz [oprooch]
excess baggage nadwaga
bagażu [nadvaga bagaɹoo]
exchange rate kurs walutowy
[koors valootovi], kurs wymiany
[vim-yani]
exciting pasjonujący [pas-
yonoo-yontsi]
excuse me przepraszam
[psheprasham]
excuse me? (didn't understand/
hear) słucham? [swooHam]
exhaust (pipe) rura
wydechowa [roora videHova]
exhausted (tired) wyczerpany

[vicherpani]
exhibition wystawa [vistava]
exit wyjście [vee-sh-cheh]
  where's the nearest exit?
  gdzie jest najbliższe wyjście?
  [gjeh yest nibleesh-sheh]
expect spodziewać się
  [spodjevach sheh]
expensive drogi [drogee]
experienced doświadczony
  [dosh-fyatchoni]
explain wyjaśnić [vi-yashneech]
  can you explain that? czy
  może to pan/pani wyjaśnić?
  [chi moJeh to pan/panee]
express (mail) list ekspres [leest]
  (train) pociąg ekspresowy
  [pochonk ekspresovi]
extension (telephone)
  wewnętrzny [vevnentshni]
  extension 221, please proszę
  wewnętrzny dwieście
  dwadzieścia jeden [prosheh]
  extension lead przedłużacz
  [pshedwooJach]
extra: can we have an extra
  one? czy możemy prosić
  o jeszcze jeden? [chi moJemi
  prosheech o yesh-cheh yeden]
  do you charge extra for that?
  czy za to jest dodatkowa
  opłata? [yest dodatkova opwata]
extraordinary (strange)
  niezwykły [n-yezvikwi]
extremely nadzwyczajnie [nad-
  zvichī-nyeh]
eye oko
  will you keep an eye on my
  suitcase for me? czy może

mi pan/pani popilnować
walizki? [chi moJeh mee pan/
panee popeelnovach]
eyebrow pencil ołówek do
brwi [owoovek do brvee]
eye drops krople do oczu
  [kropleh do ochoo]
eyeglasses okulary [okoolari]
eyeliner kredka do powiek
  [kretka do pov-yek]
eye make-up remover krem/
płyn do usuwania makijażu z
oczu [pwin do oosoovan-ya maki-
yaJoo zochoo]
eye shadow cień do powiek
  [chen^yuh do pov-yek]

F

face twarz [tfash]
factory fabryka [fabrika]
Fahrenheit* skala Fahrenheita
faint (verb) zemdleć [zemdlech]
  she's fainted zemdlała
  [zemdlawa]
  I feel faint jest mi słabo [yest
  mee swabo]
fair (funfair) lunapark [loonapark]
  (trade) targi [targee]
  (adj: just) sprawiedliwy [sprav-
  yedleevi]
fairly: fairly good dość dobry
  [dosh-ch dobri]
fake (adj) podrobiony [podrob-
  yoni]
fall (noun: US) jesień f [yesh-
  yen^yuh]
  in the fall jesienią [yesh-yen-

yON]

fall (verb) upaść [oopash-ch]
 she's had a fall przewróciła
 się [pshevroocheewa sheh]
false fałszywy [fa^{wuh}shivi]
family rodzina [rodjeena]
famous sławny [swavni]
fan (electrical) wentylator
 [ventila-tor]
 (handheld) wachlarz [vaHlash]
 (sports) kibic [keebits]
fan belt pasek klinowy
 [kleenovi]
fantastic fantastyczny
 [fantastichni]
far daleko

dialogue

 is it far from here? czy to
 daleko stąd? [chi – stont]
 no, not very far nie, nie
 bardzo daleko [n-yeh
 bards-o]
 well how far? a jak daleko?
 [yak]
 it's about 20 kilometres
 około dwudziestu
 kilometrów [okowo
 – keelometroof]

fare taryfa [tarifa]
farm gospodarstwo rolne
 [gospodarstfo rolneh]
fashionable modny [modni]
fast szybki [shipkee]
fat (person) gruby [groobi]
 (on meat) tłuszcz [twoosh-ch]
father ojciec [oychets]

father-in-law teść [tesh-ch]
faucet kran
fault (defect) usterka [oosterka],
 wada [vada]
 sorry, it was my fault
 przepraszam, to moja wina
 [psheprasham to moya veena]
 it's not my fault to nie moja
 wina [n-yeh]
faulty wadliwy [vadleevi]
favourite ulubiony [ooloob-
 yoni]
fax telefax, fax
 (verb) faksować [faksovach]/
 przefaksować [pshefaksovach]
February luty [looti]
feel czuć [chooch]
 I feel hot gorąco mi [mee]
 I feel unwell źle się czuję [Jleh
 sheh choo-yeh]
 I feel like going for a walk
 mam ochotę na spacer
 [oHoteh]
 how are you feeling? jak się
 czujesz? [yak sheh choo-yesh]
 (polite) jak się pan/pani czuje?
 [panee choo-yeh]
 I'm feeling better czuję się
 lepiej [sheh lep-yay]
felt-tip (pen) pisak [peesak]
fence płot [pwot]
fender zderzak [zdeJak]
ferry prom
festival festiwal [festeeval]
fetch (something) przynosić
 [pshinosheech]/przynieść
 [pshin-yesh-ch]
 (someone) pójść po (+ acc)
 [poo^{yuh}sh-ch]

I'll fetch him ja po niego
pójdę [ya po n-yego poo^{yuh}deh]
will you come and fetch me
later? czy przyjdziesz po
mnie później? [chi pshee-djesh
po mnyeh pooJn-yay]
feverish: I feel feverish chyba
mam gorączkę [Hiba mam
goronchkeh]
few: a few kilku [keelkoo],
kilka, kilkoro
a few days kilka dni
fiancé narzeczony [naJechoni]
fiancée narzeczona
[naJechona]
field pole [poleh]
fight (noun) bójka [boo^{yuh}ka]
figs figi [feegee]
fill in wypełnić [vipeh^{wuh}neech]
do I have to fill this in? czy
muszę to wypełnić? [chi
moosheh]
fill up napełnić
[napeh^{wuh}neech]
fill it up, please pełny bak
proszę [peh^{wuh}ni bak prosheh]
filling (in cake, sandwich)
nadzienie [nadjen-yeh]
(in tooth) plomba
film film

dialogue

do you have this kind of
film? czy ma pan/pani taki
film? [chi ma pan/panee takee]
yes, how many exposures?
tak, ile klatek? [eeleh]

36 trzydzieści sześć
[tshidjesh-chee shesh-ch]

film processing wywoływanie
filmów [vivowivan-yeh feelm-oof]
filthy brudny [broodni]
find (verb) znaleźć [znalesh-ch]
I can't find it nie mogę tego
znaleźć [n-yeh mogeh]
I've found it znalazłem/
znalazłam to [znalazwem]
find out dowiedzieć się [dov-
yedjech sheh]
could you find out for me?
czy może się pan/pani
dowiedzieć? [chi moJeh sheh
pan/panee]
fine (weather) ładny [wadni]
(punishment) mandat

dialogues

how are you? jak się
pan/pani ma? [yak sheh
pan/panee]
I'm fine, thanks dziękuję,
bardzo dobrze [djenkoo-yeh
bards-o dobJeh]

is that OK? czy to w
porządku? [chi to fpoJontkoo]
that's fine, thanks tak,
dziękuję

finger palec [palets]
finish (verb) kończyć [konchich]/
skończyć
I haven't finished yet jeszcze
nie skończyłem/skończyłam

Fi

[yesh-cheh n-yeh skonchiwem]
when does it finish? kiedy
to się kończy? [k-yedi to sheh
konchi]

fire ogień [og-yen^{yuh}]
(campfire) ognisko [ogneesko]
fire! pożar! [poJar], pali się!
[palee sheh]
can we light a fire here? czy
można tu zapalić ognisko?
[chi moJna too zapaleech]
it's on fire pali się
fire alarm alarm
przeciwpożarowy [pshecheef-
poJarovi]
fire brigade straż pożarna
[strash poJarna]
fire escape schodki
przeciwpożarowe [sHotkee
pshecheef-poJaroveh]
fire extinguisher gaśnica
przeciwpożarowa [gashneetsa
pshecheef-poJarova]
first pierwszy [p-yerfshi]
I was first (said by man) ja
byłem pierwszy [ya biwem]
(said by woman) ja byłam
pierwsza
the first time pierwszy raz
[ras]
first on the left pierwsza na
lewo [levo]
first aid pierwsza pomoc
[pomots]
first-aid kit apteczka
podręczna [aptechka
podrenchna]
first class (travel etc) pierwsza
klasa [p-yerfsha]

first floor pierwsze piętro
[p-yerfsheh p-yentro]
(US) parter
first name imię [eem-yeh]
fish (noun) ryba [riba]
fishmonger's sklep rybny
[ribni]
fit (attack) napad [napat]
fit: it doesn't fit me to na
mnie nie pasuje [mnyeh n-yeh
pasoo-yeh]
fitting room przymierzalnia
[pshim-yeJal-nya]
fix (verb: arrange) załatwić
[zawatfeech]
can you fix this? (repair) czy
może to pan/pani naprawić?
[chi moJeh to pan/panee
napraveech]
fizzy gazowany [gazovani]
flag chorągiew f [Horong-yef]
flash (for camera) flesz [flesh]
flat (noun: apartment) mieszkanie
[m-yeshkan-yeh]
(adj) płaski [pwaskee]
I've got a flat tyre mam
przebitą oponę [pshebeetON
oponeh], siadło mi koło
[sh-yadwo mee kowo]
flavour smak
flea pchła [p-Hwa]
flight lot
flight number numer lotu
[noomer lotoo]
flippers płetwy [pwetfi]
flood powódź [povooch]
**flooded: the bathroom is
flooded** łazienka jest zalana
wodą [waJenka yest – vodON]

floor (of room) podłoga
[podwoga]
(storey) piętro [p-yentro]
on the floor na podłodze
[podwods-eh]
florist kwiaciarnia [kfyach-yarn-ya]
flour mąka [monka]
flower kwiat [kfyat]
flu grypa [gripa]
fluent: he speaks fluent Polish mówi płynnie po polsku [moovee pwin-nyeh po polskoo]
fly (noun) mucha [mooнa]
(verb) latać [latach]/polecieć [polechech]
fly in przylecieć [pshilechech]
fly out odlecieć [odlechech]
fog mgła [mgwa]
foggy: it's foggy jest mgła [yest]
folk art sztuka ludowa [shtooka loodova]
folk dancing tańce ludowe [tantseh loodoveh]
folklore folklor
folklore festival festiwal folkloru [festeeval folkloroo]
folk music muzyka ludowa [moozika loodova]
follow iść [eesh-ch]/pójść [poo^yuh^sh-ch] za (+ instr)
follow me proszę iść za mną [prosheh – mnON]
food jedzenie [yeds-en-yeh]
food poisoning zatrucie pokarmowe [zatrooceh pokarmoveh]

food shop/store sklep spożywczy [spoJifchi]
foot* (of person, measurement) stopa
on foot pieszo [p-yesho]
football (game) piłka nożna [pee^wuh^ka noJna]
(ball) piłka
football match mecz piłki nożnej [mech pee^wuh^kee noJnay]
for: do you have something for ...? (headache, diarrhoea etc) czy ma pan/pani coś na ...? [chi ma pan/panee tsosh]

dialogues

who's the bigos for? dla kogo bigos?
that's for me to dla mnie [mnyeh]
and this one? a to?
that's for her to dla niej [n-yay]
where do I get the bus for Wilanów? skąd odchodzi autobus do Wilanowa? [skont otHodjee – veelanova]
the bus for Wilanów leaves from Sobieskiego Street autobus do Wilanowa odchodzi z ulicy Sobieskiego [otHodjee zooleetsi]

how long have you been here? jak długo już tu pan/pani jest? [yak dwoogo yoosh too pan/panee yest]

I've been here for two days, how about you? jestem tu od dwóch dni, a pan/pani? [yestem too ot]
I've been here for a week jestem tu od tygodnia

forehead czoło [cho-wo]
foreign zagraniczny [zagraneechni]
foreigner (man/woman) cudzoziemiec [tsoods-oJem-yets], cudzoziemka
forest las
forget zapominać [zapomeenach]/zapomnieć [zapom-nyech]
I forget, I've forgotten zapomniałem/ zapomniałam [zapom-nyawem]
fork widelec [veedelets]
(in road) rozwidlenie [rozveedlen-yeh]
form (document) formularz [formoolash]
formal (dress) wizytowy [veezitovi]

fortnight dwa tygodnie [tigod-nyeh]
fortunately na szczęście [sh-chensh-cheh]
forward: could you forward my mail? czy mogę prosić, aby mi przesyłano korespondencję na nowy adres? [chi mogeh prosheech abi mee pshesiwano korespondents-yeh na novi]

forwarding address aktualny adres [aktoo-alni]
foundation cream podkład [potkwat]
fountain (ornamental) fontanna [fontan-na]
(for drinking) źródełko wody pitnej [Jroodeh^wuh^ko vodi peetnay]
foyer (of theatre) foyer [fwa-yer]
fracture (noun) złamanie [zwaman-yeh]
France Francja [frants-ya]
free wolny [volni]
(no charge) bezpłatny [bespwatni]
is it free (of charge)? czy za to się płaci? [chi za to sheh pwachee]
freeway autostrada [owtostrada]
freezer zamrażalka [zamraJalka]
French francuski [frantsooskee]
French fries frytki [fritkee]
frequent częsty [chensti]
how frequent is the bus to Żelazowa Wola? jak często kursuje autobus do Żelazowej Woli? [yak chensto koorsoo-yeh – Jelazovay volee]
fresh (weather, breeze) chłodny [Hwodni]
(fruit etc) świeży [sh-fyeJi]
fresh orange juice sok pomarańczowy [pomaranchovi]
Friday piątek [p-yontek]
fridge lodówka [lodoofka]
fried smażony [smaJoni]
fried egg jajko sadzone [yīko sads-oneh]

friend (male/female) przyjaciel [pshi-yachel], przyjaciółka [pshi-yachoo**wuh**ka]

friendly życzliwy [Jichleevi]

from*: when does the next train from Kraków arrive? o której przyjeżdża pociąg z Krakowa? [oktooray pshi-yeJdja – skrakova]

from Monday to Friday od poniedziałku do piątku [ot]

from next Thursday od przyszłego czwartku [pshishwego]

dialogue

where are you from? gdzie pan/pani mieszka? [gjeh pan/panee m-yeshka]

I'm from England and I come from Slough jestem z Anglii, mieszkam w mieście Slough [yestem zanglee-ee m-yeshkam v m-yesh-cheh]

front przód [pshoot], front [fronnt]

in front of* przed [pshed]

in front of the hotel przed hotelem

at the front na przodzie [pshodjeh]

frost mróz [mroos]

frozen (river) zamarznięty [zamar-znyenti]

frozen food mrożonki [mroJonkee]

fruit owoce [ovotseh]

fruit juice sok owocowy [ovotsovi]

frying pan patelnia [patel-nya]

full pełny [peh**wuh**ni]

it's full of ... jest pełne ... [yest peh**wuh**neh]

I'm full najadłem/najadłam się [ni-adwem – sheh]

full board pełne utrzymanie [peh**wuh**neh ootshiman-yeh]

fun: it was fun było bardzo przyjemnie [biwo bards-o pshi-yem-nyeh]

funeral pogrzeb [pogJep]

funny (strange) dziwny [djeevni] (amusing) zabawny [zabavni]

furniture meble [mebleh]

further dalej [dalay]

it's further down the road to jest nieco dalej wzdłuż ulicy [yest n-yetso – vzdwoosh ooleetsi]

dialogue

how much further is it to Łowicz? jak daleko jeszcze do Łowicza? [yak – yesh-cheh do woveecha]

about 5 kilometres około pięciu kilometrów [okowo – keelometroof]

fuse (noun) bezpiecznik [besp-yechneek]

the lights have fused korki się przepaliły [korkee sheh pshepaleewi]

fuse box skrzynka bezpiecznikowa [skshinka besp-yechneekova]

fuse wire drut bezpiecznikowy [droot besp-yechneekovi]

future przyszłość [pshish-wosh-ch]

in future w przyszłości [f pshishwosh-chee]

G

gallon*

game (cards etc) gra

(match) mecz [mech]

(meat) dziczyzna [djeechizna]

garage (for fuel) stacja benzynowa [stats-ya benzinova]

(for repairs) warsztat samochodowy [varshtat samoнodovi]

(for parking) garaż [garash]

garden ogród [ogroot]

garlic czosnek [chosnek]

gas gaz [gas]

(US: petrol) benzyna [benzina]

gasoline benzyna

gas permeable lenses szkła kontaktowe przepuszczające powietrze [shkwa kontaktoveh pshepoosh-chī-ontseh pov-yetsheh]

gas station stacja benzynowa [stats-ya benzinova]

gate przejście [pshaysh-cheh]

(at airport) wyjście [vee-sh-cheh]

gay gej [gay]

gay bar bar dla gejów [gayoof]

gearbox skrzynia biegów [skshin-ya b-yegoof]

gear lever dźwignia zmiany biegów [djveeg-nya zmyani b-yegoof]

gears biegi [b-yegee]

general (adj) ogólny [ogoolni]

gents' toilet toaleta męska [to-aleta menska]

genuine (antique etc) autentyczny [owtentichni]

German (adj, language) niemiecki [n-yem-yetskee]

German measles różyczka [rooJichkaJ]

Germany Niemcy [n-yemtsi]

get (fetch) podać [podach]

(obtain) dostać [dostach]

could you get me another one, please? czy może mi pan/pani podać jeszcze jedno? [moJeh mee pan/panee podach yesh-cheh yedno]

how do I get to ...? jak mam jechać do ...? [yak mam yeнach]

do you know where I can get them? czy pan/pani wie, gdzie je mogę dostać? [chi pan/panee v-yeh gjeh yeh mogeh]

dialogue

can I get you a drink?
czy mogę zaproponować drinka? [zaproponovach]
no, it's my round, what would you like? dziękuję, to moja kolejka, czego się pan/pani napije?

[d-yenkoo-yeh to moya kolayka chego sheh pan/panee napee-yeh]
a glass of red wine kieliszek czerwonego wina [k-yeleeshek]

get back (return) wrócić [vroocheech]
get in (car) wsiąść do (+ gen) [fshonsh-ch]
get off wysiąść [vishonsh-ch]
where do I get off? gdzie mam wysiąść? [gjeh]
get on (to train etc) wsiąść do (+ gen) [fshonsh-ch]
get out (of car etc) wysiadać [vishadach]/wysiąść [vishonsh-ch] z (+ gen)
get up (in the morning) wstać [fstach]
gift prezent
gift shop sklep z upominkami [zoopomeenkamee]
gin gin [djeen]
a gin and tonic, please proszę gin z tonikiem [prosheh – stoneek-yem]
girl dziewczyna [djefchina]
girlfriend dziewczyna
give dawać [davach]/dać [dach]
can you give me some change? czy może mi pan/pani dać drobne? [chi moJeh mee pan/panee – drobneh]
I gave it to him dałem/dałam mu to [dawem/dawam moo]
will you give this to ...? czy

może to pan/pani dać ...? [chi moJeh]
give back oddać [od-dach]
glad zadowolony [zadovoloni]
glass (material) szkło [shkwo] (tumbler) szklanka [shklanka] (wine glass) kieliszek [k-yeleeshek]
a glass of wine kieliszek wina
glasses (spectacles) okulary [okoolari]
gloves rękawiczki [renkaveechkee]
glue (noun) klej [klay]
go iść [eesh-ch]/pójść [poo^{yuh}sh-ch]
we'd like to go to the National Museum chcielibyśmy zwiedzić Muzeum Narodowe [Hcheleebishmi z-vyedjeech]
where are you going? gdzie pan/pani idzie? [gjeh pan/panee eedjeh]
where does this bus go? dokąd jedzie ten autobus? [dokont yedjeh]
let's go! chodźmy! [Hoch-mi]
she's gone (left) już poszła [yoosh poshwa] (gone out) już wyszła [vishwa]
where has he gone? gdzie on poszedł? [gjeh on poshed^{wuh}]
I went there last week byłem/byłam tam w zeszłym tygodniu [biwem/biwam]
hamburger to go hamburger

na wynos [vinos]

go away jechać [yeHach]/
wyjechać [vi-yeHach]

go away! proszę stąd odejść!
[prosheh stont odaysh-ch]

go back (return) wracać
[vratsach]/wrócić [vroocheech]

go down (the stairs etc) schodzić
[sHodjich]/zejść [zaysh-ch]

go in wchodzić [fHodjich]/wejść
[vaysh-ch]

go out (in the evening)
wychodzić [viHodjich]/wyjść
[vee-sh-ch]

do you want to go out
tonight? może pójdziemy
gdzieś dziś wieczorem?
[moJeh poo^yuh^djemi gjesh]

go through przechodzić
[psheHodjich]/przejść
[pshaysh-ch]

go up (the stairs etc) wychodzić
[viHodjich]/wejść [vaysh-ch]

goat koza

God Bóg [book]

goggles gogle [gogleh]

gold złoto [zwoto]

golf golf

golf course pole golfowe
[poleh golfoveh]

good dobry [dobri]

good! świetnie! [sh-fyet-nyeh]

it's no good to na nic [neets]

goodbye do widzenia
[veedzen-ya]

good evening dobry wieczór
[dobri v-yechoor]

Good Friday Wielki Piątek
[v-yelkee p-yontek]

good morning dzień dobry
[djen dobri]

good night dobranoc
[dobranots]

goose gęś [gensh]

got: we've got to leave
musimy już iść [moosheemi
yoosh eesh-ch]

have you got any ...? czy
mają państwo ...? [chi mī-ON
panstfo]

government rząd [Jont]

gradually stopniowo [stop-
nyovo]

grammar gramatyka [gramatika]

gram(me) gram

granddaughter wnuczka
[vnoochka]

grandfather dziadek [djadek]

grandmother babka [bapka]

grandson wnuk [vnook]

grapefruit grejpfrut [graypfroot]

grapefruit juice sok
grejpfrutowy [graypfrootovi]

grapes winogrona [veenogrona]

grass trawa [trava]

grateful wdzięczny [vdjenchni]

grave grób [groop]

gravestone nagrobek

gravy sos

great (excellent) wspaniały
[fspan-yawi]

that's great! ekstra!

a great success to wspaniały
sukces [sookses]

Great Britain Wielka Brytania
[v-yelka britan-ya]

Greece Grecja [grets-ya]

greedy (for money) chciwy

[Hcheevi]
(for food) łakomy [wakomi]
green zielony [jeloni]
green card (car insurance)
ubezpieczenie
samochodowe [oobesp-yechen-yeh samoHodoveh]
greengrocer's sklep
warzywny [vaJivni],
warzywniczy [vaJiv-nyeechi]
grey szary [shari]
grill (noun) ruszt [roosht]
grilled pieczony na ruszcie [p-yechoni na roosh-cheh]
grocer's sklep spożywczy
[spoJivchi]
ground ziemia [Jem-ya]
on the ground na ziemi
[Jemee]
ground floor parter
group grupa [groopa]
guarantee (noun) gwarancja
[gvarants-ya]
is it guaranteed? czy to
jest z gwarancją? [chi to yest zgvarants-yON]
guest gość [gosh-ch]
guesthouse pensjonat [pens-yonat], zajazd [zi-yast]
guide (man/woman) przewodnik
[pshevodneek], przewodniczka
[pshevodneechka]
guidebook przewodnik
guided tour wycieczka z
przewodnikiem [vichechka s pshevodneek-yem]
guitar gitara [geetara]
gum (in mouth) dziąsło [jonswo]
gun (pistol) rewolwer [revolver]

(rifle) karabin [karabeen]
gym sala gimnastyczna
[geemnastichna]

H

hair włosy [vwosi]
hairbrush szczotka do włosów
[sh-chotka do vwosoof]
haircut strzyżenie [st-shiJen-yeh]
hairdresser's (men's) fryzjer
męski [friz-yer menskee]
(women's) fryzjer damski
[damskee]
hairdryer suszarka do włosów
[soosharka do vwosoof]
hair gel żel do włosów [Jel]
hairgrips spinki do włosów
[speenkee]
hair spray lakier do włosów
[lak-yer]
half* pół [poo^wuh]
half an hour pół godziny
[godjeeni]
half a litre pół litra
about half that mniej więcej
połowę tego [mnyay v-yentsay powoveh]
half board dwa posiłki
dziennie [poshee^wuhkee jen-nyeh]
half-bottle pół butelki [poo^wuh bootelkee]
half fare bilet ulgowy [beelet oolgovi]
half price pół ceny [poo^wuh tseni]

ham szynka [shinka]
hamburger hamburger [hamboorger]
hammer (noun) młotek [mwotek]
hand ręka [renka]
handbag torebka [torepka]
handbrake hamulec ręczny [hamoolets renchni]
handkerchief chusteczka do nosa [Hoostechka]
handle (on door) klamka (on suitcase etc) rączka [ronchka]
hand luggage bagaż podręczny [bagash podrenchni]
hang-gliding lotnia [lot-nya]
hangover kac [kats]
  I've got a hangover mam kaca [katsa]
happen: what's happening? co tu się dzieje? [tso too sheh djay-yeh]
  what has happened? co się stało? [stawo]
happy szczęśliwy [sh-chensh-leevi]
  I'm not happy about this nie jestem z tego zadowolony/zadowolona [n-yeh yestem stego zadovoloni]
harbour 'port'
hard twardy [tfardi] (difficult) trudny [troodni]
hard-boiled egg jajko na twardo [yiko na tfardo]
hard lenses szkła kontaktowe twarde [shkwa kontaktoveh tfardeh]
hardly zaledwie [zaled-vyeh]

hardly ever prawie nigdy [prav-yeh neegdi]
hardware shop sklep z towarami żelaznymi [stovarameh Jelaznimee]
hat kapelusz [kapeloosh]
hate (verb) nienawidzieć [n-yenaveedjech]
have* mieć [m-yech]
  can I have a ...? czy mogę dostać ...? [chi mogeh dostach]
  do you have ...? czy ma pan/pani ...? [panee]
  can we have some ...? czy możemy prosić o ...? [moJemi prosheech]
  what'll you have (to drink)? czego się pan/pani napije? [chego sheh – napee-yeh]
  I have to leave now muszę już iść [moosheh yoosh eesh-ch]
  do I have to ...? czy muszę ...?
hayfever katar sienny [shen-ni]
hazelnuts orzechy laskowe [oJeHi laskoveh]
he* on
head głowa [gwova]
headache ból głowy [bool gwovi]
headlights światła przednie [sh-vyatwa pshed-nyeh]
headphones słuchawki [swooHafkee]
health food shop sklep dietetyczny [d-yetetichni]
healthy zdrowy [zdrovi]
hear słyszeć [swishech]/usłyszeć [ooswishech]

dialogue

can you hear me? czy mnie pan/pani słyszy? [chi mnyeh pan/panee swishi]
I can't hear you, could you repeat that? nie słyszę, czy może pan/pani powtórzyć? [n-yeh swisheh chi moJeh – poftooJich]

hearing aid aparat słuchowy [swooHovi]
heart serce [sertseh]
heart attack atak serca [sertsa]
heat gorąco [gorontso]
heater grzejnik [gJaynee̖k]
heating ogrzewanie [ogJevan-yeh]
heavy ciężki [chenshkee]
heel (of foot) pięta [p-yenta]
(of shoe) obcas [optsas]
could you heel these? czy może pan/pani je podzelować? [chi moJeh pan/panee yeh pod-zelovach]
heelbar drążek [dronJek]
height wysokość [visokosh-ch]
helicopter helikopter
hello dzień dobry [djen dobri]
(in the evening) dobry wieczór [v-yechoor]
(answer on phone) halo
helmet (motorbike) kask
help (noun) pomoc [pomots]
(verb) pomagać [pomagach]/ pomóć [pomoots]
help! ratunku! [ratoonkoo]
can you help me? proszę mi

pomóc [prosheh mee]
thank you very much for your help dziękuję bardzo za pańską pomoc [djenkoo-yeh bards-o za panskON]
helpful (person) uczynny [oochin-ni]
hepatitis zapalenie wątroby [zapalen-yeh vontrobi]
her*: I haven't seen her nie widziałem/widziałam jej [n-yeh veedjawem/veedjawam yay]
with her z nią [n-yON]
for her dla niej [n-yay]
that's her to ona
that's her towel to jej ręcznik
herbal tea herbata ziołowa [jowova]
herbs przyprawy ziołowe [pshipravi jowoveh]
here tu [too]
here is/are ... oto ...
here you are (offering) proszę [prosheh]
hers* jej [yay]
that's hers to należy do niej [naleJi do n-yay]
hey! hej! [hay]
hi! (hello) cześć! [chesh-ch]
hide (verb) chować [Hovach]/ schować
high wysoki [visokee]
highchair krzesełko dziecinne (wysokie) [ksheseł^wuh^ko djecheen-neh (visok-yeh)]
highway autostrada [owtostrada]
hill wzgórze [vzgooJeh]
him*: I haven't seen him

nie widziałem go [n-yeh veedjawem]

with him z nim [zneem]

for him dla niego [n-yego]

that's him to on

hip biodro [b-yodro]

hire (verb) wynajmować [vinīmovach]/wynająć [vinī-onch]

for hire do wynajęcia [vinī-encha]

where can I hire a bike? gdzie można wypożyczyć rower? [gjeh moJna vipoJichich]

his*: it's his car to jego samochód

that's his to należy do niego [naleJi do n-yego]

hit (verb) uderzyć [oodeJich]

hitch-hike autostop [owtostop]

hobby 'hobby'

hold (verb) trzymać [tshimach]

hole dziura [djoora]

holiday wakacje pl [vakats-yeh], urlop [oorlop]

on holiday na wakacjach [vakats-yaH], na urlopie [oorlop-yeh]

home dom

at home (in my house etc) w domu [vdomoo]
(in my country) w moim kraju [v mo-eem krī-oo]

we go home tomorrow jutro wracamy do domu [vratsami]

honest uczciwy [ooch-cheevi]

honey miód [m-yoot]

honeymoon miesiąc miodowy [m-yehonts m-yodovi]

hood (US: of car) maska

hope mieć nadzieję [m-yech nadjay-eh]

I hope so mam nadzieję

I hope not mam nadzieję, że nie [Jeh n-yeh]

hopefully: hopefully ... mam nadzieję, że ...

horn (of car) klakson

horrible okropny [okropni]

horse koń [kon^yuh]

horseriding jazda konna [yazda kon-na]

hospital szpital [shpeetal]

hospitality gościnność f [gosh-cheen-nosh-ch]

thank you for your hospitality dziękujemy za gościnność [djenkoo-yemi]

hot gorący [gorontsi]
(spicy) pieprzny [p-yepshni]

I'm hot gorąco mi [gorontso mee]

it's hot today dziś jest upał [djeesh yest oopa^wuh]

hotel hotel [Hotel]

hotel room pokój w hotelu [pokoo^yuh fHoteloo]

hour godzina [godjeena]

house dom

house wine wino firmowe [veeno feermoveh]

hovercraft poduszkowiec [podooshkov-yets]

how jak [yak]

how many? ile? [eeleh]

how do you do? jak się pan/pani ma? [yak sheh pan/panee]

dialogues

how are you? co słychać?
[tso swiHach]
fine, thanks dziękuję,
wszystko w porządku
[djenkoo-yeh fshistko
fpoJontkoo]

how much is it? ile to
kosztuje? [koshtoo-yeh]
15 zlotys piętnaście
złotych [zwotiH]
I'll take it biorę to
[b-yoreh]

humid: it's very humid today
dzisiaj jest bardzo duszno
[djeeshii yest bards-o dooshno]
Hungarian (adj, language)
węgierski [veng-yerskee]
Hungary Węgry [vengri]
hungry głodny [gwodni]
  are you hungry? czy jest pan/
pani głodny/głodna? [chi yest
pan/panee]
  (fam) czy jesteś głodny/
głodna? [yestesh]
hurry (verb) śpieszyć się [shp-
yeshich sheh]
  I'm in a hurry śpieszy mi się
[sh-pyeshi mee]
  there's no hurry nie ma
pośpiechu [n-yeh ma posh-
pyeHoo]
  hurry up! szybko! [shipko]
hurt (verb) boleć [bolech]
  it really hurts to bardzo boli
[bards-o bolee]

husband mąż [monsh]
hydrofoil wodolot [vodolot]

I

I ja [ya]
ice lód [loot]
  with ice z lodem [zlodem]
  no ice, thanks proszę bez
lodu [prosheh bez lodoo]
ice cream pl lody [lodi]
ice-cream cone lody w waflu
[v vafloo]
iced coffee kawa mrożona
[kava mroJona]
ice lolly lody sorbetowe [lodi
sorbetoveh]
ice rink ślizgawka [shleezgafka]
ice skates łyżwy [wiJvi]
idea pomysł [pomis^wuh]
idiot idiota **m** [eed-yota],
idiotka **f**
if jeśli [yeshlee]
ignition zapłon [zapwon]
ill chory [Hori]
  I feel ill źle się czuję [Jleh sheh
choo-yeh]
illness choroba [Horoba]
imitation imitacja [eemeetats-ya]
immediately natychmiast
[natiH-myast]
important ważny [vaJni]
  it's very important to bardzo
ważne [bards-o vaJneh]
  it's not important to nieważne
[n-yevaJneh]
impossible niemożliwy
[n-yemoJleevi]

impressive imponujący [eemponoo-yontsi]
improve ulepszyć [oolepshich]
I want to improve my Polish chcę nauczyć się polskiego [Htseh na-oochich sheh polsk-yego]
in*: it's in the centre to jest w centrum [yest f]
in my car w moim samochodzie [mo-eem ... mo-Hodjeh]
in Poznan w Poznaniu [poznan-yoo]
in two days from now za dwa dni od dziś [djeesh]
in five minutes za pięć minut
in May w maju
in English po angielsku [ang-yelskoo]
in Polish po polsku [polskoo]
is he in? (at home) czy on jest w domu? [chi on yest vdomoo]
(in the office) czy on jest w biurze? [b-yooJeh]
inch* cal [tsal]
include włączać [vwonchach]/ włączyć [vwonchich]
does that include meals? czy cena obejmuje posiłki? [chi tsena obaymoo-yeh posheeᵂᵘʰkee]
is that included? czy to jest wliczone w cenę? [yest vleechoneh f tseneh]
inconvenient niedogodny [n-yedogodni]
incredible nie do wiary [n-yeh do v-yari]
Indian (adj) hinduski [heendooskee]
indicator kierunkowskaz

[k-yeroonkofskas]
indigestion niestrawność [n-yestravnosh-ch]
indoor pool kryty basen [kriti]
indoors w domu [vdomoo], pod dachem [daHem]
inexpensive niedrogi [n-yedrogee], tani [tan-yee]
infection zakażenie [zakaJen-yeh]
infectious: is it infectious? czy to zaraźliwe? [chi to zaraJleeveh]
inflammation zapalenie [zapalen-yeh]
informal nieformalny [n-yeformalni] **(occasion, meeting)** towarzyski [tovaJiskee]
information informacja [eenformats-ya]
do you have any information about ...? czy ma pan/pani informacje na temat ...? [chi ma pan/panee eenformats-yeh]
information desk informacja [eenformats-ya]
injection zastrzyk [zastshik]
injured ranny [ran-ni]
she's been injured jest ranna [yest]
inner tube dętka [dentka]
innocent niewinny [n-yeveen-ni]
insect owad [ovat]
insect bite użądlenie owada [ooJondlen-yeh ovada]
do you have anything for insect bites? czy ma pan/pani coś na użądlenia? [chi ma

pan/panee tsosh na ooJondlen-ya]

insect repellent płyn przeciw
owadom [pwin pshecheef
ovadom]

inside: inside the hotel w
hotelu [f]

insist nalegać [nalegach]

I insist domagam się [sheh]

if you insist jeśli koniecznie
chcesz [yeshlee kon-yech-nyeh
Htsesh]

insomnia bezsenność [bes-sen-
nosh-ch]

instant coffee kawa neska [kava]

instead: instead of ...
zamiast ... [zam-yast]

give me that one instead
poproszę w takim razie to
[poprosheh f takeem raJeh]

insulin insulina [eensooleena]

insurance ubezpieczenie
[oobesp-yechen-yeh]

intelligent inteligentny
[eenteleegentni]

interested: I'm interested in ...
interesuję się ... [eenteresoo-
yeh sheh]

interesting interesujący
[eenteresoo-yontsi]

that's very interesting to
bardzo interesujące [bards-o
eenteresoo-yontseh]

international
międzynarodowy [m-yends-
inarodovi]

Internet Internet

interpret tłumaczyć
[twoomachich]

interpreter (man/woman)

tłumacz [twoomach],
tłumaczka [twoomachka]

intersection skrzyżowanie
[skshiJovan-yeh]

interval (at theatre) przerwa
[psherva]

into: I'm not into ... nie
interesuje mnie ... [n-yeh
eenteresoo-yeh mnyeh]

introduce przedstawić
[pshetstaveech]

may I introduce ...? (man/
woman) to jest pan/pani ...?
[yest]

invitation zaproszenie
[zaproshen-yeh]

invite zaprosić [zaprosheech]

Ireland Irlandia [eerland-ya]

Irish irlandzki [eerlantskee]

I'm Irish (man/woman) jestem
Irlandczykiem/Irlandką
[yestem eerlantchik-yem/
eerlantkON]

iron (for ironing) żelazko [Jelasko]

can you iron these for me?
czy może to pan/pani
uprasować? [chi moJeh – panee
ooprasovach]

is* jest [yest]

island wyspa [vispa]

it to

it is ... to jest ... [yest]

is it ...? czy to jest ...? [chi]

where is it? gdzie to jest? [gjeh]

it's him to on

it was ... to było... [biwo]

Italy Włochy pl [vwoHi]

itch: it itches swędzi [sfendjee]

J

jack (for car) podnośnik [podnoshneek]
jacket kurtka [koortka]
jam dżem [djem]
jammed: it's jammed zacięło się [zacheh-wo sheh]
January styczeń [stichen^yuh]
jar słoik [swo-eek]
jaw szczęka [sh-chenka]
jazz jazz [djez]
jealous zazdrosny [zazdrosni]
jeans dżinsy [djeensi]
jersey sweter [sfeter]
jetty pomost
Jew (man/woman) Żyd [Jit], Żydówka [Jidoofka]
jeweller's jubiler [yoobeeler]
jewellery biżuteria [beeJooter-ya]
Jewish żydowski [Jidofskee]
job praca [pratsa]
jogging: to go jogging biegać dla zdrowia [b-yegach dla zdrov-ya]
joke żart [Jart]
journey podróż [podroosh]
  have a good journey! szczęśliwej podróży! [sh-chenshleevay podrooJi]
jug dzbanek [dsbanek]
  a jug of water dzbanek wody [vodi]
juice sok
July lipiec [leep-yets]
jump (verb) skakać [skakach]/ skoczyć [skochich]
jumper sweter [sfeter]

jump leads awaryjne kable do akumulatora [avaree-neh kableh do akoomoolatora]
junction skrzyżowanie [skshiJovan-yeh]
June czerwiec [cherv-yets]
just (only) tylko [tilko]
  just two tylko dwa
  just for me tylko dla mnie [mnyeh]
  just here w tym miejscu [ftim m-yaystsoo]
  not just now nie w tej chwili [n-yeh ftay Hveelee]
  we've just arrived dopiero przyjechaliśmy [dop-yero pshi-yeHaleeshmi]

K

keep (verb) trzymać [tshimach]/ zatrzymać
keep the change dziękuję, reszty nie trzeba [djenkoo-yeh reshti n-yeh tsheba]
can I keep it? czy mogę to zatrzymać? [chi mogeh to zatshimach]
please keep it proszę to sobie zachować [prosheh to sob-yeh zaHovach]
ketchup keczup [kechoop]
kettle czajnik [chīneek]
key klucz [klooch]
  the key for room 201, please poproszę klucz do pokoju numer dwieście jeden [poprosheh – pokoyoo noomer]

keyring kółko do kluczy [koo^{wuh}ko do kloochi]

kidneys (in body) nerki (food) cynaderki [tsinaderkee]

kill (verb) zabić [zabeech]

kilo* kilo [keelo]

kilometre* kilometr [keelometr]

how many kilometres is it to ...? ile kilometrów do ...? [eeleh keelometroof]

kind (generous) dobry [dobri] (type) rodzaj [rodsī]

that's very kind to bardzo uprzejmie z pana/pani strony [bards-o oopshay-myeh s pana/panee stroni]

dialogue

what kind do you want? jakiego rodzaju? [yak-yego rods-ī-oo]

I want that kind tego rodzaju

king król [krool]

kiosk kiosk [k-yosk]

kiss (noun) pocałunek [potsawoonek] (verb) całować [tsawovach]/ pocałować

kitchen kuchnia [kooH-nya]

kitchenette kuchenka [kooHenka]

Kleenex® chusteczki jednorazowe [Hoostechkee yednorazoveh]

knee kolano

knickers majtki [mītkee]

knife nóż [noosh]

knitwear dzianina [djaneena]

knock (verb) pukać [pookach]/ zapukać

knock down potrącić [potroncheech]

he's been knocked down potrącił go samochód [potronchee^{wuh} go samoHoot]

knock over (object) przewrócić [pshevroocheech]

know (somebody, a place) znać [znach] (something) wiedzieć [v-yedjech]

I don't know nie wiem [n-yeh v-yem]

I didn't know that nie wiedziałem/wiedziałam o tym [v-yedjawem – tim]

do you know where I can find ...? czy wie pan/pani, gdzie mogę dostać ...? [chi v-yeh pan/panee gjeh mogeh dostach]

L

label etykietka [etik-yetka]

ladies' room, ladies' toilets toaleta damska [to-aleta]

ladies' wear odzież damska [odjesh]

lady pani **f** [panee]

lager piwo [peevo]

lake jezioro [yeJoro]

lamb (meat) jagnię [yag-nyeh]

lamp lampa

lane (on motorway) pas
(small road) dróżka [drooshka]
language język [yenzik]
language course kurs nauki
języka [koors na-ookee yenzika]
large duży [dooJi]
last ostatni [ostatnee]
last week w ubiegłym
tygodniu [voob-yegwim]
last Friday w zeszły piątek
[vzeshwi]
last night wczoraj wieczorem
[fchori v-yechorem]
**what time is the last train to
Lodz?** o której jest ostatni
pociąg do Łodzi? [ktooray yest
ostatnee – wodjee]
late późno [pooJno]
sorry I'm late przepraszam
za spóźnienie [psheprasham za
spooJ-nyen-yeh]
the train was late pociąg się
spóźnił [sheh spooJnee^wuh]
we must go — we'll be late
musimy już iść – bo się
spóźnimy [moosheemi yoosh
eesh-ch – spooJneemi]
it's getting late robi się późno
[robee sheh pooJno]
later później [pooJ-nyay]
I'll phone later zadzwonię
później [zadzvon-yeh]
I'll come back later przyjdę
później [pshee-deh]
see you later do zobaczenia
[zobachen-ya]
later on później
latest najpóźniej [nīpooJ-nyay]
by Wednesday at the latest

najpóźniej w środę [f]
laugh (verb) śmiać się [sh-myach
sheh]
launderette, laundromat
pralnia samoobsługowa [pral-
nya samo-opswoogova]
laundry (clothes) pranie [pran-yeh]
(place) pralnia [pral-nya]
lavatory ubikacja [oobeekats-
ya], toaleta [to-aleta]
law prawo [pravo]
lawn trawnik [travneek]
lawyer (man/woman) prawnik
[pravneek], prawniczka
[pravneechka]
laxative środek
przeczyszczający [shrodek
pshechish-chī-ontsi]
lazy leniwy [leneévi]
lead (electrical) przewód
[pshevoot], kabel
(verb) prowadzić [provadjeech]
where does this lead to?
dokąd ta droga prowadzi?
[dokont – provadjee]
leaf liść [leesh-ch]
leaflet broszura [broshoora]
leak (noun: water) wyciek [vichek]
(gas) upływ [oopwif]
(verb) przeciekać [pshechekach]
the roof leaks dach przecieka
[daH pshecheka]
learn uczyć się [oochich sheh]
least: not in the least
bynajmniej [binīm-nyay]
at least przynajmniej
[pshinīm-nyay]
leather skóra [skoora]
leave (go away) wyjeżdżać [vi-

yeJ-djach]/wyjechać [vi-yeHach]
(leave behind) zostawiać [zostav-yach]/zostawić [zostaveech]

I am leaving tomorrow
wyjeżdżam jutro [vi-yeJdjam]

he left yesterday wyjechał
wczoraj [vi-yeHa^{wuh}]

may I leave this here? czy
mogę to tu zostawić? [chi
mogeh to too zostaveech]

I left my coat in the bar
zostawiłem/zostawiłam
płaszcz w barze [zostaveewem]

**when does the bus for
Augustow leave?** o której
odchodzi autobus do
Augustowa? [oktooray otHodjee
– owgoostova]

left lewy [levi]

on the left po lewej stronie
[levay stron-yeh]

to the left na lewo [levo]

turn left skręcić w lewo
[skrencheech v]

there's none left nic już
nie zostało [neets yoosh n-yeh
zostawo]

left-handed leworęczny
[levorenchni]

left luggage (office)
przechowalnia bagażu
[psheHoval-nya bagaJoo]

leg noga

lemon cytryna [tsitrina]

lemonade lemoniada [lemon-yada]

lemon tea herbata z cytryną
[s tsitrinON]

lend pożyczyć [poJichich]

will you lend me your ...? czy
może mi pan/pani pożyczyć
swój/swoją ...? [chi moJeh mee
pan/panee – sfoo^{yuh}/sfoyON]

lens (of camera) obiektyw [ob-yektif]

lesbian lezbijka [lezbee-ka]

less* mniej [mnyay]

less than ... mniej niż ...
[neeJ]

less expensive tańszy [tanshi]

lesson lekcja [lekts-ya]

let (allow) pozwalać [pozvalach]/
pozwolić [pozvoleech]

will you let me know? czy da
mi pan/pani znać? [chi da mee
pan/panee znach]

I'll let you know dam panu/
pani znać [panoo]

let's go for something to eat
chodźmy coś zjeść [Hochmi
tsosh z-yesh-ch]

**let off: will you let me off
at ...?** czy mógłbym wysiąść
przy ...? [chi moog^{wuh}bim
vishonsh-ch pshi]

letter list [leest]

**do you have any letters for
me?** czy są dla mnie listy?
[chi sON dla mnyeh leesti]

letterbox skrzynka pocztowa
[skshinka pochtova]

lettuce sałata [sawata]

lever dźwignia [djveeg-nya]

library biblioteka [beebl-yoteka]

licence (permit) zezwolenie
[zezvolen-yeh]
(driver's) prawo jazdy [pravo
yazdi]

lid pokrywka [pokrifka]

lie (tell untruth) kłamać [kwamach]

lie down położyć się [powoɹich sheh]

life życie [ɹicheh]

lifebelt koło ratunkowe [kowo ratoonkoveh]

lifeguard ratownik [ratovneek]

life jacket kamizelka ratunkowa [kameezelka ratoonkova]

lift (in building) winda [veenda]

could you give me a lift? czy może mnie pan/pani podwieźć? [chi moɹeh mnyeh pan/panee podv-yesh-ch]

would you like a lift? czy mogę pana/panią podwieźć? [mogeh pana/pan-yON]

lift pass bilet zjazdowy [beelet z-yazdovi]

a daily/weekly lift pass karnet zjazdowy

light (noun) światło [sh-fyatwo]

(not heavy) lekki [lek-kee]

do you have a light? (for cigarette) czy mogę prosić o ogień? [chi mogeh prosheech o og-yen^yuh]

light green jasnozielony [yasnoɹeloni]

light bulb żarówka [ɹaroofka]

I need a new light bulb potrzebna mi jest nowa żarówka [potshebna mee yest nova]

lighter (cigarette) zapalniczka [zapalneechka]

lightning błyskawica [bwiskaveetsa]

like (verb) lubić [loobeech]

I like it to mi się podoba [mee sheh], to lubię [loob-yeh]

(food) to mi smakuje [smakoo-yeh]

I like going for walks lubię spacerować

I like you lubię pana/panią [pan-yON]

I don't like it to mi się nie podoba [n-yeh], tego nie lubię

(food) to mi nie smakuje

do you like ...? czy pan/pani lubi ...? [chi pan/panee loobee]

I'd like a beer proszę o piwo [prosheh]

I'd like to go swimming chciałbym/chciałabym pójść popływać [Hcha^wuhbim/ Hchawabim poo^yuhsh-ch]

would you like a drink? czy ma pan/pani ochotę na drinka? [oHoteh]

what's it like? jakie to jest? [yak-yeh to yest]

I want one like this proszę o coś takiego jak to [tsosh tak-yego]

lime limona [leemona]

lime cordial sok limonowy [leemonovi]

line linia [leen-ya]

(phone) połączenie telefoniczne [powonchen-yeh telefoneechneh]

could you give me an outside line? czy mogę prosić o

połączenie na miasto? [chi mogeh prosheech – m-yasto]

lips usta [oosta]

lip salve maść do ust [mash-chJ]

lipstick kredka do ust [kretka]

liqueur likier [leek-yer]

listen słuchać [swooHach]

Lithuania Litwa [leetfa]

Lithuanian (adj, language) litewski [leetefskee]

litre* litr [leetr]

a litre of white wine litr białego wina

little mały [mawi]

just a little, thanks dziękuję, tylko troszeczkę [djenkoo-yeh tilko troshechkeh]

a little milk trochę mleka [troHeh]

a little bit more trochę więcej [v-yentsay]

live (verb: in town etc) mieszkać [m-yeshkach]

we live together mieszkamy razem [m-yeshkami]

dialogue

where do you live? gdzie pan/pani mieszka? [gjeh pan/panee m-yeshka]

I live in London mieszkam w Londynie [m-yeshkam v londin-yeh]

lively pełen życia [peh-wen Jicha]

liver (in body) wątroba [vontroba] (food) wątróbka [vontroopka]

loaf bochenek [boHenek]

lobby (in hotel) recepcja [retsepts-ya]

lobster homar

local lokalny [lokalni], miejscowy [m-yaystsovi]

can you recommend a local restaurant? czy może pan/pani polecić lokalną restaurację? [chi moJeh pan/ panee polecheech lokalnON]

lock (noun) zamek (verb) zamykać na klucz [zamikach na klooch]

it's locked zamknięte na klucz [zamk-nyenteh]

lock in zamknąć [zamk-nonch]

lock out: I've locked myself out zatrzasnąłem/ zatrzasnęłam klucz w pokoju [zatshasnowem/ zatshasneh-wam klooch fpokoyoo]

locker (for luggage etc) schowek [sHovek], szafka [shafka]

lollipop lizak [leezak]

long długie [dwoog-yeh]

how long will it take to fix it? jak długo zajmie naprawienie tego? [yak dwoogo zīm-yeh naprav-yen-yeh]

how long does it take? jak długo to trwa? [trfa]

a long time przez długi czas [pshez dwoogee chas]

one day/two days longer jeden dzień/dwa dni dłużej [dwooJay]

long-distance call rozmowa

międzymiastowa [rozmova m-yendsim-yastova]

look: I'm just looking, thanks dziękuję, chcę tylko obejrzeć [djenkoo-yeh Htseh tilko obayJech]

you don't look well niezbyt dobrze wyglądasz [n-yezbit dobJeh viglondash]

look out! uwaga! [oovaga]

can I have a look? czy mogę zobaczyć? [chi mogeh zobachich]

look after opiekować się (+ instr) [op-yekovach sheh]

look at patrzeć [patshech]

look for szukać [shookach]

I'm looking for ... szukam ... (+ gen) [shookam]

look forward: I'm looking forward to it z przyjemnością na to czekam [s pshi-yemnosh-chON – chekam]

I'm looking forward to your visit cieszę się na wasz przyjazd [chesheh sheh]

loose (handle etc) obluzowany [obloozovani]

lorry ciężarówka [chenJaroovka]

lose gubić [goobeech]/zgubić

I'm lost, I want to get to ... zgubiłem/zgubiłam się, chciałbym/chciałabym dostać się do ... [zgoobeewem/ zgoobeewam sheh Hcha^wuhbim/ Hchawabim dostach]

I've lost my bag zgubiłem/ zgubiłam torbę

lost property (office) biuro rzeczy znalezionych [b-yooro Jechi znaleJoniH]

lot: a lot, lots dużo [dooJo]

not a lot niedużo [n-yedooJo]

a lot of people dużo ludzi

a lot bigger dużo większy

I like it a lot bardzo to mi się podoba [bards-o to mee sheh]

(food) to mi bardzo smakuje [smakoo-yeh]

lotion mleczko kosmetyczne [mlechko kosmetichneh]

loud głośny [gwoshni]

lounge (in house) salon (in hotel) sala klubowa [kloobova], hall [hol] (in airport) sala dla podróżujących [podrooJoo-yontsiH]

love (noun) miłość [meewosh-ch] (verb) kochać [koHach]

I love Poland kocham Polskę [koHam polskeh]

lovely śliczny [shleechni] (meal) doskonały [doskonawi]

low niski [neeskee]

luck los

good luck! powodzenia! [povods-en-ya]

luggage bagaż [bagash]

luggage trolley wózek bagażowy [voozek bagaJovi]

lump (on body) guz [goos]

lunch obiad [ob-yat]

lungs płuca [pwootsa]

luxurious (hotel, furnishings) luksusowy [looksoosovi]

luxury luksus [looksoos]

M

machine maszyna [mashina]

mad (insane) szalony [shaloni]
(angry) wściekły [fsh-chekwi]

magazine czasopismo
[chasopeesmo]

maid (in hotel) pokojówka
[poko-yoofka]

maiden name nazwisko
panieńskie [nazveesko pan-
yensk-yeh]

mail (noun) poczta [pochta]
is there any mail for me? czy
są dla mnie listy? [chi son dla
mnyeh leesti]

mailbox skrzynka pocztowa
[skshinka pochtova]

main główny [gwoovni]

main course drugie danie
[droog-yeh dan-yeh]

main post office poczta
główna [pochta gwoovna]

main road (in town) główna
ulica [ooleetsa]
(in country) główna droga,
magistrala

mains switch przełącznik
sieciowy [psheh-wonchneek
shechovi]

make (brand name) marka
(verb) robić [robeech]/zrobić
I make it 500 zlotys w sumie
to wynosi pięćset złotych [f
soom-yeh to vinoshee p-yenchset
zwotiH]
what is it made of? z czego
to jest zrobione? [s chego to

yest zrob-yoneh]

make-up makijaż [makee-yash]

man mężczyzna [mensh-chizna]

manager dyrektor [direktor],
kierownik [k-yerovneek]
I'd like to see the manager
chciałbym/chciałabym
porozmawiać z
kierownikiem [Hcha^{wuh}bim/
Hchawabim porozmav-yach sk-
yerovneek-yem]

manageress kierowniczka
[k-yerovneechka]

manual (car) samochód z
mechaniczną skrzynią biegów
[samoHoot zmeHaneechnon skshin-
yon b-yegoof]

many dużo [dooJo]
not many (quantity) niedużo [n-
yedooJo]

map mapa
(of city) plan

March marzec [maJets]

margarine margaryna
[margarina]

market rynek [rinek]

marmalade marmolada

married: I'm married jestem
żonaty/mężatką [yestem Jonati/
menJatkon]
are you married? (said to man)
czy pan jest żonaty? [chi pan
yest]
(said to woman) czy pani jest
mężatką? [panee]

mascara tusz do rzęs [toosh
do Jens]

match (football etc) mecz [mech]

matches zapałki [zapa^{wuh}kee]

material (fabric) materiał [mater-ya^{wuh}]

matter: it doesn't matter
nic nie szkodzi [neets n-yeh shkodjee]

what's the matter? o co
chodzi? [tso Hodjee]

mattress materac [materats]

May maj [mī]

may: may I have another one?
czy mogę prosić o jeszcze
jedno? [chi mogeh prosheech o
yesh-cheh yedno]

may I sit here? czy mogę tu
usiąść? [too ooshonsh-ch]

maybe być może [bich moJeh]

mayonnaise majonez [mī-ones]

me*: that's for me to dla mnie
[mnyeh]

send it to me proszę to
wysłać do mnie [prosheh to
viswach]

me too ja też [ya tesh]

meal posiłek [posheewek]

dialogue

did you enjoy your meal?
czy smakowało panu/
pani? [chi smakovawo panoo/
panee]

it was excellent,
thank you dziękuję, to
było wyśmienite [djenkoo-
yeh to biwo vish-myeneeteh]

mean (verb) znaczyć [znachich]
what do you mean? co
chce pan/pani przez to

powiedzieć? [tso Htseh pan/
panee pshes to pov-yedjech]

do you mean it? czy mówisz
poważnie? [chi mooveesh povaJ-
nyeh]

dialogue

what does this word
mean? co oznacza to
słowo? [oznacha to svovo]
it means ... in English to
znaczy ... po angielsku
[znachi — ang-yel-skoo]

measles odra

meat mięso [m-yenso]

mechanic mechanik
[meHaneek]

medicine lekarstwo [lekarstfo]

medium (adj: size) średni
[shrednee]

medium-dry pół wytrawne
[poo^{wuh} vitravneh]

medium-rare średnio
wysmażony [shred-nyo
vismaJoni]

medium-sized średniej
wielkości [shred-nyay
v-yelkosh-chee]

meet spotkać [spotkach]

nice to meet you miło mi
pana/panią poznać [meewo
mee pana/pan-yoN poznach]

where shall I meet you?
gdzie się spotkamy? [gjeh sheh
spotkami]

meeting zebranie [zebran-yeh]

meeting place miejsce

Ma

spotkania [m-yaystseh spotkan-ya], umówione miejsce [oomoov-yoneh m-yaystseh]

melon melon

men mężczyźni [mensh-chijnee]

mend naprawić [napraveech]

  could you mend this for me? czy może to pan/pani naprawić? [chi moJeh to pan/panee]

men's room toaleta męska [toaleta menska]

menswear odzież męska [odjesh]

mention (verb) wspominać [fspomeenach]

  don't mention it proszę bardzo [prosheh bards-o]

menu menu [men-yoo], jadłospis [yadwospees]

  may I see the menu, please? proszę o menu [prosheh]

  see **menu reader** page 220

message wiadomość [v-yadomosh-ch]

  are there any messages for me? czy jest dla mnie wiadomość? [chi yest dla mnyeh]

  I want to leave a message for ... chciałbym/ chciałabym zostawić wiadomość dla ... [Hcha^{wuh}bim/Hchawabim zostaveech]

metal metal [met-al]

metre* metr

microwave (oven) kuchenka mikrofalowa [kooHenka meekrofalova]

midday południe [powood-nyeh]

  at midday w południe [f]

middle środek [shrodek]

  in the middle w środku [f shrodkoo]

  in the middle of the night w środku nocy [notsi]

  the middle one to środkowe [shrodkoveh]

midnight północ [poo^{wuh}nots]

  at midnight o północy [o poo^{wuh}notsi]

might: I might mógłbym/ mogłabym [moog^{wuh}bim/ mogwabim]

  I might not like it to mi się może nie spodobać [mee sheh moJeh n-yeh spodobach]

  I might want to stay another day możliwe, że zostanę jeszcze jeden dzień [moJleeveh Jeh zostaneh yesh-cheh yeden djen^{yuh}]

migraine migrena [meegrena]

mild (taste) łagodny [wagodni] (weather) ciepły [chepwi]

mile* mila [meela]

milk mleko

milk bar bar mleczny [mlechni]

milkshake koktajl mleczny [koktil mlechni], 'shake'

millimetre* milimetr [meeleemetr]

minced meat mięso mielone [m-yenso m-yeloneh]

mind: never mind nie szkodzi [n-yeh shkodjee]

I've changed my mind
zmieniłem/zmieniłam zdanie
[zmyeneewem/zmyeneewam zdan-yeh]

dialogue

do you mind if I open the
window? czy pozwoli
pan/pani, że otworzę
okno? [chi pozvolee pan/panee
Jeh otfojeh]
no, I don't mind proszę
bardzo [prosheh bards-o]

mine*: it's mine mój [moo^yuh],
moja [moya], moje [moyeh]
mineral water woda mineralna
[voda meeneralna]
mints miętówki
[m-yentoofkee]
minute minuta [meenoota]
in a minute za chwilkę
[Hveelkeh]
just a minute chwileczkę
[Hveelechkeh]
mirror lusterko [loosterko]
Miss Pani [panee]
miss: I missed the bus
spóźniłem/spóźniłam się na
autobus [spoojneewem/
spoojneewam sheh na owtoboos]
missing brakuje [brakoo-yeh]
one of my ... is missing
brakuje jednego z moich ...
[yednego zmo-eeH]
there's a suitcase missing
zginęła walizka [zgeenewa
valeeska]

mist mgła [mgwa]
mistake pomyłka [pomi^wuh^ka]
I think there's a mistake
chyba tu zaszła pomyłka [Hiba
too zashwa]
sorry, I've made a mistake
przepraszam, pomyliłem się/
pomyliłam się [psheprasham
pomileewem sheh/
pomileewam]
misunderstanding
nieporozumienie
[n-yeporozoo-myen-yeh]
mix-up: sorry, there's been a
mix-up przepraszam, zaszło
nieporozumienie [psheprasham
zashwo n-yeporozoo-myen-yeh]
mobile (phone) komórka
[komoorka]
modern nowoczesny
[novochesni]
modern art gallery galeria
sztuki nowoczesnej [galer-ya
shtookee novochesnay]
moisturizer krem nawilżający
[naveelji-ontsi]
moment: I won't be a moment
chwileczkę, zaraz będę
gotów/gotowa [Hveelechkeh
zaras bendeh gotoof/gotova]
monastery klasztor [klashtor]
Monday poniedziałek [pon-
yedjawek]
money pieniądze [p-yen-yonds-
eh]
month miesiąc [m-yeshonts]
monument pomnik [pomneek]
moon księżyc [kshenjits]
moped moped

more* więcej [v-yentsay]
can I have some more water,
please? czy mogę prosić
jeszcze trochę wody? [chi
mogeh prosheech yesh-cheh
troHeh]
more expensive droższy
[drosh-shi]
more interesting bardziej
interesujący [bardjay eenteresoo-
yontsi]
more than 50 ponad
pięćdziesiąt [ponat]
more than that więcej niż to
[neesh]
a lot more dużo więcej
[dooJo]

dialogue

would you like some
more? czy życzy sobie
pan/pani jeszcze trochę?
[chi Jichi sob-yeh pan/panee
yesh-cheh troHeh] no, no
more for me, thanks nie,
już dziękuję [n-yeh yoosh
djenkoo-yeh]
how about you? a pan/
pani?
I don't want any more,
thanks dziękuję, to mi
wystarczy [mee vistarchi]

morning rano
this morning dzisiaj rano
[djeeshī]
in the morning rano
mosquito komar

mosquito repellent płyn
przeciw komarom [pwin
pshecheef komarom]
most: I like this one most of all
to mi się najbardziej podoba
[mee sheh nībardjay]
most of the time prawie
zawsze [prav-yeh zafsheh],
przeważnie [pshevaJ-nyeh]
in most cases w większości
wypadków [v v-yenkshosh-chee
vipadkoof]
most tourists większość
turystów [v-yenkshosh-ch]
mostly przeważnie [pshevaJ-
nyeh]
mother matka
mother-in-law teściowa [tesh-
chova]
motorbike motocykl [mototsikl]
motorboat motorówka
[motoroofka]
motorway autostrada
[owtostrada]
mountain góra [goora]
in the mountains w górach
[vgooraH]
mountaineering taternictwo
[taterneetstvo]
mouse mysz f [mish]
moustache wąsy [vonsi]
mouth usta [oosta]
mouth ulcer afta [afta]
move: he's moved to another
room przeprowadził
się do innego pokoju
[psheprovadjee^wuh sheh do eennego pokoyoo]
could you move your

Mo

car? czy może pan/pani przestawić samochód? [chi moJeh pan/panee pshestaveech samoHoot]

could you move up a little? czy może się pan/pani trochę posunąć? [troHeh posoononch]

where has it moved to? gdzie to się teraz mieści? [gjeh to sheh teras m-yesh-chee]

movie film

movie theater kino [keeno]

Mr Pan

Mrs Pani [panee]

Ms Pani

much dużo [dooJo]

he is much better/worse jest mu dużo lepiej/gorzej [yest moo]

much hotter dużo cieplej [cheplay]

not much (quantity) niedużo [n-yedooJo]

how did you like it? not much jak to ci się podobało? nie bardzo [yak to chee sheh podobawo n-yeh bards-o]

I don't want very much proszę tylko trochę [prosheh tilko troHeh]

thank you very much bardzo dziękuję [djenkoo-yeh]

mud błoto [bwoto]

mug (for drinking) kubek [koobek]

I've been mugged napadnięto mnie [napad-nyento mnyeh]

mum mama

mumps świnka [shveenka]

museum muzeum [moozeh-oom]

mushrooms grzyby [gJibi]

music muzyka [moozika]

music festival festiwal muzyczny [festeeval moozichni]

musician muzyk [moozik]

Muslim (adj) muzułmański [moozoo^{wuh}manskee]

mussels małże [mowJeh]

must*: I must muszę [moosheh]

I mustn't drink alcohol nie wolno mi pić alkoholu [n-yeh volno mee]

mustard musztarda [mooshtarda]

my* mój [moo^{yuh}], moja [moya], moje [mo-yeh]

myself: I'll do it myself sam to zrobię/sama to zrobię [zrob-yeh]

by myself sam/sama

N

nail (finger) paznokieć [paznok-yech]

(metal) gwóźdź [gvoosh-ch]

nailbrush szczotka do paznokci [sh-chotka do paznokchee]

nail varnish lakier do paznokci [lak-yer]

name (first name) imię [eem-yeh]

(surname) nazwisko [nazveesko]

my name's John nazywam się John [nazivam sheh]

what's your name? jak się

pan/pani nazywa? [yak – panee naziva]

what is the name of this street? jak się nazywa ta ulica?

napkin serwetka [servetka]

nappy pieluszka [p-yelooshka]

narrow (street) wąski [vonskee]

nasty okropny [okropni]

national narodowy [narodovi]

nationality narodowość [narodovosh-ch]

natural naturalny [natooralni]

nausea mdłości [mdwosh-chee]

navy (blue) granatowy [granatovi]

near bliski [bleeskee]

is it near the city centre? czy to jest blisko centrum? [chi to yest bleesko tsentroom]

do you go near the Lazienki Park? czy jedzie pan/pani koło Łazienek? [yedjeh pan/panee kowo waJenek]

where is the nearest ...? gdzie jest najbliższy...? [gjeh yest nībleesh-shi]

nearby obok, w pobliżu [f pobleeJoo]

nearly prawie [prav-yeh]

necessary konieczny [kon-yechni]

neck szyja [shi-ya]

necklace naszyjnik [nasheeneek]

necktie krawat [kravat]

need: I need ... potrzebuję ... [potsheboo-yeh]

do I need to pay? czy za to się płaci? [chi za to sheh pwachee]

needle igła [eegwa]

negative (film) negatyw [negatif]

neither: neither (one) of them żaden z nich [Jaden s neeH]

neither ... nor ... ani ... ani ... [anee]

nephew (sister's son) siostrzeniec [shostshen-yets] (brother's son) bratanek

net (in sport) siatka [shatka]

network map (for buses) mapa sieci autobusowej [shechee owto-boosovay]

never nigdy [neegdi]

dialogue

have you ever been to Zakopane? (to man) czy był pan kiedyś w Zakopanem? [chi bi^wuh pan k-yedish] (to woman) czy była pani kiedyś w Zakopanem? [biwa panee]

no, I've never been there nie, nigdy tam nie byłem/ byłam [n-yeh – biwem/biwam]

new nowy [novi]

news (radio, TV etc) wiadomości [v-yadomosh-chee]

newsagent's prasa

newspaper gazeta

newspaper kiosk kiosk Ruchu [k-yosk rooHoo]

New Year Nowy Rok [novi]

Happy New Year! Szczęśliwego Nowego

Roku! [sh-chenshleevego novego rokoo]

New Year's Eve Sylwester [silvester]

New Zealand Nowa Zelandia [nova zeland-ya]

New Zealander: I'm a New Zealander jestem z Nowej Zelandii [yestem z novay zelandee-ee]

next przyszły [pshishwi]

the next street on the left następna ulica na lewo [nastempna]

at the next stop na następnym przystanku [nastempnim pshistankoo]

next week w przyszłym tygodniu [fpshishwim]

next to* obok

nice (food) smaczny [smachni] (looks, view etc) ładny [wadni] (person) miły [meewi]

niece (sister's daughter) siostrzenica [shostsheneetsa] (brother's daughter) bratanica [brataneetsa]

night noc [nots]

at night w nocy [vnotsi], nocą [notsON]

good night dobranoc [dobranots]

dialogue

do you have a single room for one night? czy mają państwo wolny pokój na jedną noc? [chi mī-ON panstfo volni pokoo^yuh na yednON]

yes, madam tak, proszę pani [prosheh panee]

how much is it per night? ile kosztuje za dobę? [eeleh koshtoo-yeh za dobeh]

it's 30 zlotys for one night trzydzieści złotych za dobę [zwotiH]

thank you, I'll take it w takim razie poproszę [f takeem rajeh poprosheh]

nightclub lokal

nightdress koszula nocna [koshoola notsna]

night porter nocny portier [notsni port-yer]

no nie [n-yeh]

I've no ... nie mam ...

there's no ... left nie ma ...

no way! za nic! [za neets]

oh no! (upset) niemożliwe! [n-yemoJleeveh]

nobody nikt [neekt]

there's nobody there tam nikogo nie ma [neekogo n-yeh]

noise hałas [hawas]

noisy hałaśliwy [hawashleevi]

it's too noisy za dużo tu hałasu [dooJo too hawasoo]

non-alcoholic bezalkoholowy [bezalkoholovi]

none żaden [Jaden], nikt [neekt]

non-smoking compartment przedział dla niepalących [pshedja^wuh dla n-yepalontsiH]

noon południe [powood-nyeh]

at noon w południe [f]
no-one żaden [Jaden], nikt
[neekt]
nor: nor do I ja też nie [ya tesh
n-yeh]
normal normalny [normalni]
north północ [poo^{wuh}nots]
  in the north na północy
  [poo^{wuh}notsi]
  to the north na północ
  north of Warsaw na północ
  od Warszawy [varshavi]
northeast północny wschód
[poo^{wuh}notsni fsHoot]
Northern Ireland Północna
Irlandia [poo^{wuh}notsna eerland-
ya]
northwest północny zachód
[zaHoot]
Norway Norwegia [norveg-ya]
Norwegian (adj, language)
norweski [norveskee]
nose nos
nosebleed krwotok z nosa
[krfotok znosa]
not* nie [n-yeh]
  no, I'm not hungry nie jestem
  głodny/głodna [yestem]
  **I don't want any, thank
  you** dziękuję, dla mnie nie
  [djenkoo-yeh dla mnyeh]
  it's not necessary to nie jest
  konieczne [yest kon-yechneh]
  I didn't know that nie
  wiedziałem/wiedziałam tego
  [v-yedjawem/v-yedjawam]
  not that one – this one nie to
  – tamto [n-yeh]
note (banknote) banknot

notebook notatnik
[notatneek]
notepaper (for letters) papier
listowy [pap-yer leestovi]
nothing nic [neets]
  nothing for me, thanks
  dziękuję, dla mnie nic
  [djenkoo-yeh dla mnyeh]
  nothing else nic innego [een-
  nego], nic więcej [v-yentsay]
  it's nothing to drobiazg [drob-
  yask]

dialogue

> **anything else?** czy jeszcze
> coś? [chi yesh-cheh tsosh]
> **nothing else, thanks**
> dziękuję, już nic więcej
> [yoosh]

novel powieść **f** [pov-yesh-ch]
November listopad [leestopat]
now teraz [teras]
number numer [noomer]
  (figure) liczba [leechba]
  I've got the wrong number to
  pomyłka [pomi^{wuh}ka]
  what is your phone number?
  jaki jest pana/pani numer
  telefonu? [yakee yest pana/panee
  – telefonoo]
number plate numer
rejestracyjny [ray-estratsee-ni]
nurse (man/woman) pielęgniarz
[p-yeleng-nyash], pielęgniarka
[p-yeleng-nyarka]
nursery slope ośla łączka [oshla
wonchka]

nut (for bolt) nakrętka [nakrentka]
nuts orzechy [oJeHi]

O

occupied (toilet, phone) zajęty [zi-enti]
o'clock* godzina [godjeena]
  it's seven o'clock jest siódma (godzina) [yest]
October październik [paJdjerneek]
odd (strange) dziwny [djeevni]
of*: the name of the hotel nazwa hotelu
off (lights) zgaszony [zgashoni]
  it's just off Marszałkowska Street tuż przy Marszałkowskiej [toosh pshi Marshawkovskyey]
  we're off tomorrow jutro wyjeżdżamy [yootro vi-yeJdjami]
offensive (language, behaviour) obraźliwy [obraJleevi]
office (place of work) biuro [b-yooro]
officer (to policeman) panie sierżancie [pan-yeh sherJancheh]
often często [chensto]
  not often niezbyt często [n-yezbit]
  how often are the buses? jak często kursują autobusy? [yak chensto koorsoo-yON]
oil (for car, for salad) olej [olay]
ointment krem
OK dobrze [dobJeh]
  are you OK? czy nic się

panu/pani nie stało? [chi neets sheh panoo/panee n-yeh stawo]
  is that OK with you? czy to panu/pani odpowiada? [panoo/panee otpov-yada]
  is it OK to ...? czy można ...? [moJna]
  thank you, I'm OK (nothing for me) dziękuję, to mi wystarczy [djenkoo-yeh to mee vistarchi]
  (I feel OK) czuję się dobrze [choo-yeh sheh dobJeh]
  is this train OK for ...? czy ten pociąg jedzie do ...? [yedjeh]
  I said I'm sorry, OK? przecież przeprosiłem/przeprosiłam [pshechesh psheprosheewem/psheprosheewam]
old stary [stari]

dialogue

  how old are you? ile ma pan/pani lat? [eeleh ma pan/panee]
  I'm 25 mam dwadzieścia pięć lat
  and you? a pan/pani?

old-fashioned staroświecki [starosh-fyetskee]
old town (old part of town) stare miasto [stareh m-yasto]
  in the old town na starym mieście [starim m-yesh-cheh]
omelette omlet
on* na, w [v]

on the street/beach na ulicy/
plaży
is it on this road? czy to na
tej ulicy? [chi to na tay ooleetsi]
on the plane w samolocie [f]
on Saturday w sobotę
on television w telewizji
I haven't got it on me nie
mam tego przy sobie [n-yeh
– pshi sob-yeh]
this one's on me (drink) to
moja kolejka [moya kolayka]
the light wasn't on światło
było zgaszone [sh-fyatwo biwo
zgashoneh]
what's on tonight? (theatre,
cinema) co dzisiaj grają? [tso
djeeshī grī-ON]
(TV) co dziś w telewizji?
[djeesh fteleveez-yee]
once (one time) raz [ras]
at once (immediately)
natychmiast [natiн-myast]
one* jeden [yeden], jedna,
jedno
the white one ten biały
[b-yawi]
one-way ticket bilet w jedną
stronę [beelet v yednON stroneh]
onion cebula [tseboola]
only tylko [tilko]
only one tylko jeden [yeden]
it's only six o'clock dopiero
szósta [dop-yero]
I've only just got here
dopiero tu przyszedłem [too
pshishedwem]
on/off switch przełącznik
[psheh-wonchneek]

open (adj) otwarty [otfarti]
(verb) otwierać [ot-fyerach]/
otworzyć [otfoJich]
when do you open? o której
państwo otwierają? [ktooray
panstfo ot-fyerī-ON]
I can't get it open nie mogę
tego otworzyć [n-yeh mogeh
tego otfoJich]
in the open air na dworze
[dvoJeh]
opening times godziny
urzędowania [godjeeni
ooJendovan-ya]
open ticket bilet otwarty
[beelet otfarti]
opera opera
operation (medical) operacja
[operats-ya]
operator (telephone) centrala
telefoniczka [tsentrala
telefoneechka]
opposite* naprzeciwko
[napshecheefko]
the opposite direction w
przeciwnym kierunku [f
pshecheevnim k-yeroonkoo]
the bar opposite bar
naprzeciwko
opposite my hotel
naprzeciwko mojego
hotelu
optician okulista
[okooleesta]
or albo
orange (fruit) pomarańcza
[pomarancha]
(colour) pomarańczowy
[pomaranchovi]

or

orangeade oranżada [oranJada]

orange juice sok pomarańczowy

orchestra orkiestra [ork-yestra]

order: we'd like to order (in restaurant) chcielibyśmy zamówić [Hcheleebishmi zamooveech]

I've already ordered, thanks dziękuję, już zamówiłem/ zamówiłam [djenkoo-yeh yoosh zamooveewem/zamooveewam]

I didn't order this tego nie zamawiałem/zamawiałam [n-yeh zamav-yawem/zamav-yawam]

out of order zepsuty [zepsooti], nieczynny [n-yechin-ni]

ordinary normalny [normalni]

other inny [een-ni]

the other one ten drugi [droogee]

the other day parę dni temu [pareh dni temoo]

I'm waiting for the others czekam na resztę towarzystwa [chekam na reshteh tovaJistfa]

do you have any others? czy mają państwo jeszcze inne? [chi mī-ON panstfo yesh-cheh een-neh]

otherwise w przeciwnym razie [f pshecheevnim raJeh]

our/ours* nasz [nash], nasza, nasze [nasheh]

out: he's out nie ma go [n-yeh]

three kilometres out of town trzy kilometry za miastem [keelometri za m-yastem]

outdoors na dworze [dvoJeh]

outside na dworze

can we sit outside? czy możemy usiąść na dworze? [chi moJemi ooshonsh-ch]

oven piecyk [p-yetsik]

over: over here tutaj [tootī]

over there tam

over 500 ponad pięćset [ponat]

it's over skończone [skonchoneh]

overcharge: you've overcharged me (to man) pan mi za dużo policzył [mee za dooJo poleechiwuh]
(to woman) pani mi za dużo policzyła [panee]

overcoat palto

overnight (travel) nocą [notsON]

overtake wyprzedzać [vipsheds-ach]

owe: how much do I owe you? ile jestem panu/pani winna? [eeleh yestem panoo/panee veen-na]

own*: my own ... moje własne ... [moo-yeh vwasneh]

are you on your own? (to man) czy jest pan sam? [chi yest] (to woman) czy jest pani sama? [panee]

I'm on my own jestem sam/ sama

owner (man/woman) właściciel [vwash-cheechel], właścicielka [vwash-cheechelka]

oysters ostrygi [ostrigee]

P

pack (verb) pakować [pakovach]
  a pack of ... paczka ...
  [pachka]
package (parcel) paczka
package holiday wczasy
  [fchasi], wycieczka [vichechka]
packed lunch suchy prowiant
  [sooHi prov-yant]
packet: a packet of cigarettes
  paczka papierosów [pachka
  pap-yerosoof]
padlock kłódka [kwootka]
page (of book) strona
  could you page Mr ...? czy
  może pan/pani przywołać
  pana ...? [chi moJeh pan/panee
  pshivowach]
pain ból [bool]
  I have a pain here boli mnie
  tutaj [bolee mnyeh tooti]
painful bolący [bolontsi]
painkillers środki
  przeciwbólowe [shrodkee
  pshecheevbooloveh]
paint (noun) farba
painting obraz [obras]
pair: a pair of ... para ...
Pakistani (adj) pakistański
  [pakeestanskee]
palace pałac [pawats]
pale blady [bladi]
  pale blue jasnoniebieski
  [yasno-nyeb-yeskee]
pan garnek
panties majtki [mitkee],
  majteczki [mitechkee]

pants (underwear: men's) slipy
  [sleepi]
  (women's) majtki [mitkee],
  majteczki [mitechkee]
  (US: trousers) spodnie [spod-nyeh]
pantyhose rajstopy [ristopi]
paper papier [pap-yer]
  (newspaper) gazeta
  a piece of paper kartka
  papieru [pap-yeroo]
paper handkerchiefs
  chusteczki jednorazowe
  [Hoostechkee yednorazoveh]
parcel paczka [pachka]
pardon (me)? (didn't understand/
  hear) słucham? [swooHam]
parents rodzice [rodjeetseh]
parents-in-law teściowie [tesh-
  chov-yeh]
park (noun) park
  (verb) parkować [parkovach]/
  zaparkować
  can I park here? czy mogę tu
  zaparkować? [chi mogeh too]
parking lot parking [parkeenk]
part (noun) część [chensh-ch]
partner (boyfriend, girlfriend)
  'partner'
party (group) grupa [groopa]
  (celebration) przyjęcie [pshi-
  yencheh]
pass (in mountains) przełęcz
  [psheh-wench]
passenger (man/woman) pasażer
  [pasaJer], pasażerka
passport paszport [pashport]
past*: in the past dawniej
  [davn-yay]
  just past the information

office zaraz za biurem informacji [zaras za b-yoorem eenformatsyee]

path ścieżka [sh-cheshka]

pattern wzór [vzoor], deseń [desen^yuh]

pavement chodnik [Hodneek]

on the pavement na chodniku [Hodneekoo]

pay (verb) płacić [pwacheech]/ zapłacić

can I pay? czy mogę zapłacić? [chi mogeh]

it's already paid for to już zapłacone [yoosh zapwatsoneh]

dialogue

> who's paying? kto za to płaci? [pwachee]
> I'll pay ja zapłacę [ya zapwatseh]
> no, you paid last time, I'll pay nie, ty płaciłeś zeszłym razem, teraz na mnie kolej [n-yeh ti pwacheewesh zeshwim razem teras na mnyeh kolay]

pay phone automat telefoniczny [owtomat telefoneechni]

peaceful spokojny [spokoyni]

peach brzoskwinia [bJoskfeen-ya]

peanuts orzeszki ziemne [oJeshkee Jemneh]

pear gruszka [grooshka]

peas groszek [groshek]

peculiar (strange) dziwny [djeevni] (unusual) niezwykły [n-yezvikwi]

pedestrian crossing przejście dla pieszych [pshaysh-cheh dla p-yeshiH]

pedestrian precinct teren dla pieszych [p-yeshiH]

peg (for washing) kołek do bielizny [kowek do b-yeleezni] (for tent) śledź [shlech]

pen pióro [p-yooro]

pencil ołówek [owoovek]

penfriend osoba, z którą się koresponduje [s ktooroN sheh korespondoo-yeh]

penicillin penicylina [peneetsileena]

penknife scyzoryk [stsizorik]

pensioner rencista m [rencheesta], rencistka f [rencheestka]

people ludzie [loodjeh]

the other people in the hotel inni goście hotelowi [een-nee gosh-cheh hotelovee]

too many people za dużo ludzi [dooJo loodjee]

pepper (spice) pieprz [p-yepsh] (vegetable) papryka [paprika]

peppermint (sweet) miętówka [m-yentoofka]

per: how much per day/night? ile się płaci za dzień/dobę? [eeleh sheh pwachee za djen^yuh/dobeh]

per cent za tydzień [tidjen^yuh]

perfect doskonały [doskonawi]

perfume perfumy [perfoomi]
perhaps może [moJeh]
　perhaps not może nie
　[n-yeh]
period (of time) okres
　(menstruation) miesiączka
　[m-yeshonchka]
perm trwała [trvawa]
permit (noun) zezwolenie
　[zezvolen-yeh]
person osoba
personal stereo walkman
　[wokmen]
petrol benzyna [benzina]
petrol can kanister na
　benzynę [kaneester na benzineh]
petrol station stacja
　benzynowa [stats-ya benzinova]
pharmacy apteka
phone (noun) telefon
　(verb) telefonować
　[telefonovach]/zatelefonować
phone book książka
　telefoniczna [kshonshka
　telefoneechna]
phone box budka telefoniczna
　[bootka]
phonecard karta magnetyczna
　[magnetichna]
phone number numer
　telefonu [noomer telefonoo]
photo (noun) fotografia
　[fotograf-ya]
　excuse me, could you take
　a photo of us? przepraszam,
　czy mógłby pan/mogłaby
　pani zrobić nam zdjęcie?
　[pshaprasham chi moog^wuhbi
　pan/mogwabi panee zrobeech nam

z-dyencheh]
phrasebook rozmówki
　[rozmoofkee]
piano fortepian [fortep-yan]
pickpocket złodziej
　kieszonkowy [zwodjay
　k-yeshonkovi]
pick up: will you be there to
　pick me up? czy pan/pani
　po mnie przyjedzie? [chi pan/
　panee po mnyeh pshi-yedjeh]
picnic (noun) piknik [peekneek]
picture (painting) obraz [obras]
　(photo) fotografia [fotograf-ya]
pie (meat) zapiekanka [zap-
　yekanka]
　(fruit) placek [platsek]
piece kawałek [kavavek]
　a piece of ... kawałek ...
pill pigułka antykoncepcyjna
　[peegoo^wuhka antikontseptsee-na]
　I'm on the pill zażywam
　środki antykoncepcyjne
　[zaJivam shrodkee antikontseptsee-
　neh]
pillow poduszka [podooshka]
pillow case powłoczka
　[povwochka]
pin (noun) szpilka [shpeelka]
pineapple ananas
pineapple juice sok
　ananasowy [ananasovi]
pink różowy [rooJovi]
pipe (for smoking) fajka [fika]
　(for water) rura [roora]
pity: it's a pity jaka szkoda
　[yaka shkoda]
place (noun) miejsce [m-yaystseh]
　at your place (fam) u ciebie w

domu [oo cheb-yeh vdomoo]
(pol) u pana/pani w domu
[panee]
at his place u niego w domu
[n-yego]
plain (not patterned) gładki
[gwatkee]
plane samolot
by plane samolotem
plant roślina [roshleena]
plaster: in plaster w gipsie
[vgeepsheh]
plasters plaster
plastic plastyk [plastik],
tworzywo sztuczne [tfoJivo
shtoochneh]
plastic bag torebka z folii
[torepka s folee-ee]
plate talerz [taleJ]
platform peron
(track) tor
**which platform is it for
Gdynia?** z którego peronu
odjeżdża pociąg do Gdyni?
[sktoorego peronoo od-yeJ-dJa
pochonk do gdeeni]
play (verb) grać [grach]/zagrać
(noun: in theatre) sztuka [shtooka]
playground plac zabaw [plats
zabaf]
pleasant przyjemny [pshi-
yemni]
please proszę [prosheh]
  yes, please tak, chętnie [Hent-
  nyeh]
  could you please ...? (to man)
  czy mógłby pan ...? [chi
  moog^wuh^bi pan]
  (to woman) czy mogłaby

pani ...? [mogwabi panee]
  please don't proszę tego nie
  robić [n-yeh robeech]
pleased: pleased to meet you
miło mi pana/panią poznać
[meewo mee pana/pan-yON
poznach]
pleasure: my pleasure cała
przyjemność po mojej
stronie [tsawa pshi-yemnosh-ch
po mo-yay stron-yeh]
plenty: plenty of ... pełno ...
[peh^wuh^no]
  there's plenty of time mamy
  masę czasu [mami maseh
  chasoo]
  that's plenty, thanks dziękuję,
  to wystarczy [djenkoo-yeh to
  vistarchi]
pliers szczypce [sh-chiptseh]
plug (electrical) wtyczka [ftichka]
(for car) świeca [sh-fyetsa]
(in sink) korek
plumber hydraulik [hidrowleek]
p.m.*: at 5.30 p.m. (17.30) o
siedemnastej trzydzieści
  at 11 p.m. (23.00) o
  dwudziestej trzeciej
poached egg jajko gotowane
na parze [yīko gotovaneh na
paJeh]
pocket kieszeń [k-yeshen^yuh^]
point: two point five dwa i pięć
dziesiątych [ee – djeshontiH]
  there's no point nie ma sensu
  [n-yeh ma sensoo]
points (in car) styki [stikee]
poisonous trujący [troo-yontsi]
Poland Polska

Pl

98

Pole (man/woman) Polak, Polka
the Poles Polacy [polatsi]
police policja [poleets-ya]
call the police! wezwać
policję! [vezvach poleets-yeh]
policeman policjant [poleets-yant]
police station komisariat
[komeesar-yat]
policewoman policjantka
[poleets-yantka]
Polish polski [polskee]
polish (noun) pasta
polite uprzejmy [oopshaymi]
polluted zanieczyszczony [zan-yechish-choni]
pony kucyk [kootsik]
pool (for swimming) basen
poor (not rich) biedny [b-yedni]
(quality) kiepski [k-yepskee]
Pope Papież [pap-yesh]
pop music muzyka pop
[moozika]
pop singer (man/woman)
piosenkarz [p-yosenkash],
piosenkarka
popular popularny [popoolarni]
population ludność [loodnosh-ch]
pork wieprzowina
[v-yepshoveena]
port (for boats) port
(drink) porto
porter (in hotel) bagażowy
[bagaJovi]
portrait portret
posh (restaurant, people)
wykwintny [vikfeentni]
possible* możliwy [moJleevi]

is it possible to ...? czy tu
można ...? [chi too moJna]
as ... as possible możliwie
jak ... [moJleev-yeh yak]
post (noun: mail) poczta [pochta]
could you post this for
me? czy może to pan/pani
wysłać? [chi moJeh to pan/panee
viswach]
postbox skrzynka pocztowa
[skshinka pochtova]
postcard pocztówka
[pochtoovka]
postcode kod pocztowy
[pochtovi]
poster (for room) plakat
(in street) afisz [afeesh]
poste restante 'poste restante'
post office poczta [pochta]
potato ziemniak [Jem-nyak],
kartofel
potato chips (US) chipsy
[cheepsi]
pots and pans naczynia
kuchenne [nachin-ya kooHen-neh]
pottery (objects) wyroby
garncarskie [virobi garntsarsk-yeh]
pound* (weight) funt [foont]
(money) funt szterling
[shterleeng]
power cut awaria prądu [avar-ya prondoo]
power point kontakt, gniazdo
[g-nyazdo]
prawns krewetki [krevetkee]
prayer modlitwa [modleetfa]
prefer woleć [volech]

I prefer ... wolę ... [voleh]

pregnant w ciąży [fchonJi]

prescription (for medicine) recepta [retsepta]

present (gift) prezent

president (of country: man/woman) prezydent [prezident], pani prezydent [panee]

pretty ładny [wadni]
  it's pretty expensive to całkiem drogie [tsa^{wuh}-kyem drog-yeh]

price cena [tsena]

priest ksiądz [kshonts]

prime minister (man/woman) premier [prem-yer], pani premier [panee]

printed matter druk [drook]

prison więzienie [v-yenJen-yeh]

private prywatny [privatni]

private bathroom własna łazienka [vwasna waJenka]

probably prawdopodobnie [pravdopodob-nyeh]

problem problem [pro-blem]
  no problem! nie ma problemu! [n-yeh ma pro-blemoo]

program(me) (noun) program

promise: I promise obiecuję [ob-yetsoo-yeh]

pronounce: how is this pronounced? jak to się wymawia? [yak to sheh vimav-ya]

properly (repaired, locked etc) porządnie [poJond-nyeh]

protection factor (of suntan lotion) filtr ochronny [feeltr oнron-ni]

protection factor 8 filtr numer osiem [noomer]

Protestant ewangelik [evangeleek]

public convenience zakład użyteczności publicznej [zakwat ooJitechnosh-chee poobleechnay]

public holiday święto państwowe [sh-fyento panstfoveh]

pudding (dessert) deser

pull ciągnąć [chongnonch]

pullover pulower [poolover], sweter [sfeter]

puncture (noun) przebita dętka [pshebeeta dentka]

purple fioletowy [f-yoletovi]

purse (for money) portmonetka [portmonetka]
  (US: handbag) torebka [torepka]

push pchać [pнach]

pushchair wózek spacerowy [voozek spatserovi]

put kłaść [kwash-ch]
  where can I put ...? gdzie mogę położyć ...? [gjeh mogeh powoJich]
  could you put us up for the night? czy mogą nas państwo przenocować? [chi mogoN nas panstfo pshenotsovach]

pyjamas piżama [peeJama]

Q

quality jakość [yakosh-ch]
quarantine kwarantanna [kfarantan-na]
quarter ćwierć [chfyerch]
quayside nadbrzeże [nadbJeJeh]
  on the quayside na nadbrzeżu [nadbJeJoo]
question pytanie [pitan-yeh]
queue (noun) kolejka [kolayka]
quick szybki [shipkee]
  that was quick to nie zajęło dużo czasu [n-yeh zi-enwo dooJo chasoo]
  what's the quickest way there? jak tam się można najszybciej dostać? [yak tam sheh moJna nishipchay dostach]
  fancy a quick drink? masz ochotę na kieliszek czegoś? [mash oHoteh na k-yeleeshek chegosh]
quickly szybko [shipko]
quiet (place, hotel) spokojny [spokoyni]
  quiet! cisza! [cheesha]
quite (fairly) całkiem [tsa^{wuh}kyem]
  (very) zupełnie [zoopeh^{wuh}nyeh]
  that's quite right to zupełnie w porządku [fpoJontkoo]
  quite a lot całkiem sporo

R

rabbit królik [krooleek]
race (for runners, cars) wyścig [vish-cheek], wyścigi [vish-cheegee]
racket (tennis, squash) rakieta [rak-yeta]
radiator (in room) kaloryfer [kalorifer]
  (of car) chłodnica [Hwondneetsa]
radio radio [rad-yo]
  on the radio w radio [v]
rail szyna [shina]
  by rail koleją [kolayON]
railway linia kolejowa [leen-ya kolayova]
rain (noun) deszcz [desh-ch]
  in the rain na deszczu [desh-choo]
  it's raining pada deszcz [desh-ch]
raincoat płaszcz nieprzemakalny [pwash-ch n-yepshemakalni]
rape (noun) gwałt [gva^{wuh}t]
rare (uncommon) rzadki [Jatkee], niepospolity [n-yepospoleeti]
  (steak) po angielsku [ang-yelskoo]
rash (on skin) wysypka [visipka]
raspberry malina [maleena]
rat szczur [sh-choor]
rate (for changing money) kurs [koors]
rather raczej [rachay]
  it's rather good to całkiem

niezłe [tsa^{wuh}kyem n-yezweh]

I'd rather ... wolałbym/
wolałabym ... [vola^{wuh}bim/
volawabim]

razor maszynka do golenia
[mashinka do golen-ya]
(electric) elektryczna golarka
[elektrichna]

razor blades żyletki [Jiletkee]

read czytać [chitach]

ready gotowy [gotovi]
are you ready? (to man) czy
jest pan gotowy? [chi yest panJ
(to woman) czy jest pani
gotowa? [panee]
I'm not ready yet jeszcze nie
jestem gotowy/gotowa [yesh-
cheh n-yeh yestem]

dialogue

when will it be ready?
kiedy to będzie gotowe?
[k-yedi to bendjeh gotoveh]
it should be ready in a
couple of days powinno
być gotowe za dwa dni
[poveen-no bich]

real prawdziwy [pravjeevi]
really naprawdę [napravdeh]
I'm really sorry bardzo mi
przykro [bards-o mee pshikro]
that's really great to
wspaniale [fspan-yaleh]
really? (doubt) czyżby? [chiJbi]
(polite interest) naprawdę?
[napravdeh]
rear lights światła tylne [sh-

vyatwa tilneh]

rearview mirror lusterko
wsteczne [loosterko fstechneh]

reasonable rozsądny [ros-sondni]
(price) umiarkowany [oom-
yarkovani]

receipt paragon, kwitek
[kveetek], kwit [kveet]

recently ostatnio [ostat-nyo]

reception (in hotel) recepcja
[retsepts-ya]
(for guests) przyjęcie [pshi-
yencheh]
at reception w recepcji [v
retsepts-yi]

reception desk recepcja
[retseptsya], portiernia [port-
yern-ya]

receptionist recepcjonista
m [retsepts-yoneesta],
recepcjonistka f

recognize rozpoznać
[rospoznach]

recommend: could you
recommend ...? czy może
pan/pani polecić ...? [chi
moJeh pan/panee polecheech]

record (music) płyta [pwita]

red czerwony [chervoni]

red wine czerwone wino
[chervoneh veeno]

refund: can I have a refund?
czy mogę prosić o zwrot
pieniędzy? [chi mogeh prosheech
o zvrot p-yen-yendzi]

region rejon [rayon]

registered: by registered mail
listem poleconym [leestem
poletsonim]

registration number numer rejestracyjny [noomer rayestratsee-ni]

relative (male/female) krewny [krevni], krewna [krevna]

religion religia [releeg-ya]

remember pamiętać [pam-yentach]

I remember pamiętam [pam-yentam]

I don't remember nie pamiętam [n-yeh]

do you remember? (fam) czy pamiętasz? [chi pam-yentash] (pol) czy pan/pani pamięta? [panee pam-yenta]

rent (noun: for apartment) czynsz [chinsh] (verb: car etc) wynajmować [vinīmovach]/wynająć [vinī-onch]

for rent/to rent do wynajęcia [vinī-encha]

rented car wynajęty samochód [vinī-enti samoHoot]

repair (verb) naprawić [napraveech]

can you repair it? czy może pan/pani to naprawić? [chi moJeh pan/panee]

repeat powtórzyć [poftooJich]

could you repeat that? proszę to powtórzyć [prosheh]

reservation rezerwacja [rezervatsya]

reserve (verb) rezerwować [rezervovach]/zarezerwować

I'd like to reserve a seat chciałbym/chciałabym

zarezerwować miejsce [Hcha^wuh bim/Hchawabim – m-yaystseh]

I'd like to reserve a ticket chciałbym/chciałabym zarezerwować bilet [beelet]

dialogues

can I reserve a table for tonight? czy mogę zarezerwować stolik na dziś wieczór? [chi mogeh zarezervovach stoleek na djeesh v-yechoor]

yes madam, for how many people? tak, proszę pani, na ile osób? [prosheh panee na eeleh osoop]

for two na dwie

and for what time? na którą godzinę? [ktoorON godjeeneh]

for eight o'clock na ósmą

and could I have your name please? czy mogę prosić o nazwisko? [chi mogeh prosheech o nazveesko]

I have reserved a ... mam zarezerwowane ... [zarezervovaneh]

yes sir, what name please? na jakie nazwisko? [yak-yeh nazveesko]

see **alphabet** for spelling

rest odpoczynek [otpochinek]

I need a rest chiałbym/ chciałabym odpocząć

[Hcha^{wuh}bim/Hchawabim otpochonch]
the rest of the group reszta grupy [reshta groopi]
restaurant restauracja [restowrats-ya]
restaurant car wagon restauracyjny [vagon restowratsee-ni]
rest room toaleta [to-aleta]
retired: I'm retired jestem na emeryturze [yestem na emeritoojeh]
return: a return to ... proszę powrotny bilet do ... [prosheh povrotni beelet]
return ticket bilet powrotny
reverse charge call rozmowa R [rozmova er]
reverse gear wsteczny bieg [fstechni b-yek]
revolting wstrętny [fstrentni]
rib żebro [Jebro]
rice ryż [rish]
rich (person) bogaty [bogati] (food) tłusty [twoosti]
ridiculous absurdalny [apsoordalni]
right (correct) prawidłowy [praveedwovi] (not left) prawy [pravi]
you were right miał pan rację/ miała pani rację [m-ya^{wuh} pan rats-yeh/m-yawa panee rats-yeh]
that's right! tak jest! [yest]
this can't be right to się nie zgadza [sheh n-yeh zgads-a]
right! dobrze! [dobJeh]

is this the right road for ...? czy ta droga prowadzi do ...? [chi – provadjee]
on the right na prawo [pravo]
to the right w prawo [f]
turn right skręcić w prawo [skrencheech fpravo]
right-hand drive samochód z prawostronną kierownicą [samoHoot s pravostron-nON k-yerovneetsON]
ring (on finger) pierścionek [p-yersh-chonek]
I'll ring you zadzwonię do pana/do pani [zads-von-yeh – panee]
ring back oddzwonić [odds-voneech]
ripe (fruit) dojrzały [doyJawi]
rip-off: it's a rip-off to zdzierstwo [Jdjerstfo]
rip-off prices wygórowane ceny [vigoorovaneh tseni]
risky ryzykowny [rizikovni]
river rzeka [Jeka]
road droga, szosa [shosa]
is this the road for ...? czy ta droga prowadzi do ...? [chi – provadjee do]
road accident wypadek drogowy [vipadek drogovi]
road map mapa samochodowa [samoHodova]
roadsign znak drogowy [drogovi]
rob: I've been robbed obrabowano mnie [obrabovano mnyeh]
rock skała [skawa]

(music) muzyka rockowa [moozika rokova]

on the rocks (with ice) z lodem

roll (bread) bułeczka [boowechka]

roof dach [daH]

roof rack bagażnik dachowy [bagaɹneek daHovi]

Romania Rumunia [roomoon-ya]

Romanian (adj) rumuński [roomoonskee]

room pokój [pokoo^{yuh}]

in my room w moim pokoju [vmo-eem pokoyoo]

room service obsługa hotelowa [opswooga hotelova]

rope lina [leena]

rose róża [rooɹa]

rosé wino rosé [veeno rosay]

roughly (approximately) około [okowo]

round: it's my round to moja kolejka [moya kolayka]

roundabout (for traffic) rondo

round trip ticket bilet powrotny [beelet povrotni]

route trasa

what's the best route? którędy jest najlepiej jechać? [ktoorendi yest nilep-yay yeHach]

rubber (material) guma [gooma]

(eraser) gumka [goomka]

rubber band gumka

rubbish (waste) śmieci [shmyechee]

(poor quality goods) tandeta

rubbish! (nonsense) bzdura! [bzdoora]

rucksack plecak [pletsak]

rude nieuprzejmy [n-yeh-oopshaymi]

ruins ruiny [roo-eeni]

rum rum [room]

rum and Coke® rum z coca-colą [s koka-kolON]

run (verb: person) biegać [b-yegach]

how often do the buses run? jak często kursują autobusy? [yak chensto koorsoo-yON]

I've run out of money zabrakło mi pieniędzy [zabrakwo mee p-yen-yendsi]

rush hour godzina szczytu [godjeena sh-chitoo]

Russia Rosja [ros-ya]

Russian (adj, language) rosyjski [rosee-skee]

S

sad smutny [smootni]

saddle (for bike) siodełko [shodeh^{wuh}ko]

(for horse) siodło [shodwo]

safe (adj) bezpieczny [bespyechni]

safety pin agrafka

sail (verb) żeglować [ɹeglovach]

sailboarding windsurfing [weendsoorfeenk]

sailing żeglarstwo [ɹeglarstfo]

sailing boat żaglówka [ɹagloofka]

salad sałatka [sawatka]

salad dressing przyprawa do sałaty [pshiprava do sawati]

sale: for sale na sprzedaż
[spshedash]
salmon łosoś [wososh]
salt sól f [sool]
same: the same ten sam/ta
sama/to samo
the same man ten sam
mężczyzna
the same woman ta sama
kobieta
the same as this taki sam jak
ten [takee sam yak]
the same again, please
proszę jeszcze raz to samo
[prosheh yesh-cheh ras]
it's all the same to me
mnie to nie robi różnicy
[mnyeh to n-yeh robee rooJneetsi]
sand piasek [p-yasek]
sandals sandały [sandawi]
sandwich kanapka
sanitary napkins/towels
podpaski higieniczne
[potpaskee heeg-yeneechneh]
sardines sardynka [sardinka]
Saturday sobota
sauce sos
saucepan garnek
saucer spodek
sauna sauna [sowna]
sausage kiełbasa
[k-yeh^{wuh}basa]
say (verb) mówić [moovich]/
powiedzieć [pov-yedjech]
how do you say ... in Polish?
jak jest po polsku ...? [yak yest
po polskoo]
what did he say? co on
powiedział? [tso on pov-

yedja^{wuh}]
she said ... powiedziała ...
[pov-yedjawa]
could you say that again?
proszę powtórzyć [prosheh
poftooJich]
scarf (for neck) szalik [shaleek]
(for head) chustka [Hoostka]
scenery krajobraz [krī-obras]
schedule (US) rozkład jazdy
[rozkwat yazdi]
scheduled flight lot rejsowy
[raysovi]
school szkoła [shkowa]
scissors: a pair of scissors
nożyczki [noJichkee]
scooter skuter [skooter]
scotch 'whisky'
Scotch tape® taśma klejąca
[tashma klayontsa]
Scotland Szkocja [shkots-ya]
Scottish szkocki [shkotskee]
I'm Scottish (man/woman)
jestem Szkotem/Szkotką
[yestem shkotem/shkotkON]
scrambled eggs jajecznica [yī-
echneetsa]
scratch (noun) zadrapanie
[zadrapan-yeh]
screw (noun) śruba [shrooba]
screwdriver śrubokręt
[shroobokrent]
sea morze [moJeh]
by the sea nad morzem
[moJem]
seafood dania morskie ze
skorupiaków [dan-ya morsk-yeh
zeh skoroop-yakoof]
seafront: on the seafront przy

plaży [pshi plaJi]

seagull mewa [meva]

search (verb) szukać [shookach]

seashell muszelka [mooshelka]

seasick: I feel seasick jest mi niedobrze [yest mee n-yedobJeh]

I get seasick cierpię na chorobę morską [cherp-yeh na Horobeh morskON]

seaside: by the seaside nad morzem [moJem]

seat miejsce [m-yaystseh]

is this seat free? czy to miejsce jest wolne? [chi – yest volneh]

seat belt pas bezpieczeństwa [besp-yechenstva]

secluded odosobniony [odosobn-yoni]

second (adj) drugi [droogee]
(of time) sekunda [sekoonda]

just a second! chwileczkę! [Hveelechkeh]

second class (travel etc) druga klasa [drooga]

second floor drugie piętro [droog-yeh p-yentro]
(US) pierwsze piętro [p-yerfsheh]

second-hand używany [ooJivani]

see widzieć [veedjech]

can I see? czy mogę zobaczyć? [chi mogeh zobachich]

have you seen ...? (to man) czy pan widział ...? [chi pan veedja^{wuh}]
(to woman) czy pani

widziała ...? [panee veedjawa]

I saw him this morning widziałem/widziałam go dziś rano [veedjawem/ veedjawam go djeesh]

see you! do zobaczenia! [zobachen-ya]

I see (I understand) rozumiem [rozoom-yem]

self-catering z własnym wyżywieniem [z vwasnim viJiv-yen-yem]

self-service samoobsługa [samoopswooga]

sell sprzedawać [spshedavach]/ sprzedać [spshedach]

do you sell ...? czy mają państwo ...? [chi mī-ON panstfo]

Sellotape® taśma klejąca [tashma klayontsa]

send nadać [nadach], wysłać [viswach]

I want to send this to England chciałbym/chciałabym to wysłać do Anglii [Hcha^{wuh}bim/ Hchawabim – anglee-ee]

senior citizen rencista m [rencheesta], rencistka f [rencheestka]

separate osobny [osobni]

separated: I'm separated jestem w separacji z żoną/ mężem [yestem f separats-yee s Jonon/menJem]

separately (pay, travel) osobno [osobno]

September wrzesień [vJeshen^{yuh}]

septic septyczny [septichni]

serious poważny [povaJni]

service charge (in restaurant) opłata za obsługę [opwata za opswoogeh]

service station stacja benzynowa [stats-ya benzinova]

serviette serwetka [servetka]

set menu obiad firmowy [ob-yat feermovi]

several kilka [keelka]

sew szyć [shich]

could you sew this back on? czy może to pan/pani przyszyć? [chi moJeh to pan/panee pshishich]

sex płeć [pwech]

sexy seksowny [seksovni]

shade cień [chen^yuh]

in the shade w cieniu [f chen-yoo]

shake: let's shake hands podajmy sobie ręce [podimi sob-yeh rentseh]

shallow (water) płytki [pwitkee]

shame: what a shame! jaka szkoda! [yaka shkoda]

shampoo (noun) szampon [shampon]

to have a shampoo and set umyć i ułożyć włosy [oomich ee oowoJich vwosi]

share dzielić się [djeleech sheh]/ podzielić się

sharp (knife, pain) ostry [ostri] (taste) cierpki [cherpkee]

shattered (very tired) wykończony [vikonchoni]

shaver elektryczna golarka [elektrichna]

shaving foam krem do golenia [golen-ya]

shaving point kontakt do maszynki do golenia [mashinkee]

she* ona

is she here? czy ona tu jest? [chi ona too yest]

sheet (for bed) prześcieradło [pshesh-cheradwo]

shelf półka [poo^wuhka]

shellfish skorupiaki [skoroop-yakee]

sherry 'sherry'

ship statek

by ship statkiem [stat-kyem]

shirt koszula [koshoola]

shit! cholera! [Holera]

shock (noun) szok [shok], wstrząs [fstshons]

I got an electric shock from the ... ... poraziło mnie prądem [poraJeewo mnyeh prondem]

shock-absorber amortyzator [amortizator]

shocking skandaliczny [skandaleechni]

shoe but [boot]

a pair of shoes para butów [bootoof]

shoelaces sznurowadła [shnoorovadwa]

shoe polish pasta do butów [bootoof]

shoe repairer naprawa obuwia [naprava oboov-ya]

shop sklep

shopping: I'm going shopping idę po zakupy [eedeh po

zakoopi]

shopping centre centrum handlowe [tsentroom handloveh]

shore (of sea, lake) brzeg [bJek]

short krótki [krootkee]
(person) niski [neeskee]

shortcut skrót [skroot]

shorts szorty [shorti]

should: what should I do? co mam zrobić? [tso mam zrobeech]

you should ... (to man) powinien pan ... [poveen-yen]
(to woman) powinna pani ... [poveen-na panee]

you shouldn't ... (to man) nie powinien pan ... [n-yeh]
(to woman) nie powinna pani ...

shoulder ramię [ram-yeh]

shout (verb) wołać [vowach]

show (in theatre) przedstawienie [pshetstav-yen-yeh]

could you show me? czy może mi pan/pani pokazać? [chi mojeh mee pan/panee pokazach]

shower (rain) ulewa [ooleva]
(in bathroom) prysznic [prishneets]

with shower z prysznicem [s prishneetsem]

shower gel żel pod prysznic [Jel pot prishneets]

shut (verb) zamykać [zamikach]/ zamknąć [zamk-nonch]

when do you shut? o której państwo zamykają? [ktooray panstfo zamiki-on]

when does it shut? o której to się zamyka? [sheh zamika]

they're shut zamknięte [zamk-nyenteh]

shut up! cicho bądź! [cheeHo bonch]

shutter (on camera) przesłona [psheswona]
(on window) okiennice [ok-yen-neetseh]

shy nieśmiały [n-yesh-myawi]

sick (ill) chory [Hori]

I'm going to be sick (vomit) będę wymiotować [bendeh vim-yotovach]

side strona

the other side of the street druga strona ulicy [drooga – ooleetsi]

sidelights światła pozycyjne [sh-fyatwa pozitsee-neh]

side salad sałatka [sawatka]

side street boczna ulica [bochna ooleetsa]

sidewalk chodnik [Hodneek]

on the sidewalk na chodniku [Hodneekoo]

sight: the sights of ... widoki ... [veedokee]

sightseeing: we're going sightseeing wybieramy się na zwiedzanie [vib-yerami sheh na z-vyedsan-yeh]

sightseeing tour zwiedzanie zabytków [z-vyedsan-yeh zabitkoof]

sign (roadsign etc) znak

signal (driver, cyclist) sygnał [signa^wuh]

he didn't signal nie zasygnalizował [n-yeh zasignaleezova^{wuh}]

signature podpis [potpees]

signpost drogowskaz [drogofskas]

silence cisza [cheesha]

silk jedwab [yedvap]

silly niemądry [n-yemondri]

silver (noun) srebro

silver foil folia aluminiowa [fol-ya aloomeen-yova]

similar podobny [podobni]

simple (easy) prosty [prosti]

since: since last week od zeszłego tygodnia [zeshwego tigod-nya]

since I got here od mojego przyjazdu [moyego pshi-yazdoo]

sing śpiewać [sh-pyevach]/ zaśpiewać

singer (man/woman) piosenkarz [p-yosenkash], piosenkarka

single: a single to ... bilet w jedną stronę ... [beelet v yednON stroneh]

I'm single jestem nieżonaty/ jestem niezamężna [yestem n-yeJonati/yestem n-yezamenJna]

single bed łóżko pojedyńcze [wooJko poyedincheh]

single room pokój jednoosobowy [pokoo^{yuh} yedno-osobovi]

single ticket bilet w jedną stronę [beelet v yednON stroneh]

sink (in kitchen) zlewozmywak [zlevozmivak]

sister siostra [shostra]

sister-in-law szwagierka [shvag-yerka]

sit: can I sit here? czy mogę tu usiąść? [chi mogeh too ooshonsh-ch]

is anyone sitting here? czy ktoś tu siedzi? [chi ktosh too shedjee]

sit down usiąść [ooshonsh-ch]

please sit down proszę siadać [prosheh shadach]

size rozmiar [roz-myar]

ski (noun) narta (verb) jeździć na nartach [yeJdjeech na nartaH]

a pair of skis narty [narti]

ski boots buty narciarskie [booti narcharsk-yeh]

skiing narciarstwo [narcharstvo]

we're going skiing idziemy na narty [eedjemi na narti]

ski instructor instruktor jazdy na nartach [eenstrooktor yazdi na nartaH]

ski-lift wyciąg narciarski [vichonk narcharskee]

skin skóra [skoora]

skin-diving nurkowanie [noorkovan-yeh]

skinny chudy [Hoodi]

ski-pants spodnie narciarskie [spod-nyeh narcharsk-yeh]

ski-pass bilet zjazdowy [beelet zyazdovi]

ski pole kijek do nart [kee-yek]

skirt spódnica [spoodneetsa]

ski run zjazd [z-yast]

ski slope stok zjazdowy [z-yazdovi]

ski wax smar do nart
sky niebo [n-yebo]
sleep (verb) spać [spach]
  did you sleep well? czy
  dobrze się spało? [chi dobJeh
  sheh spawo]
sleeper (on train) wagon
  sypialny [vagon sip-yalni]
sleeping bag śpiwór
  [shpeevoor]
sleeping car wagon sypialny
  [vagon sip-yalni]
sleeping pill środek nasenny
  [shrodek nasen-ni]
sleepy: I'm feeling sleepy
  jestem śpiący/śpiąca [yestem
  sh-pyontsi/sh-pyontsa]
sleeve rękaw [renkaf]
slide (photographic) slajd [slid]
slip (garment) halka
slippery śliski [shleeskee]
Slovak (adj) słowacki
  [swovatskee]
Slovakia Słowacja [swovats-ya]
slow powolny [povolni]
  slow down! proszę wolniej!
  [prosheh vol-nyay]
slowly powoli [povolee]
  very slowly bardzo powoli
  [bards-o]
small mały [mawi]
smell: it smells (smells bad) to
  nieprzyjemnie pachnie
  [n-yepshi-yem-nyeh paн-nyeh]
smile (verb) uśmiechać się
  [ooshmyeнach sheh]/
  uśmiechnąć się [ooshmyeнuonch
  sheh]
smoke (noun) dym [dim]

do you mind if I smoke? czy
  mogę zapalić? [chi mogeh
  zapaleech]
I don't smoke nie palę [n-yeh
  paleh]
do you smoke? czy pan/
  pani pali? [chi pan/panee
  palee]
snack: just a snack tylko
  mała przekąska [tilko mawa
  pshekONska]
snack bar bar szybkiej obsługi
  [ship-kyay opswoogee]
sneeze (noun) kichać [keeнach]
snorkel maska do nurkowania
  [noorkovan-ya]
snow (noun) śnieg [sh-nyek]
  it's snowing pada śnieg
so taki [takee], taka, takie
  [tak-yeh]
  so expensive tak drogie
  it's so good to takie dobre
  so am I, so do I ja też [ya tesh]
soaking solution (for contact
  lenses) płyn do soczewek
  kontaktowych [pwin do
  sochevek kontaktoviн]
soap mydło [midwo]
soap powder proszek do
  prania [proshek do pran-ya]
sober trzeźwy [tsheJvi]
sock skarpetka [skarpetka]
socket (electrical) gniazdko
  [g-nyastko]
soda (water) woda sodowa
  [voda sodova]
sofa sofa, kanapa
soft (material etc) miękki
  [m-yenk-kee]

soft-boiled egg jajko na
miękko [yīko na m-yenko]

soft drink napój
bezalkoholowy [napoo^{yuh}
bezalkoholovi]

soft lenses szkła kontaktowe
miękkie [shkwa kontaktoveh m-
yenkyeh]

sole (of shoe, of foot) podeszwa
[podeshva]

could you put new soles on
these? czy może je pan/pani
podzelować? [chi moJeh yeh
pan/panee pod-zelovach]

some: can I have some water/
rolls? czy mogę prosić o
trochę wody/kilka bułek?
[mogeh prosheech o troHeh
– keelka]

can I have some? czy mogę
trochę dostać? [dostach]

somebody, someone ktoś
[ktosh]

something coś [tsosh]

something to eat coś do
jedzenia [tsosh do yedsen-ya]

sometimes czasami
[chasamee]

somewhere gdzieś [gjesh]

son syn [sin]

song piosenka [p-yosenka]

son-in-law zięć [Jench]

soon wkrótce [fkroot-tseh]

I'll be back soon niedługo
wracam [n-yedwoogo vratsam]

as soon as possible
możliwie jak najwcześniej
[moJleev-yeh yak nīfchesh-nyay]

sore: it's sore to boli [bolee]

sore throat ból gardła [bool
gardwa]

sorry: (I'm) sorry przepraszam
[psheprasham]

sorry? (didn't understand/hear)
słucham? [swooHam]

sort: what sort of ...? jaki
rodzaj ...? [yakee rodsī]

so-so tak sobie [sob-yeh]

soup zupa [zoopa]

sour (taste) kwaśny [kfashni]

south południe [powood-nyeh]

in the south na południu
[powood-nyoo]

South Africa Południowa
Afryka [powood-nyova afrika]

South African (adj)
południowoafrykański
[powood-nyovo-afrikanskee]

I'm South African (man/woman)
jestem z Południowej Afryki
[yestem s powood-nyovay afrikee]

southeast południowy
wschód [powood-nyovi fsHoot]

southwest południowy
zachód [zaHoot]

souvenir pamiątka
[pam-yontka]

spa uzdrowisko [oozdroveesko]

Spain Hiszpania [Heeshpan-ya]

spanner klucz do nakrętek
[klooch do nakrentek]

spare part części zamienne
[chensh-chee zam-yen-neh]

spare tyre koło zapasowe
[kowo zapasoveh]

spark plug świeca [sh-vyetsa]

speak: do you speak English?
czy pan/pani mówi po

angielsku? [chi pan/panee moovee po ang-yelskoo]
I don't speak ... nie mówię po ... [n-yeh moov-yeh]
can I speak to ...? czy mogę prosić ...? [chi mogeh prosheech]

dialogue

can I speak to Robert? czy mogę prosić Roberta? who's calling? kto mówi? [moovee]
it's Anna Anna
I'm sorry, he's not in, can I take a message? niestety, nie ma go, czy mam mu coś przekazać? [n-yesteti n-yeh ma go chi mam moo tsosh pshekazach]
no thanks, I'll call back later nie, dziękuję, zadzwonię później [djenkoo-yeh zadsvon-yeh pooJ-nyay]
please tell him I called proszę mu powiedzieć, że dzwoniłam [prosheh moo po-vyedjech Jeh dsvoneewam]

spectacles okulary [okoolari]
speed (noun) szybkość [shibkosh-ch]
speed limit ograniczenie szybkości [ogran-yeechen-yeh shibkosh-chee]
speedometer szybkościomierz [shibkosh-chom-yesh]
spell: how do you spell it?

jak to się pisze? [yak to sheh peesheh]
see alphabet
spend wydawać [widavach]/wydać [vidach]
spider pająk [p|onk]
spinach szpinak [shpeenak]
spin-dryer suszarka do bielizny [soosharka do b-yeleezni]
splinter drzazga [dJazga]
spoke (in wheel) szprycha [shpriHa]
spoon łyżka [wishka]
sport sport
sprain zwichnięcie [zveeH-nyencheh]
I've sprained my ... zwichnąłem/zwichnęłam ... [zveeHnowem/zveeHneh-wam]
spring (season) wiosna [v-yosna]
(of seat) sprężyna [sprenJina]
(of car) resor
in the spring na wiosnę [v-yosneh], wiosną [v-yosnON]
square (in town) plac [plats]
stairs schody [sHodi]
stale (bread) czerstwy [cherstfi]
stall: the engine keeps stalling silnik mi gaśnie [sheelnik mee gash-nyeh]
stamp (noun) znaczek [znachek]

dialogue

a stamp for England, please proszę znaczek do Anglii [prosheh znachek do anglee-ee]

what are you sending? co pan/pani wysyła? [tso pan/panee visiwa]

this postcard tą pocztówkę [toN pochtoofkeh]

standby lot 'standby'

star gwiazda [g-vyazda]

(in film) gwiazda filmowa [feelmova]

start (noun) początek [pochontek]

(verb) zaczynać [zachinach]/ zacząć [zachonch]

when does it start? o której to się zaczyna? [ktooray to sheh zachina]

the car won't start silnik się nie zapala [sheelneek sheh n-yeh zapala]

starter (of car) starter

(food) zakąska [zakonska]

starving: I'm starving umieram z głodu [oom-yeram z gwodoo]

state (country) państwo [panstfo]

the States (USA) Stany [stani]

station stacja [stats-ya], dworzec [dvoJets]

statue rzeźba [JeJba]

stay: where are you staying?

(to man) gdzie się pan zatrzymał? [gjeh sheh pan zatshima^{wuh}]

(to woman) gdzie się pani zatrzymała? [panee zatshimawa]

I'm staying at ... mieszkam w ... [m-yeshkam v]

I'd like to stay another two nights chciałbym/chciałabym

zostać jeszcze dwa dni [Hcha^{wuh}bim/Hchawabim zostach yesh-cheh]

steak befsztyk [befshtik]

steal kraść [krash-ch]/ukraść

my bag has been stolen ukradziono mi torebkę [ookradjono mee torebkeh]

steep (hill) stromy [stromi]

steering układ kierowniczy [ookwat k-yerovneechi]

steps: on the steps na schodkach [sHotkaH]

stereo stereo

sterling szterling [shterleenk]

steward (on plane) steward [st-yoo-ard]

stewardess stewardesa [st-yoo-ardesa]

sticking plaster przylepiec [pshilep-yets]

still: I'm still here jeszcze tu jestem [yesh-cheh too yestem]

is he still there? czy on tu jeszcze jest? [chi on too – yest]

keep still! proszę się nie ruszać! [prosheh sheh n-yeh rooshach]

sting: I've been stung zostałem użądlony/zostałam użądlona [zostawem ooJondloni]

stockings pończochy [ponchoHi]

stomach żołądek [JowoNdek]

stomach ache ból żołądka [bool JowoNtka]

stone (rock) kamień [kam-yen^{yuh}]

stop (verb) zatrzymywać się

[zatshimiwach sheh]/zatrzymać się [zatshimach]

please, stop here (to taxi driver etc) proszę się tu zatrzymać [prosheh – too]

do you stop near ...? czy jest przystanek w pobliżu ...? [chi yest pshistanek f pobleeJoo]

stop it! proszę przestać! [prosheh pshestach]

stopover przerwa w podróży [psherva f podrooJi]

storm burza [booJa]

straight prosty [prosti]
(whisky etc) czysty [chisti]

it's straight ahead prosto

straightaway natychmiast [natiн-myast]

strange (odd) dziwny [djeevni]

stranger nieznajomy [n-yezni-omi]

I'm a stranger here ja nie jestem tutejszy/tutejsza [ya n-yeh yestem tootayshi/tootaysha]

strap pasek

strawberry truskawka [trooskafka]

stream strumień [stroom-yenᵞᵘʰ]

street ulica [ooleetsa]
on the street na ulicy [ooleetsi]

streetmap plan miasta [m-yasta]

string sznurek [shnoorek]

strong silny [sheelni]

stuck zablokowany [zablokovani]

it's stuck zacięło się [zacheh-wo sheh]

student (male/female) student

[stoodent], studentka [stoodentka]

stupid głupi [gwoopee]

suburb peryferie [perifer-yeh]

subway (US) metro, kolejka podziemna [kolayka podJemna]

suddenly nagle [nagleh]

suede zamsz [zamsh]

sugar cukier [tsook-yer]

suit (man's) garnitur [garneetoor]
(woman's) kostium [kost-yoom]

it doesn't suit me (jacket etc) źle na mnie leży [Jleh na mnyeh leJi]

it suits you (to man) dobrze panu w tym [dobJeh panoo f tim]
(to woman) ładnie pani w tym [wad-nyeh panee]

suitcase walizka [valeeska]

summer lato
in the summer w lecie [vlecheh], latem

sun słońce [swontseh]
in the sun na słońcu [swontsoo]
out of the sun w cieniu [f chen-yoo]

sunbathe opalać się [opalach sheh]/opalić się [opaleech sheh]

sunblock (cream) krem chroniący skórę [нron-yoNtsi skooreh]

sunburn poparzenie słoneczne [popaJen-yeh swonechneh]

sunburnt opalony [opaloni]

Sunday niedziela [n-yedJela]

sunglasses okulary słoneczne [okoolari swonechneh]

sun lounger (chair for lying on) leżak [leJak]

sunny słoneczny [swonechni]

it's sunny jest pogodnie [yest pogod-nyeh]

sunroof (in car) otwierany dach [ot-fyerani daH]

sunset zachód słońca [zaHoot swontsa]

sunshade parasol

sunshine słońce [swontseh]

sunstroke udar słoneczny [oodar swonechni]

suntan opalenizna [opaleneezna]

suntan lotion krem do opalania [opalan-ya]

suntanned opalony [opaloni]

suntan oil olejek do opalania [olayek do opalan-ya]

super ekstra, super [sooper]

supermarket sklep samoobsługowy [samo-obswoogovi], Sam

supper kolacja [kolats-ya]

supplement (extra charge) dopłata [dopwata]

sure: are you sure? (to man) czy jest pan pewny? [chi yest pan pevni]

(to woman) czy jest pani pewna? [panee pevna]

(fam) czy jesteś pewny/ pewna? [yestesh]

sure! oczywiście! [ochiveesh-cheh]

surface mail poczta zwykła [pochta zvikwa]

surname nazwisko [nazveesko]

swearword przekleństwo [psheklenistfo]

sweater sweter [sfeter]

sweatshirt bluza [blooza]

Sweden Szwecja [shvets-ya]

Swedish szwedzki [shvetskee]

sweet (taste) słodki [swotkee]

(noun: dessert) deser

sweets cukierki [tsook-yerkee]

swelling opuchlizna [opooHleezna]

swim (verb) pływać [pwivach]

I'm going for a swim idę popływać [eedeh popwivach]

let's go for a swim chodźmy popływać [Hochmi popwivach]

swimming costume kostium kąpielowy [kost-yoom komp-yelovi]

swimming pool basen, pływalnia [pwival-nya]

swimming trunks slipy kąpielowe [sleepi komp-yeloveh]

switch (noun) przełącznik [psheh-wonchneek]

switch off zgasić [zgasheech]

switch on zapalić [zapaleech]

swollen spuchnięty [spooH-nyenti]

T

table stół [stoo^wuh]

(in restaurant) stolik [stoleek]

a table for two stolik dla dwóch osób [dvooH osoop]

tablecloth obrus [obroos]

table tennis tenis stołowy

[tenees stowovi]

table wine wino stołowe
[veeno stowoveh]

tailback (of traffic) zator

tailor krawiec [krav-yets]

take (verb) brać [brach]/wziąć
[vJonch]

can you take me to the ...?
czy może mnie pan/pani
podwieźć do ...? [chi moJeh
mnyeh pan/panee pod-vyesh-ch]

do you take credit cards?
czy można zapłacić
kartą kredytową? [moJna
zapwacheech kartON kreditovON]

I'll take it wezmę to [vezmeh]

can I take this? (leaflet etc) czy
mogę to sobie wziąć? [mogeh
to sob-yeh vJonch]

how long does it take? jak
długo to potrwa? [yak dwoogo
to potrva]

it takes three hours to
potrwa trzy godziny

is this seat taken? czy tu ktoś
siedzi? [too ktosh shedjee]

hamburger to take away
hamburger na wynos
[hamboorger na vinos]

can you take a little off here?
(to hairdresser) czy może
pan/pani trochę tu podciąć?
[troHeh too potchonch]

talcum powder talk [tahlk]

talk (verb) mówić [moovich]/
powiedzieć [pov-yedjech]

tall wysoki [visokee]

tampons tampony [tamponi]

tan (noun) opalenizna

[opaleneezna]

to get a tan opalić się
[opaleech sheh]

tank (of car) zbiornik
[z-byorneek]

tap kran

tape (for cassette) taśma
magnetofonowa [tashma
magnetofonova]

tape measure centymetr
[tsentimetr]

tape recorder magnetofon

taste (noun) smak

can I taste it? czy mogę tego
spróbować? [chi mogeh tego
sproobovach]

taxi taksówka [taksoofka]

will you get me a taxi? czy
może pan/pani sprowadzić
mi taksówkę? [chi moJeh
pan/panee sprovadjeech mee
taksoovkeh]

where can I find a taxi? gdzie
mogę złapać taksówkę? [gjeh
mogeh zwapach taksoovkeh]

dialogues

to the airport/to the Forum
Hotel, please proszę na
lotnisko/do hotelu Forum
[prosheh na lotneesko]

how much will it be? ile
to wyniesie? [eeleh to vin-
yesheh]

90 zlotys dziewięćdziesiąt
złotych [zwotiH]

that's fine right here,
thanks w porządku, mogę

tu wysiąść [f poJontkoo mogeh too vishonsh-ch]

I'd like to order a taxi for 8 a.m. chciałbym/ chciałabym zamówić taksówkę na godzinę ósmą rano [Hcha^{wuh}bim/ Hchawabim zamooveech taksoofkeh]

where are you going? dokąd kurs? [dokont koors]

to the airport na lotnisko [lotneesko]

where are you leaving from? a skąd? [skont]

my address is ... podaję adres ... [podi-eh]

what is your phone number? numer telefonu? [noomer telefonoo]

taxi-driver taksówkarz [taksoofkash]

taxi rank postój taksówek [postoo^{yuh} taksoovek]

tea (drink) herbata [Herbata]

tea for one/two please proszę jedną herbatę/dwie herbaty [prosheh yednoN herbateh/dvyeh herbati]

teabags herbata w torebkach [f torepkaH]

teach uczyć [oochich]/nauczyć

could you teach me? czy może mnie pan/pani nauczyć? [chi moJeh mnyeh pan/ panee]

teacher (man/woman)

nauczyciel [na-oochichel], nauczycielka

team drużyna [drooJina]

teaspoon łyżeczka [wiJechka]

tea towel ścierka do naczyń [sh-cherka do nachin^{yuh}]

teenager nastolatek

teeth zęby [zembi]

telephone telefon

television telewizja [televeez-ya]

tell: could you tell him ...? proszę mu powiedzieć ... [prosheh moo pov-yedjech]

temperature (weather) temperatura [temperatoora] (fever) gorączka [goronchka]

tennis tenis [tenees]

tennis ball piłka tenisowa [pee^{wuh}ka teneesova]

tennis court kort tenisowy [teneesovi]

tennis racket rakieta tenisowa [rak-yeta]

tent namiot [nam-yot]

term (at university) semestr (at school) okres szkolny [shkolni]

terminus (rail) stacja końcowa [stats-ya kontsova]

terrible straszny [strashni]

terrific fantastyczny [fantastichni]

text (message) SMS [esemes]

than* niż [neesh], od

smaller than mniejszy od [mnyayshi]

thank (verb) dziękować [djenkovach]/podziękować

thanks, thank you dziękuję

[djenkoo-yeh]
thank you very much
dziękuję bardzo [bards-o]
thanks for the lift dziękuję
bardzo za podwiezienie
no thanks dziękuję, nie
[n-yeh]

dialogue

thanks dziękuję
that's OK, don't mention it
drobiazg, nie ma o czym
mówić [drob-yask n-yeh ma o
chim mooveech]

that*: that boy ten chłopiec
[Hwop-yets]
that girl ta dziewczyna
[djefchina]
that one ten/ta/to
(further away) tamten/tamta/
tamto
I hope that ... mam nadzieję,
że ... [nadjayen Jeh]
that's nice jak to miło [yak to
meewo]
is that ...? czy to jest ...? [chi
to yest]
that's it! (that's right) właśnie!
[vwash-nyeh]
the*
theatre teatr [teh-atr]
their* ich [eeн]
theirs* ich
them* ich
for them dla nich [neeн]
with them z nimi
who? – them (people/things)

kto? – oni/one [onee/oneh]
then (at that time) wtedy [ftedi]
(after that) potem
there tam
over there tam
up there tam u góry [oo goori]
is/are there ...? czy jest/są ...?
[chi yest/soN]
there is ... jest ...
there are ... są ...
there you are (giving something)
proszę [prosheh]
thermometer termometr
Thermos® flask termos
these*: these men ci
mężczyźni [chee]
these women te kobiety
[teh]
I'd like these poproszę te
[poprosheh teh]
they* one [oneh], oni (mpl)
[onee]
thick gruby [groobi]
(forest, hair) gęsty [gensti]
(stupid) tępy [tempi]
thief (man/woman) złodziej
[zwodjay], złodziejka
[zwodjayka]
thigh udo [oodo]
thin cienki [chenkee]
thing rzecz [Jech]
my things moje rzeczy [moyeh
Jechi]
think myśleć [mishlech]
I think so chyba tak [нiba
tak]
I don't think so chyba nie
[n-yeh]
I'll think about it pomyślę o

tym [pomishleh o tim]
third party insurance
ubezpieczenie od
odpowiedzialności cywilnej
[oobesp-yechen-yeh ot otpov-
yedjalnosh-chee tsiveelnay]
thirsty: I'm thirsty chce mi się
pić [Htseh mee sheh peech]
this*: this boy ten chłopiec
  this girl ta dziewczyna
  this one ten/ta/to
  this is my wife to moja żona
  [moya Jona]
  is this ...? czy to ...? [chi]
those*: those men ci
  mężczyźni [chee]
  those women te kobiety
  [teh]
  which ones? – those które?
  – te [ktooreh]
thread (noun) nitka [neetka]
throat gardło [gardwo]
throat pastilles pastylki od
  bólu gardła [pastilkee od booloo
  gardwa]
through przez [pshez]
  does it go through ...? (train,
  bus) czy przejeżdża przez ...?
  [chi pshayeJdja]
throw (verb) rzucać [Jootsach]/
  rzucić [Joocheech]
throw away (verb) wyrzucać
  [viJoochach]/wyrzucić
  [viJoocheech]
thumb kciuk [kchook]
thunderstorm burza [booJa]
Thursday czwartek [chvartek]
ticket bilet [beelet]

dialogue

a return to Olsztyn
powrotny do Olsztyna
[povrotni do olshtina]
coming back when? kiedy
pan/pani wraca? [k-yedi
pan/panee vratsa]
today/next Tuesday
dzisiaj/w przyszły wtorek
[djeeshĭ/f pshishwi ftorek]
that will be 8 zlotys osiem
złotych [zwotiH]

ticket office (bus, rail) kasa
  biletowa [beeletova]
tide: high tide przypływ
  [pshipwif]
  low tide odpływ [otpwif]
tie (necktie) krawat [kravat]
tight (clothes etc) ciasny [chasni]
  it's too tight to jest za ciasne
  [yest za chasneh]
tights rajstopy [rĭstopi]
till kasa
time* czas [chas]
  what's the time? która
  godzina? [ktoora godjeena]
  this time tym razem [tim]
  last time zeszłym razem
  [zeshwim]
  next time następnym razem
  [nastempnim]
  three times trzy razy [tshi razi]
timetable rozkład jazdy
  [rozkwat yazdi]
tin (can) puszka [pooshka]
tinfoil cynfolia [tsinfol-ya]
tin-opener otwieracz do

puszek [ot-fyerach do pooshek]
tiny maleńki [malenkee]
tip (to waiter etc) napiwek [napeevek]
tired zmęczony [zmenchoni]
  I'm tired jestem zmęczony/ jestem zmęczona [yestem zmenchoni]
tissues chusteczki jednorazowe [Hoostechkee yednorazoveh]
to: to Wrocław/London do Wrocławia/Londynu [vrotswav-ya/londinoo]
  to Germany/England do Niemiec/Anglii [n-yem-yets/ anglee-ee]
  to the post office na pocztę [pochteh]
toast (bread) grzanka [gJanka], tost
today dziś [djeesh]
toe palec u nogi [palets oo nogee]
together razem
  we're together (in shop etc) jesteśmy razem [yesteshmi]
toilet toaleta
  where is the toilet? gdzie jest toaleta? [gjeh yest]
  I have to go to the toilet muszę iść do toalety [moosheh eesh-ch do toaleti]
toilet paper papier toaletowy [pap-yer to-aletovi]
token (for phone) żeton [Jeton]
tomato pomidor [pomeedor]
tomato juice sok pomidorowy [pomeedorovi]

tomato ketchup keczup [kechoop]
tomorrow jutro [yootro]
  tomorrow morning jutro rano
  the day after tomorrow pojutrze [po-yootsheh]
toner (cosmetic) tonik kosmetyczny [toneek kosmetichni]
tongue język [yenzik]
tonic (water) tonik [toneek]
tonight dziś wieczorem [djeesh v-yechorem]
tonsillitis angina [angeena]
too (excessively) za
  (also) też [tesh]
  too hot za gorąco [gorontso]
  too much za dużo [dooJo]
  me too ja też [ya tesh]
tooth ząb [zomp]
toothache ból zęba [bool zemba]
toothbrush szczoteczka do zębów [sh-chotechka do zemboof]
toothpaste pasta do zębów
top: on top of ... na powierzchni... [pov-yeshHnee]
  at the top na górze [gooJeh]
  at the top of ... na górze ...
top floor górne piętro [goorneh p-yentro]
topless toples
torch latarka
total (noun) suma [sooma]
touch (verb) dotykać [dotikach]/ dotknąć [dotk-nonch]
  do not touch! nie dotykaj!
tour (noun) wycieczka [vichechka]
  is there a tour of ...? czy są

121

wycieczki po ...? [chi son vichechkee]

tour guide (man/woman) przewodnik [pshevodneek], przewodniczka [pshevodneechka]

tourist turysta **m** [toorista], turystka **f** [tooristka]

tourist information office biuro informacji turystycznej [b-yooro eenformats-yee tooristichnay]

tour operator biuro podróży [podrooji]

towards w kierunku [f k-yeroonkoo]

towel ręcznik [renchneek]

town miasto [m-yasto]
in town w mieście [v m-yesh-cheh]
just out of town tuż za miastem [toosh za m-yastem]
town centre centrum miasta [tsentroom m-yasta]
town hall ratusz [ratoosh]

toy zabawka [zabafka]

track (US) peron

tracksuit dres sportowy [sportovi]

traditional tradycyjny [traditsee-ni]

traffic ruch drogowy [rooH drogovi]

traffic jam korek

traffic lights światła [sh-fyatwa]

trailer przyczepa [pshichepa]

trailer park camping dla przyczep turystycznych [kampeenk dla pshichep tooristichniH]

train pociąg [pochonk]
by train pociągiem [pochong-yem]

dialogue

is this the train for Giżycko? czy to jest pociąg do Giżycka? [chi to yest pochonk do geeJitska]
sure/no, you want that platform there tak/nie, musi pan/pani przejść na tamten peron [n-yeh mooshee pan/panee pshaysh-ch na tamten peron]

trainers (shoes) adidasy [adeedasi]

train station dworzec kolejowy [dvoJets kolayovi]

tram tramwaj [tramvi]

translate tłumaczyć [twoomachich]/przetłumaczyć [pshetwoomachich]
could you translate that? czy może to pan/pani przetłumaczyć? [chi moJeh to pan/panee]

translator (man/woman) tłumacz [twoomach], tłumaczka [twoomachka]

trash (waste) śmieci [sh-myechee]

trashcan pojemnik na śmieci [poyemneek]

travel podróżować [podrooJovach]
we're travelling around

Wielkopolska/the Mazurian District zwiedzamy Wielkopolskę/Mazury [z-vyeds-ami v-yelkopolskeh/mazoori]

travel agent's biuro podróży [b-yooro podrooJi]

traveller's cheque czek podróżny [chek podrooJni]

tray taca [tatsa]

tree drzewo [dJevo]

tremendous kolosalny [kolosalni]

trendy modny [modni]

trim: just a trim please (to hairdresser) proszę tylko podciąć [prosheh tilko potchonch]

trip (excursion) wycieczka [vichechka]

I'd like to go on a trip to ... chciałbym/chciałabym zrobić wycieczkę do ... [Hcha^{wuh}bim/Hchawabim zrobeech vichechkeh]

trolley wózek [voozek]

trolleybus trolejbus [trolayboos]

trouble (noun) problem [problem]

I'm having trouble with ... mam problemy z ... [pro-blemi z]

trousers spodnie [spod-nyeh]

true prawdziwy [pravdjeevi]

that's not true to nieprawda [n-yepravda]

trunk (US: of car) bagażnik [bagaJneek]

trunks (swimming) slipy kąpielowe [sleepi komp-yeloveh]

try (verb) próbować [proobovach]

can I try it? (food, doing something) czy mogę spróbować? [chi mogeh sproobovach]

try on przymierzać [pshim-yeJach]

can I try it on? czy można przymierzyć? [chee moJna pshim-yeJich]

T-shirt T-shirt

Tuesday wtorek [ftorek]

tuna tuńczyk [toonchik]

tunnel tunel [toonel]

turn: turn left/right skręcić w lewo/skręcić w prawo [skrencheech vlevo/skrentseech f pravo]

turn off: where do I turn off? w którym miejscu mam skręcić z głównej drogi? [f ktoorim myaystsoo mam skrencheech zgwoovnay drogeh]

can you turn the heating off? czy może pan/pani wyłączyć ogrzewanie? [chi moJeh pan/panee viwonchich ogJevan-yeh]

turn on: can you turn the heating on? czy może pan/pani włączyć ogrzewanie? [vwonchich]

turning (in road) przecznica [pshechneetsa]

first turning on the left pierwsza przecznica w lewo [pyervsha pshechneetsa v lewo]

TV telewizja [televeez-ya]

tweezers szczypczyki [sh-chipchikee]

twice dwa razy [dva razi]

twice as much dwa razy tyle
[tileh]

twin room pokój z dwoma
łóżkami [pokoo^{yuh} z dvoma
wooshkamee]

twist: I've twisted my ankle
zwichnąłem/zwichnęłam
nogę w kostce [zveeHnowem/
zveeHneh-wam nogeh f kost-tseh]

type (noun) rodzaj [rods-ī]
another type of ... ... innego
rodzaju [eennego rods-ī-oo]

typical typowy [tipovi]

tyre opona

U

ugly brzydki [bJitkee]

UK Wielka Brytania [v-yelka
britan-ya]

ulcer wrzód [vJoot]

umbrella parasol

uncle wuj [voo^{yuh}]

unconscious nieprzytomny
[n-yepshitomni]

under (in position) pod
(less than) poniżej [poneeJay]

underdone (meat)
niedosmażony
[n-yedosmaJoni]

underground (railway) metro,
kolejka podziemna [kolayka
podJemna]

underpants slipy [sleepi]

understand rozumieć [rozoom-
yech]/zrozumieć
I understand rozumiem
[rozoom-yem]

I don't understand nie
rozumiem [n-yeh]

do you understand? czy pan/
pani rozumie? [chi pan/panee
rozoom-yeh]

unemployed bezrobotny
[bezrobotni]

unfashionable niemodny
[n-yemodni]

United States Stany
Zjednoczone [stani
z-yednochoneh]

university uniwersytet
[ooneeversitet]

unleaded petrol benzyna
bezołowiowa [benzina bezowov-
yova]

unlimited mileage
nieograniczony przebieg
[n-yeograneechoni psheb-yek]

unlock otworzyć [otfoJich]

unpack rozpakować
[rospakovach]

until* aż do [ash]

unusual niezwykły
[n-yezvikwi]

up do góry [goori]
up there u góry [oo]
he's not up yet (not out of bed)
jeszcze nie wstał [yesh-cheh
n-yeh fsta^{wuh}]
what's up? (what's wrong?)
co się tu dzieje? [tso sheh too
djayeh]

upmarket (restaurant, hotel etc)
wysokiej klasy [visokyay klasi]

upper circle galeria drugiego
piętra [galer-ya droog-yego
p-yentra]

upset stomach rozstrój żołądka [rostroo-yuh Jowontka]
upside down do góry nogami [goori nogamee]
upstairs na piętrze [p-yentsheh]
up-to-date aktualny [aktoo-alni]
urgent pilny [peelni]
us* nas
  with us z nami [znamee]
  for us dla nas
USA USA [oo es a]
use (verb) używać [ooJivach]
  may I use ...? czy mogę skorzystać z ...? [chi mogeh skoJistach s]
useful użyteczny [ooJitechni]
usual zwykły [zvikwi]
  the usual (drink etc) to co zwykle [tso zvikleh]

V

vacancy: do you have any vacancies? (hotel) czy mają państwo wolne pokoje? [chi mī-on panstfo volneh pokoyeh]
vacation (from university) przerwa semestralna [psherva] (US: holiday) wakacje [vakats-yeh]
  on vacation na wakacjach [vakats-yaH]
vaccination szczepienie [shchep-yen-yeh]
vacuum cleaner odkurzacz [otkooJach]
valid (ticket etc) ważny [vaJni]
  how long is it valid for? jak

długo zachowuje ważność? [yak dwoogo zaHovooyeh vaJnosh-ch]
valley dolina [doleena]
valuable (adj) cenny [tsen-ni]
van furgonetka [foorgonetka]
vanilla wanilia [vaneel-ya]
  a vanilla ice cream lody waniliowe [lodi vaneel-yoveh]
vary: it varies to różnie bywa [rooJ-nyeh biva]
vase wazon [vazon]
veal cielęcina [chelencheena]
vegetables jarzyny [yaJini]
vegetarian (man/woman) jarosz [yarosh], jaroszka [yaroshka]
vegetarian dishes dania jarskie [dan-ya yarsk-yeh]
vending machine automat towarowy [owtomat tovarovi]
very bardzo [bards-o]
  very little for me dla mnie tylko troszeczkę [mnyeh tilko troshechkeh]
  I like it very much bardzo mi się to podoba [mee sheh]
vest (under shirt) podkoszulka [potkoshoolka]
via przez [pshez]
video (noun: film) wideo [veedeh-o]
  (recorder) magnetowid [magnetoveet]
view widok [veedok]
villa willa [veel-la]
village wieś f [v-yesh]
vinegar ocet [otset]
vineyard winnica [veen-neetsa]
visa wiza [veeza]

125

visit (verb: person) odwiedzać [od-vyedsach]/odwiedzić [od-vyedjeech]
(place) zwiedzać [z-vyedsach]/zwiedzić [z-vyedjich]
I'd like to visit ... chciałbym/chciałabym zwiedzić ... [Hcha^{wuh}bim/Hchawabim]
Vistula Wisła [veeswa]
vital niezbędne [n-yezbendneh]
it's vital that we do that musimy to bezwzględnie zrobić [moosheemi to bezvzglendnyeh zrobeech]
vodka wódka [vootka]
voice głos [gwos]
voltage napięcie [nap-yencheh]
vomit wymiotować [vim-yotovach]/zwymiotować

W

waist talia [tal-ya]
waistcoat kamizelka [kameezelka]
wait czekać [chekach]/poczekać
wait for me proszę na mnie poczekać [prosheh na mnyeh pochekach]
don't wait for me proszę na mnie nie czekać [n-yeh]
can I wait until my wife gets here? chciałbym poczekać na moją żonę [Hcha^{wuh}bim pochekach na moyON Joneh]
can you do it while I wait?

czy może to pan/pani zrobić na poczekaniu? [chi moJeh to pan/panee zrobeech na pochekan-yoo]
could you wait here for me? czy może tu pan na mnie zaczekać? [moJeh too pan na mnyeh zachekach]
waiter kelner
waiter! proszę pana! [prosheh]
waitress kelnerka
waitress! proszę pani! [prosheh panee]
wake: can you wake me up at 5.30? proszę mnie obudzić o godzinie piątej trzydzieści [prosheh mnyeh aboodjeech o godjeen-yeh]
wake-up call budzenie telefoniczne [boodsen-yeh telefoneechneh]
Wales Walia [val-ya]
walk: is it a long walk? czy to daleki spacer? [chi to dalekee spatser]
it's only a short walk to tylko krótki spacer [tilko krootkee]
I'll walk pójdę piechotą [poo^{yuh}deh p-yeHotoN]
I'm going for a walk idę na spacer [eedeh]
Walkman® walkman [wokmen]
wall (inside) ściana [sh-chana] (outside) mur [moor]
wallet portfel
want: I want a ... chcę ... [Htseh]
I don't want any ... nie chcę ... [n-yeh]

I want to go home chcę wracać do domu
I don't want to nie chcę
what do you want? czego pan/pani chce? [chego pan/panee]
ward (in hospital) oddział [od-dja^{wuh}]
warm ciepły [chepwi]
I'm so warm jest mi bardzo ciepło [yest mee bards-o chepwo]
Warsaw Warszawa [varshava]
was*: he was on był [bi^{wuh}]
she was ona była [biwa]
it was ono było [biwo]
wash (clothes) prać [prach]/ uprać [ooprach]
(oneself) myć się [mich sheh]/ umyć się [oomich]
can you wash these? czy może to pan/pani uprać? [chi moJeh to pan/panee ooprach]
washer (for bolt etc) podkładka [potkwatka]
washhand basin umywalka [oomivalka]
washing (clothes) pranie [pran-yeh]
washing machine pralka
washing powder proszek do prania [proshek do pran-ya]
washing-up liquid płyn do zmywania naczyń [pwin do zmivan-ya nachin^{yuh}]
wasp osa
watch (wristwatch) zegarek
will you watch my things for me? czy może mi pan/pani popilnować rzeczy? [chi moJeh mee pan/panee popeelnovach Jechi]
watch out! uwaga! [oovaga]
watch strap pasek do zegarka
water woda [voda]
may I have some water? czy mogę prosić o trochę wody? [chi mogeh prosheech o troHeh vodi]
waterproof (adj) nieprzemakalny [n-yepshemakalni]
waterskiing narciarstwo wodne [narcharstfo vodneh]
wave (in sea) fala
way droga
it's this way to tędy [tendi]
it's that way to tamtędy [tamtendi]
is it a long way to ...? czy daleko do ...? [chi]
no way! nie ma mowy! [n-yeh ma movi]

dialogue

could you tell me the way to ...? proszę mi powiedzieć którędy do ...? [prosheh mee pov-yedjech ktoorendi do]
go straight on until you reach the traffic lights proszę iść prosto, aż do świateł [eesh-ch – ash do sh-fyateh^{wuh}]
turn left skręcić w lewo [skrencheech vlevo]
take the first on the

right skręcić w pierwszą przecznicę na prawo [f p-yerfshON pshechneetseh na pravo]
see where?

we* my [mi]
weak słaby [swabi]
weather pogoda
wedding ślub [shloop]
Wednesday środa [shroda]
week tydzień [tidjen^{yuh}]
a week (from) today od dziś za tydzień [djeesh]
a week (from) tomorrow od jutra za tydzień [ot yootra]
weekend weekend [weekent]
at the weekend w czasie weekendu [f chasheh weekendoo]
weight waga [vaga]
weird dziwaczny [djeevachni]
weirdo dziwadło [djeevadwo]
welcome: welcome to ... witamy w ... [veetami v]
you're welcome proszę bardzo [prosheh bards-o]
well: I don't feel well źle się czuję [Jleh sheh choo-yeh]
she's not well ona źle się czuje [Jleh sheh choo-yeh]
you speak English very well pan/pani mówi bardzo dobrze po angielsku [pan/panee moovee bards-o dobJeh po ang-yelskoo]
well done! brawo! [bravo]
this one as well ten też [tesh]

well well! (surprise) no proszę! [prosheh]

dialogue

how are you? jak się pan/pani ma? [yak sheh pan/panee]
very well, thanks, and you? dziękuję, bardzo dobrze, a pan/pani? [djenkoo-yeh bards-o dobJeh]

well-done (meat) wysmażone [vismajoneh]
Welsh walijski [valee-skee]
I'm Welsh (man/woman) jestem Walijczykiem/Walijką [yestem valee-chik-yem/ valee-kON]
were*: we were byliśmy/ byłyśmy [bileeshmi/biwishmi]
you were (sing, fam) byłeś/ byłaś [biwesh/biwash]
(sing, pol) pan był/pani była [bi^{wuh}/panee biwa]
they were (men/women) byli/ były [biwi]
west zachód [zaHoot]
in the west na zachodzie [zaHodjeh]
West Indian (adj) zachodnioindyjski [zaHod-nyo- eendee-skee]
wet wilgotny [veelgotni]
what? co takiego? [tso tak- yego]
what's that? co to jest? [yest]
what should I do? co mam

zrobić? [zrobeech]

what a view! ale widok! [aleh veedok]

what bus do I take? jakim autobusem mam jechać? [yakeem owtoboosem mam yeHach]

wheel koło [kowo]

wheelchair wózek inwalidzki [voozek eenvaleetskee]

when? kiedy? [k-yedi]

when we get back kiedy wrócimy [k-yedi vroocheemi]

when's the train/ferry? o której godzinie odchodzi pociąg/prom? [ktooray godjeen-yeh otHodjee]

where? gdzie? [gjeh]

I don't know where it is nie wiem, gdzie to jest [n-yeh v-yem – yest]

dialogue

> **where is the cathedral?**
> gdzie jest katedra?
> **it's over there** tam
> **could you show me where it is on the map?** czy może mi pan/pani pokazać na mapie? [chi moJeh mee pan/panee pokazach na map-yeh]
> **it's just here** tutaj [tootI]
> see **way**

which: which bus? który autobus? [ktoori owtoboos]

dialogue

> **which one?** który/która/które? [ktoori/ktoora/ktooreh]
> **that one** ten/ta/to
> **this one?** czy ten/ta/to? [chi]
> **no, that one** nie, tamten/tamta/tamto [n-yeh]

while: while I'm here podczas gdy tu jestem [podchas gdi too yestem]

whisky 'whisky'

white biały [b-yawi]

white wine białe wino [b-yaweh veeno]

who? kto?

who is it? kto tam?

the man who ... człowiek, który ... [chwov-yek ktoori]

whole: the whole week cały tydzień [tsawi tidjen^{yuh}]

the whole lot wszystko [fshistko]

whose: whose is this? czyje to jest? [chi-yeh to yest]

why? dlaczego? [dlachego]

why not? dlaczego nie? [n-yeh]

wide szeroki [sherokee]

wife: my wife moja żona [moya Jona]

will*: will you do it for me? czy to pan/pani dla mnie zrobi? [chi to pan/panee dla mnyeh zrobee]

wind (noun) wiatr [v-yatr]

window okno

near the window przy oknie [pshi ok-nyeh]

in the window (of shop) na wystawie [vistav-yeh]

window seat miejsce przy oknie [myaystseh pshi ok-nyeh]

windscreen przednia szyba [pshed-nya shiba]

windscreen wiper wycieraczka [vicherachka]

windsurfing windsurfing [weendsoorfeenk]

windy: it's so windy dziś jest duży wiatr [djeesh yest dooji v-yatr]

wine wino [veeno]

can we have some more wine? czy możemy prosić o jeszcze więcej wina? [chi moJemi prosheech o yesh-cheh v-yentsay veena]

wine list karta win [veen]

winter zima [Jeema]

in the winter w zimie [vJeem-yeh]

winter holiday wakacje zimowe [vakats-yeh Jeemoveh]

wire drut [droot]

(electric) przewód [pshevoot]

wish: best wishes najlepsze życzenia [nilepsheh Jichen-ya]

with* z

I'm staying with ... mieszkam u ... [m-yeshkam oo]

without* bez

witness świadek [sh-fyadek]

will you be a witness for me? czy będzie pan/pani moim świadkiem? [chi bends-yeh pan/

panee mo-eem sh-fyad-kyem]

woman kobieta [kob-yeta]

wonderful cudowny [tsoodovni]

won't*: it won't start (engine) nie chce się zapalić [n-yeh Htseh sheh zapaleech]

wood (material) drewno [drevno]

woods (forest) las

wool wełna [veh^wuh^na]

word słowo [swovo]

work (noun) praca [pratsa]

it's not working to nie działa [n-yeh djawa]

I work in ... pracuję w ... [pratsoo-yeh v]

world świat [sh-fyat]

World War II druga wojna światowa [drooga voyna sh-fyatova]

worry martwić się [martfeech sheh]/zmartwić się

I'm worried jestem zmartwiony/zmartwiona [yestem zmart-fyoni/zmart-fyona]

don't worry proszę się nie martwić [prosheh sheh n-yeh martfeech]

worse gorszy [gorshi]

it's worse jest gorzej [yest goJay]

worst najgorszy [nigorshi]

worth: is it worth a visit? czy to warto zwiedzić? [chi to warto z-vyedjeech]

would: would you give this to ...? czy mógłby pan/mogłaby pani dać to ...? [chi

moog^wuh^bi pan/mogwabi panee
dach]

wrap: could you wrap it up?
proszę to zapakować [prosheh
to zapakovach]

wrapping paper papier do
pakowania [pap-yer do pakovan-
ya]

wrist nadgarstek [nadgarstek]

write pisać [peesach]/napisać

could you write it down?
proszę to napisać [prosheh]

how do you write it? jak to się
pisze? [yak to sheh peesheh]

writing paper papier listowy
[pap-yer leestovi]

wrong: it's the wrong key to
nie ten klucz [n-yeh]

this is the wrong train to nie
ten pociąg

the bill's wrong rachunek się
nie zgadza [raHoonek sheh n-yeh
zgadsa]

sorry, wrong number
przepraszam, to pomyłka
[psheprasham to pomi^wuh^ka]

sorry, wrong room
przepraszam, to nie ten
pokój [psheprasham]

**there's something wrong
with ...** coś jest nie w
porządku z ... [tsosh yest n-yeh
fpoJontkoo]

what's wrong? co tu się
dzieje? [tso too sheh djayeh]

X

X-ray rentgen

Y

yacht jacht [yaHt]

yard*

year rok

yellow żółty [Joo^wuh^ti]

yes tak

yesterday wczoraj [fchori]

yesterday morning wczoraj
rano

the day before yesterday
przedwczoraj [pshetfchori]

yet jeszcze [yesh-cheh]

dialogue

is it here yet? czy to już
jest? [chi to yoosh yest]
no, not yet jeszcze nie
[n-yeh]
**you'll have to wait a little
longer yet** będzie musiał
pan/musiała pani jeszcze
trochę poczekać [bendjeh
moosha^wuh^ pan/mooshawa
panee – troHeh pochekach]

yoghurt jogurt [yogoort]
you* (sing, fam) ty [ti]
(pol) pan/pani [panee]
(pl, pol) państwo [panstfo]
this is for you (sing, fam) to dla
ciebie [cheb-yeh]

131

(pol) to dla pana/pani
(pl, pol) to dla państwa
with you (sing, fam) z tobą
[stobON]
(sing, pol) z panem/panią [pan-
yON]
see **How the Language Works**
page 268
young młody [mwodi]
your/yours* (sing, fam) twój
[tfoo^yuh], twoja [tfoya], twoje
[tfoyeh]
(pol: man/woman) pana/pani
[panee]
youth hostel schronisko
młodzieżowe [sHroneesko
mwodjeJoveh]

Z

zero zero
zip zamek błyskawiczny
[bwiskaveechni]
  could you put a new zip on?
  czy może pan/pani tu wszyć
  zamek błyskawiczny? [chi
  moJeh pan/panee too fshich]
zip code kod pocztowy
[pochtovi]
zoo zoo [zo-o]

Polish

→

English

Colloquialisms

The following are words you may well hear. You shouldn't be tempted to use any of the stronger ones unless you are sure of your audience.

cholera! [Holera] damn!, shit!
cicho bądź! [cheeHo bonch] shut up!
cześć! [chesh-ch] hi!, hello!; cheerio!, bye!
ekstra! great!
idiota [eed-yota] nutter
kretyn [kretin] twit
kurwa! fuck!
nie ma mowy! [movi] no way!
spadaj! [spadī] get lost!
świnia [shfeen-ya] pig; bastard
tępak [tempak] thickhead
wariat [var-yat] barmy
wykończony [vikonichoni] knackered
zalany [zalani] pissed

The Polish Alphabet

This section is in Polish alphabetical order:

a, ą, b, c, ć, d, e, ę, f, g, h, i, j, k, l, ł, m, n, ń, o, ó, p, q, r, s, ś, t, u, w, x, y, z, ź, ż

A

a and
abonament season ticket
absurdalny [apsoordalni] ridiculous
aby [abi] to, in order to
adapter record player
adidasy [adeedasi] trainers
adoptowany [adoptovani] adopted
adres address
adresat addressee
adwokat [advokat] lawyer, solicitor
afisz [afeesh] poster
afrykański [afrikanskee] African
agencja [agents-ya] agency
agrafka safety pin
agresywny [agresivni] aggressive
ajent [ī-ent] agent
aksamit [aksameet] velvet
aktor actor
aktorka actress
aktówka [aktoofka] briefcase
aktualny [aktoo-alni] up-to-date, current
akumulator [akoomoolator] battery (for car)
akwarela [akfarela] water-colour
al. Ave
alarm pożarowy [poJarovi] fire alarm
albo or
ale [aleh] but
aleja [alaya] avenue

alejka [alayka] lane
alergia [alerg-ya] allergy
ależ [alesh] but
  ależ tak! oh yes!; of course!
amatorski [amatorskee] non-professional, amateur
ambasada embassy
ambitny [ambeetni] ambitious
ambona pulpit
Ameryka [amerika] America
amerykański [amerikanskee] American
amortyzator [amortizator] shock-absorber
Angielka [ang-yelka] Englishwoman
angielski [ang-yelskee] English
angina [angeena] tonsillitis
Anglia [ang-lya] England
Anglicy [angleetsi] the English
Anglik [angleek] Englishman
ani ... ani ... [anee] neither ... nor ...
antena aerial
antybiotyk [antibi-otik] antibiotic
antyhistamina [antiheestameena] antihistamine
antykoncepcyjny [antikontseptsee-ni] contraceptive
antykwariat [antikfar-yat] antique shop; second hand bookshop/bookstore
antyseptyczny [antiseptichni] antiseptic
aparat fotograficzny [fotografeechni] camera

aparat słuchowy [swooHovi] hearing aid

apartament suite

apetyt [apetit] appetite

apteka pharmacy, chemist's

apteka dyżurna [diJoorna] duty pharmacy

architekt [arHeetekt] architect

architektura [arHeetektoora] architecture

aresztować [areshtovach] to arrest

arkusz [arkoosh] sheet (of paper)

artykuły chemiczne [artikoowi Hemeechneh] household cleaning materials

artykuły piśmienne [peeshmyenneh] stationer's

artykuły pościelowe [poshcheloveh] bed linen

artykuły spożywcze [spoJifcheh] groceries

artysta m [artista], **artystka f** [artistka] artist

aspiryna [aspeerina] aspirin

atak attack; fit

atak serca [sertsa] heart attack

atleta athlete; body builder

atłas [atwas] satin

atrakcje [atrakts-yeh] attractions

atrakcyjny [atraktsee-ni] attractive

atrament ink

audycja [owditsya] broadcast; radio programme

australijski [owstralee-skee] Australian

Austria [owstr-ya] Austria

autentyczny [owtentichni] genuine

auto [owto] car

autobus [owtoboos] bus

autobusem by bus

autobus nocny [notsni] night bus

autobus pośpieszny [poshpyeshni] limited stop bus (more expensive service)

linia autobusowa [leen-ya owtoboosova] bus route

autokar [owtokar] coach

automat [owtomat] slot machine

automat sprzedający bilety [spshedî-ontsi beeleti] ticket vending machine

automat sprzedający napoje drinks dispenser

automat telefoniczny [telefoneechni] payphone

automatyczna skrzynia biegów [owtomatichna skshin-ya b-yegoov] automatic gear box

automatyczne połączenie [owtomatichneh powonchen-yeh] direct dialling

automatyczny [owtomatichni] automatic

autor [owtor], **autorka** [owtorka] author

autostop [owtostop] hitch-hiking

autostrada [owtostrada] motorway, freeway, highway

awantura [avantoora] row (argument)

awaria [avar-ya] failure;

breakdown

awaria prądu [prondoo] power cut

awaryjne wyjście [avaree-neh vee-sh-cheh] emergency exit

aż: aż tyle! [ash tileh] so much!; so many!

aż do [aJ do] until; as far as

B

babka [bapka] grandmother

bachor [baHor] brat

bać się [bach sheh] to be afraid (of)

badanie lekarskie [badan-yeh lekarsk-yeh] medical examination

bagażnik [bagaJneek] boot, (US) trunk

bagażowy [bagaJovi] porter

bagaż podręczny [bagash podrenchni] hand luggage, hand baggage

bajeczny [bī-echni] fabulous

bajka [bīka] fairy tale

bajka dla dzieci [djechee] children's story

bak petrol tank, (US) gas tank

bakteryjny [bakteree-ni] bacterial

balet ballet

balkon balcony

BALTONA duty-free shop

bałagan [bawagan] mess

Bałtyk [bowtik] Baltic

bandaż [bandash] bandage

bank bank

banknot banknote, (US) bill

bankomat cash dispenser, ATM

bar bar; buffet

bardziej [bardjay] more

bardziej interesujący more interesting

bardzo [bards-o] very; very much

bardzo dziękuję [djenkoo-yeh] thank you very much

bardzo lubić [loobeech] to be fond of; to enjoy

bardzo mi miło! [mee meewo] pleased to meet you!

bardzo nie lubić [n-yeh loobeech] to dislike

bar jarski [yarskee] self-service snack bar, serving vegetarian-type meals, soft drinks and desserts

barmanka barmaid

bar mleczny [mlechni] self-service snack bar, serving vegetarian-type meals, soft drinks and desserts

bar szybkiej obsługi [ship-kyay opswoogee] snack bar

barwa [barva] colour

basen swimming pool

bateria [bater-ya] battery

bawełna [baveh^wuhna] cotton

bawełniany [baveh^wuhnyani] cotton (adj)

bawić się [baveech sheh] to play with

dobrze się bawić [dobJeh sheh baveech] to enjoy oneself

Belgia [belg-ya] Belgium

benzyna [benzina] petrol, (US) gas

benzyna bezołowiowa [bezowov-yova] unleaded

bez [bes] without

bez wyjątku [vi-yontkoo] without exception

bez zmian [z-myan] no change

bezdomny [bezdomni] homeless

beze [bezeh] without

beze mnie! [mn-yeh] count me out!

beznadziejny [beznadjayni] hopeless

bezpiecznik [besp-yechneek] fuse

bezpieczny [besp-yechni] safe

bezpłatny [bespwatni] free (of charge)

bezpośredni [besposhrednee] direct

bezrobotny [bezrobotni] unemployed

bezsenność [bes-sennosh-ch] insomnia

beżowy [beJovi] beige

będą [bendON] they will be; you will be

będę [bendeh] I will be

będzie [bendjeh] he/she/it will be; you will be

będziecie [bendjecheh] you will be

będziemy [bendjemi] we will be

będziesz [bendjesh] you will be

białko [b-ya^{wuh}ko] protein; egg white

białoruski [b-yaworooskee] Belarussian

Białoruś [b-yawaroosh] Belarus

biały [b-yawi] white

biblioteka [beebl-yoteka] library

bibułka [beeboo^{wuh}ka] tissue paper

bić/pobić [beech] to beat

bić się [sheh] to fight

biedny [b-yedni] poor

bieg [b-yek] gear

biegać/biec [b-yegach/b-yets] to run

biegunka [b-yegoonka] diarrhoea

bielizna [b-yeleezna] underwear

bielizna pościelowa [posh-chelova] bed linen

bilet [beelet] ticket

bilet powrotny [povrotni] return ticket, round trip ticket

bilet ulgowy [oolgovi] reduced fare

bilety [beeleti] tickets

bilety MZK [em-zet-kah] bus tickets (sold here)

bilety wyprzedane [vipshedaneh] sold out

biodro [b-yodro] hip

biorę [b-yoreh] I take

biurko [b-yoorko] desk

biuro [b-yooro] office

biuro numerów [noomeroof] directory enquiries

biuro podróży [podrooJi] travel agency

biuro rzeczy znalezionych [Jechi znaleJoniH] lost property office

biwak [beevak] camping spot

biwakować [beevakovach] to camp

biwakowanie wzbronione no camping

biżuteria [beeJooter-ya] jewellery

blankiet [blank-yet] blank form

bliski [bleeskee] near

bliźnięta [bleeJn-yenta] twins

bliżej [bleeJay] nearer, closer

blok mieszkaniowy [m-yeshkan-yovi] apartment block

blondynka [blondinka] blonde

bluzka [blooska] blouse

błąd [bwont] error, mistake

błędnie obliczyć [bwend-nyeh obleechich] to miscalculate

błękitny [bwenkeetni] blue

błoto [bwoto] mud

błyskawica [bwiskaveetsa] lightning

bogaty [bogati] rich

boi się [bo-ee sheh] he/she is afraid

boisko [bo-eesko] playing field

boisko piłkarskie [pee^wuh karsk-yeh] football ground

boja [boya] buoy

boję się [boyeh sheh] I'm afraid

bolący [bolontsi] painful

boleć [bolech] to hurt; to ache

boli [bolee] it hurts

bomba bomb

bordo maroon

Bośnia [bosh-nya] Bosnia

Boże Ciało [boJeh cha-wo] Corpus Christi

Boże Narodzenie [narodsen-yeh] Christmas

Bóg [book] God

bójka [boo^wuh ka] fight

ból [bool] ache

ból gardła [bool gardwa] sore throat

ból głowy [gwovi] headache

ból ucha [ooHa] earache

ból zęba [zemba] toothache

ból żołądka [Jowontka] stomachache

brać/wziąć [brach/v Jonch] to take

brakuje: czego brakuje? [chego brakoo-yeh] what is missing?

brałam [brawam], brałem [brawem] I was taking

brama gates

bramka gate

bransoletka [bransoletka] bracelet

brat brother

bratanek nephew (brother's son)

bratanica [brataneetsa] niece (brother's daughter)

brawo! [bravo] well done!

brązowy [bronzovi] brown

brew f [bref] eyebrow

broda beard

brodzik [brodjeek] children's pool

broszka [broshka] brooch

broszura [broshoora] brochure; leaflet

brud [broot] dirt

brudny [broodni] dirty

brwi [brvee] eyebrows

brydż [brich] bridge (card game)

brylant [brilant] diamond

brytyjski [britee-skee] British

brzeg [bJek] shore; edge

Brzezinka [bJeJeenka] Birkenau

brzoskwinia [bJoskfeen-ya] peach

brzydki [bJitkee] ugly

budka telefoniczna [bootka telefoneechna] phone box

budynek [boodinek] building

budzenie telefoniczne [boodsen-yeh telefoneechneh] wake-up call

budzić/obudzić [boodjeech/ oboodjeech] to wake (someone)

budzić się/obudzić się [sheh] to wake up

budzik [boodjeek] alarm clock

bufet [boofet] refreshments

bursztyn [boorshtin] amber

burza [booJa] storm

but [boot] boot; shoe

butelka [bootelka] bottle

buty narciarskie [booti narcharsk-yeh] ski boots

być [bich] to be

być może [moJeh] maybe

byk [bik] bull

byli [bilee] they were; you were

byliście [bileesh-cheh] you were; we have been

byliśmy [bileeshmi] we were; we have been

był [bi^wuh] he/it was; he/it has been; you were; you have been

była [biwa] she/it was; she/it has been; you were; you have been

byłam [biwam] I was; I have been

byłaś [biwash] you were; you have been

byłem [biwem] I was; I have been

byłeś [biwesh] you were; you have been

było [biwo] it was; it has been

były [biwi] they were; you were

byłyście [biwish-cheh] you were

byłyśmy [biwishmi] we were; we have been

C

całkiem [tsa^wuhk-yem] quite

całkiem dobry pretty good

całować/pocałować [tsawovach/ potsawovach] to kiss

cały [tsawi] all

cały dzień [djen^yuh] all day

camping [kampeeng] campsite

cążki do paznokci [tsonshkee do paznokchee] nail clippers

cegła [tsegwa] brick

celnik [tselneek] Customs officer

cel podróży [tsel podrooJi] destination

cena [tsena] price

cena łączna [wonchna] all-inclusive price

cenny [tsen-ni] valuable

centrala [tsentrala] operator

centralne ogrzewanie [tsentralneh ogJevan-yeh] central heating

centrum [tsentroom] town
centre

centrum handlowe [handloveh]
shopping centre

centrum miasta [m-yasta] city
centre

centymetr [tsentimetr]
centimetre; tape measure

Cepelia [tsepel-ya] shop selling
handicrafts, folk art and
souvenirs

cerkiew [tser-kyef] Russian
Orthodox church

chcę [Htseh] I want

chciałabym [Hchawabim],
chciałbym [Hcha^{wuh}bim] I
would like

chcieć [Hchech] to want

chciwy [Hcheevi] greedy

chętnie [Hent-nyeh] yes please;
with pleasure

Chiny [Heeni] China

chiński [Heenskee] Chinese

chipsy [cheepsi] crisps, (US)
potato chips

chłodnica [Hwodneetsa] radiator
(of car)

chłodny [Hwodni] cool

chłopiec [Hwop-yets] boy;
boyfriend

chmura [Hmoora] cloud

chociaż [Hochash] although

chodnik [Hodneek] pavement,
sidewalk

chodzić [Hodjeech] to walk
o co chodzi? [tso Hodjee]
what's the matter?

chodźmy! [Hochmi] let's go!

cholera! [Holera] damn!, shit!

cholerny kłopot [Holerni kwopot]
it's a bloody nuisance

chora [Hora] ill

chora na cukrzycę [tsookshitseh]
diabetic

chorągiew [Horong-yef] flag

choroba [Horoba] disease

choroba morska [morska]
seasickness

choroba weneryczna
[venerichna] VD

choroba zakaźna [zakaJna]
infectious disease

Chorwacja [Horvats-ya] Croatia

chorować na grypę [Horovach na
gripeh] to be ill with flu

chory [Hori] ill

chory na cukrzycę m
[tsookshitseh] diabetic

chować/schować [Hovach/
sHovach] to hide

chrapać [Hrapach] to snore

chronić [Hroneech] to protect

chrzciny [Hsh-cheeni]
christening

chudy [Hoodi] skinny

chusteczka do nosa [Hoostechka
do nosa] handkerchief

chusteczki jednorazowe
[Hoostechkee yednorazoveh]
tissues, Kleenex®

chustka [Hoostka] headscarf

chwileczkę [Hveelechkeh] one
moment

chyba nie [Hiba n-yeh] I don't
think so

chyba tak I think so

ci [chee] you; to you; these

ciało [chawo] body

ciasny [chasni] tight

ciąć [chonch] to cut

ciągłym: w ciągłym użytku in constant use (no parking)

ciągnąć [chongnonch] to pull

ciąża [chonJa] pregnancy

w ciąży [f chonJi] pregnant

cicho bądź! [cheeHo bonch] shut up!

cichy [cheeHi] quiet

ciebie [cheb-yeh] you

ciemnowłosy [chemnovwosi] dark-haired

ciemny [chemni] dark

cienki [chenkee] thin

cień [chen^yuh] shadow

cień do powiek [pov-yek] eye shadow

ciepła woda [chepwa voda] hot water

ciepły [chepwi] warm

cierpki [cherpkee] tart

ciężar heavy load

ciężarówka [chenJaroofka] lorry

ciężki [chenshkee] heavy

ciężkie pojazdy heavy vehicles

ciotka [chotka] aunt

cisza [cheesha] silence

cisza! quiet!

ciśnienie [cheesh-nyen-yeh] air pressure

ciśnienie krwi [krfee] blood pressure

ciśnienie w oponach [v oponaH] tyre pressure

cło [tswo] Customs; Customs duty

cmentarz [tsmentash] cemetery

Cmentarz Żydowski [tsmentash Jidofskee] Jewish Cemetery

co ...? [tso] what ...?

cocktail bar [koktīl bar] café selling milk-based soft drinks, cakes and desserts

codziennie [tsodjen-nyeh] every day

codzienny [tsodjenni] daily

cokolwiek [tsokol-vyek] anything

co się tu dzieje? [tso sheh too djayeh] what's going on?

co słychać? [swiHach] what's happening?

coś [tsosh] something, anything

coś innego [eennego] something else

co takiego? [tso tak-yego] what?

co to jest? [yest] what's this?

córka [tsoorka] daughter

cuchnący [tsooHnontsi] stinking, smelly

cudowny [tsoodovni] wonderful

cudzoziemiec [tsoods-oJem-yets], cudzoziemka foreigner

cukierek [tsook-yerek] sweet, candy

cukierki [tsook-yerkee] sweets, candies

cukiernia [tsook-yern-ya] cake shop

cygaro [tsigaro] cigar

czajniczek [chīneechek] teapot

czajnik [chīneek] kettle

czapka [chapka] cap

czarno-biały [charnob-yawi] black and white

czarny [charni] black

czas [chas] time
nie mam czasu [n-yeh mam chasoo] I have no time
czasami [chasamee] sometimes
czas lokalny [chas lokalni] local time
czasopismo [chasopeesmo] magazine
Czechy [cheHi] Czech Republic
czego? [chego] what?
czek [chek] cheque, (US) check
czekać/poczekać [chekach] to wait
czekolada [chekolada] chocolate
czekolada mleczna [mlechna] milk chocolate
czepek kąpielowy [chepek komp-yelovi] bathing cap
czerstwy [cherstfi] stale
czerwiec [cherv-yets] June
czerwony [chervoni] red
czeski [cheskee] Czech
cześć! [chesh-ch] hi!, hello!; cheerio!, bye!
często [chensto] often
częsty [chensti] frequent
części zamienne [chensh-chee zam-yenneh] spare parts
część f [chensh-ch] part
czkawka [chkafka] hiccups
członek [chwonek] penis
człowiek [chwov-yek] man; person
czoło [chowo] forehead
czterdzieści [chterdjesh-chee] forty
czternaście [chternash-cheh]

fourteen
cztery [chteri] four
czterysta [chterista] four hundred
czuć [chooch] to feel
jak się czujesz? [sheh choo-yesh] how are you feeling?
czuć się doskonale [doskonaleh] to feel well
źle się czuć [Jleh] to feel unwell
czwartek [chfartek] Thursday
czwarty [chfarti] fourth
czy [chi] if; whether
czy ...? does ...?; is it ...?
czy jest ...? [yest] is there ...?
czy są ...? [SON] are there ...?
czy pan/pani ...? [pan/panee] do you ...?
czyj [chi^{yuh}] whose
czyja [chi-ya] whose
czyje [chi-yeh] whose
czyje to jest? [yest] whose is this?
czym [chim] what; with what; about what
o czym myślisz? [mishleesh] what are you thinking about?
czy mogę ...? [mogeh] may I ...?
czy mogłaby pani ...? [mogwabi panee], czy mógłby pan ...? [moog^{wuh}bi pan] could you ...?
czy można ...? [moJna] may I ...?; are we allowed to ...?
czynsz [chinsh] rent
płacić czynsz [pwacheech] to pay rent

czysty [chisti] clean
czyścić/oczyścić [chish-cheech] to clean
czyścić na sucho dry clean only
czytać [chitach] to read
czyżby? [chiJbi] really?

Ć

ćwierć f [ch-fyerch] quarter

D

dach [daH] roof
daję [dī-eh] I give
daj pierwszeństwo przejazdu give way
dalej [dalay] further
daleko far (away)
damski [damskee] ladies' toilets, ladies' room
Dania [dan-ya] Denmark
danie [dan-yeh] dish; course
data date (time)
dawać/dać [davach/dach] to give
dawniej [dav-nyay] in the past
decydować [detsidovach] to decide
decyzja [detsiz-ya] decision
delikatesy [deleekatesi] delicatessen
demokratyczny [demokratichni] democratic
dentysta m [dentista], dentystka f [dentistka] dentist

Desa shop selling antiques, works of art and jewellery
deseń [desen^yuh] pattern
deska do prasowania [prasovan-ya] ironing board
deska windsurfingowa [weendsoorfeengova] sailboard
deszcz [desh-ch] rain
dewizy [deveezi] foreign currency
dezodorant deodorant
dętka [dentka] inner tube
dieta [d-yeta] diet
dla for
dlaczego? [dlachego] why?
dlaczego nie? [n-yeh] why not?
dla inwalidów for the disabled
dla matek z dziećmi for mothers with children
dla niepalących [n-yehpalonsiH] non-smoking; non-smokers; no smoking
dla osób starszych for the elderly
dla palących [palontsiH] smoking; smokers
dla panów [panoof] gents' toilet, men's room
dla pań [pan^yuh] ladies' toilet, ladies' room
długi [dwoogee] long
długopis [dwoogopees] ballpoint pen
długość f [dwoogosh-ch] length
dłuższy [dwoosh-shi] longer
dni days
dni robocze [robocheh] weekdays

dno bottom
 na dnie [dnyeh] at the bottom of
do to; into; until
 do soboty [soboti] see you Saturday; by Saturday
dobranoc [dobranots] good night
dobry [dobri] good; kind
dobry wieczór [v-yechoor] good evening
dobrze [dobJeh] OK, all right, will do; fine; well
dobrze się bawić [sheh baveech] to enjoy oneself
dobrze wysmażony [vismaJoni] well-done (steak)
dodatek supplement
dodatki [dodatkee] accessories
dodatkowy [dodatkovi] additional
do góry [goori] up; upwards
do góry nogami [nogamee] upside down
dogodny [dogodni] convenient
dojrzały [doyJawi] ripe
dokładnie! [dokwad-nyeh] exactly!
dokładny [dokwadni] accurate
dolina [doleena] valley
dom house
 w domu [v domoo] at home
domagać się [domagach sheh] to insist
domowej roboty [domovay roboti] homemade
dom towarowy [tovarovi] department store
dopłata [dopwata] supplement;

surcharge
dopuszcza się ruch lokalny no through road except for access
dorosły [doroswi] adult
dorośli [doroshlee] adults
doskonały [doskonawi] excellent
dostać [dostach] to get
dostarczyć [dostarchich] to deliver
dostawa [dostava] delivery
dosyć [dosich] enough
 mam dosyć ... I'm fed up with ...
dość tego! [dosh-ch tego] that's enough!
doświadczony [dosh-fyatchoni] experienced
dotykać/dotknąć [dotikach/dotknonch] to touch
 nie dotykać! do not touch!
dowiadywać się/dowiedzieć się [dov-yadivach sheh/dov-yedjech] to find out
do widzenia [veedsen-ya] goodbye
dowód osobisty [dovoot osobeesti] ID card
do wynajęcia [vini-encha] for hire, to rent
do zobaczenia [zobachen-ya] see you later
dozwolone [dozvoloneh] allowed
dół: na dole [na doleh] down there
drabina [drabeena] ladder
drabinka [drabeenka] stepladder

dres sportowy [sportovi] tracksuit

drewniany [drevn-yani] wooden

drewno [drevno] wood

drobne pl [drobneh] small change

droga road; way

droga pożarowa [poJarova] fire escape

drogeria [droger-ya] shop selling toiletries, cosmetics, detergents and herbal remedies

drogi [drogee] dear, expensive

drogowskaz [drogofskaz] signpost

droższy [drosh-shi] dearer, more expensive

druga klasa [drooga] second class

Druga Wojna Światowa [voyna sh-fyatova] World War Two

drugi [droogee] second; other

ten drugi the other one

druk [drook] printed matter

drukarka [drookarka] printer

drut [droot] wire

drużyna [drooJina] team

drzazga [dJazga] splinter

drzewo [dJevo] tree; wood

drzwi pl [dJvee] door

dumny [doomni] proud

duński [doonskee] Danish

dusznica bolesna [dooshneetsa] angina

duszno: jest duszno [yest dooshno] it's humid

jest mi duszno [mee] I can't breathe

duszny [dooshni] sultry, close

dużo [dooJo] a lot (of); much; many

dużo więcej [v-yentsay] a lot more

dużo większy a lot bigger

duży [dooJi] big, large

dwa [dva] two

dwadzieścia [dvadjesh-cha] twenty

dwadzieścia jeden [yeden] twenty one

dwaj [dvī] two

dwanaście [dvanash-cheh] twelve

dwa posiłki dziennie [dva poshee^{wuh}kee djen-nyeh] half board

dwa razy [razi] twice

dwa razy dziennie twice a day

dwa razy dziennie po jedzeniu twice daily after meals

dwie [d-vyeh] two

dwieście [d-vyesh-cheh] two hundred

dwoje [dvoyeh] two

dworze: na dworze [dvoJeh] outside

dworzec [dvoJets] station

dworzec autobusowy [owtoboosovi] bus station

dworzec centralny [tsentralni] central station

dworzec kolejowy [kolayovi] railway station

dworzec lotniczy [lotneechi] airport terminal

dwukrotnie [dvookrot-nyeh] twice

dym [dim] smoke
dyrektor [direktor] director; manager
dyrektorka szkoły [shkowi] headmistress
dyrektor szkoły headmaster
dyrygent [dirigent] conductor (of orchestra)
dysk [disk] disk
dyskietka [disk-yetka] diskette
dyskoteka [diskoteka] disco
dywan [divan] carpet
dywanik [divaneek] rug
dzbanek [dsbanek] jug
dziadek [djadek] grandfather
dział [dja^wuh] department
działać: to nie działa [n-yeh djawa] it's not working
dział damski [damskee] ladies' department
dziąsło [djonswo] gum (in mouth)
dzieci [djechee] children
dziecko [djetsko] child
dzieje: co się tu dzieje? [tso sheh too djayeh] what's happening?
dziekuję [djenkoo-yeh] thanks
dzielić się/podzielić się [djeleech sheh] to share
dzielnica [djelneetsa] district
dzielnica mieszkaniowa [m-yeshkan-yova] residential district
dziennik [djen-neek] diary (for personal experiences)
dzień [djen^yuh] day
dzień dobry [djen^yuh dobri] hello; good morning; good afternoon

dzień Wszystkich Świętych All Saints' Day
dziesiąty [djeshonti] tenth
dziesięć [djechench] ten
dziesięć tysięcy [tishentsi] ten thousand
dziewczyna [djefchina] girl; girlfriend
dziewiąty [djev-yonti] ninth
dziewięć [djev-yench] nine
dziewięćdziesiąt [djev-yendjeshont] ninety
dziewięćset [djev-yenchset] nine hundred
dziewiętnaście [djev-yentnash-cheh] nineteen
dziękować [djenkoovach] to thank
dziękuję [djenkoo-yeh] thank you, thanks; no thank you
dziki [djeekee] wild
dzikie beach without attendant or facilities
dzisiaj [djeeshī] today
dzisiaj po południu [powood-nyoo] this afternoon
dzisiaj rano this morning
dzisiaj wieczorem [v-yechorem] this evening, tonight
dziś [djeesh] today
dziś wieczorem [v-yechorem] tonight
dziura [djoora] hole
dziwny [djeevni] strange, odd
dzwon [dsvon] bell (in church)
dzwonek [dsvonek] bell (on door, bike)
dzwonić/zadzwonić [dsvoneech] to ring, to phone, to call

dźwignia zmiany biegów
[djveeg-nya z-myani b-yegoof]
gear lever

dżinsy [djeensi] jeans

E

Ekspres express train
ekspres express delivery
ekspresowy [ekspresovi]
  express
ekstra 98 octane petrol/gas
ekstra! great!
elektryczność [elektrichnosh-ch]
  electricity
elektryczny [elektrichni]
  electric
elektryk [elektrik] electrician
emeryt [emerit], emerytka
  [emeritka] pensioner
emerytura [emeritoora]
  retirement; pension
jestem na emeryturze
  [yestem na emeritooJeh] I'm
  retired
estoński [estonskee] Estonian
etykietka [etik-yetka] label
Euroczeki [eh-oorochekee]
  Eurocheques
Europa Wschodnia [eh-
  ooropa vsHod-nya] Eastern
  Europe
europejski [eh-ooropayskee]
  European
ewangelik [evangeleek],
  ewangeliczka [evangeleechka]
  Protestant

F

fabryka [fabrika] factory
facet [fatset] bloke
fajka [fika] pipe (to smoke)
faksować [faksovach] to fax
fala wave
fala upałów [oopawoov]
  heatwave
fałszywy [fa^wuhshivi] false;
  counterfeit
farba paint
fantastyczny [fantastichni]
  fantastic, terrific
festiwal [festeeval] festival
festiwal muzyczny/jazzowy/
  folkloru [moozichni/djezovi/
  folkloroo] music/jazz/
  folklore festival
filiżanka [feeleeJanka] cup
film kolorowy [kolorovi] colour
  film
filtr [feeltr] filter
filtr do wody [do vodi] water
  filter
filtr numer [noomer], filtr
  ochronny [oHron-ni] protection
  factor
fioletowy [f-yoletovi] purple
firanka [feeranka] net curtain
flesz [flesh] flash
flet flute
flirtować [fleertovach] to flirt
folia aluminiowa [fol-ya
  aloomeen-yova] aluminium foil
folklor folklore
fontanna [fontan-na] fountain
formularz [formoolash] form

(document)

fortepian [fortep-yan] grand piano

fotograf photographer

fotografia [fotograf-ya] photograph

fotografować [fotografovach] to photograph

Francja [frants-ya] France

francuski [frantsooskee] French

fryzjer [friz-yer] hairdresser

fryzjer damski [damskee] ladies' hairdresser's

fryzjerka [friz-yerka] hairdresser

fryzjer męski [menskee] men's hairdresser's, barber's

fryzjerski: salon fryzjerski [friz-yerskee] hairdresser's

funt szterling [foont shterleeng] pound sterling

furgonetka [foorgonetka] van

futro [footro] fur; fur coat

G

gabinet lekarski [gabeenet lekarskee] doctor's surgery

galanteria skórzana [galanter-ya skooJana] leather goods

galeria sztuki [galer-ya shtookee] art gallery

garaż [garash] garage

gardło [gardwo] throat

garnek saucepan

garnitur [garneetoor] suit (man's)

gasić/zgasić [gasheech/zgasheech] to switch off

gaśnica (przeciwpożarowa)

[gashneetsa (pshecheef-poJarova)] fire extinguisher

gatunek [gatoonek] kind; brand; class

gaz gas

gazeta newspaper

gazety [gazeti] newspapers

gaz w butli [v bootlee] camping gas

gaźnik [gaJneek] carburettor

gdy? [gdi] when?

gdzie? [gjeh] where?

  gdzie to jest? [yest] where is it?

gdzie indziej [eendjay] elsewhere

gdzieś [gjesh] somewhere

genialny [gen-yalni] brilliant (idea, person)

gęś f [gensh] goose

giez [g-yes] horsefly

gips [geeps] plaster cast

  w gipsie [v geepsheh] in plaster

gitara [geetara] guitar

gładki [gwadkee] smooth; plain (not patterned)

głęboki [gwembokee] deep

głodny [gwodni] hungry

  umieram z głodu [oom-yeram z gwodoo] I'm starving

głos [gwos] voice

głosować [gwosovach] to vote

głośny [gwoshni] loud

głowa [gwova] head

główna droga [gwoovna droga] main road (in country)

główna ulica [ooleetsa] main road (in town)

główny [gwoovni] main

głuchy [gwooHi] deaf

głupi [gwoopee] stupid

gniazdko [gn-yastko], gniazdo [gn-yazdo] socket, power point

gniazdo ptasie [ptasheh] bird's nest

gniewać się [g-nyevach sheh] to be angry

go him; it

godzina [godjeena] hour; o'clock

godzina 11-ta wieczór [v-yechoor] 11 p.m.

godzina 3-cia popołudniu [powood-nyoo] 3 p.m.

godzina szczytu [sh-chitoo] rush hour

godziny odwiedzin [godjeeni odv-yedjeen] visiting hours

godziny urzędowania [ooJendovan-ya] office hours

golarka shaver

golenie [golen-yeh] shave

golić się [goleech sheh] to shave

gorący [gorontsi] hot

gorączka [goronchka] fever

gorszy [gorshi] worse

gorzej [goJay] worse

coraz gorzej [tsoras] worse and worse

gorzki bitter

gospodarstwo rolne [gospodarstfo rolneh] farm

goście [gosh-cheh] guests

gościnność f [gosh-cheennosh-ch] hospitality

gościnny [gosh-cheenni] hospitable

gość [gosh-ch] guest

gotować/ugotować [gotovach/oogotovach] to cook; to prepare food; to boil (water)

gotowy [gotovi] ready

gotówka [gotoofka] cash

goździki [godjeekee] carnations

góra [goora] mountain

do góry [goori] up; upwards

do góry nogami [nogamee] upside down

gra game (to play)

grać/zagrać [grach] to play

grad hail

gramatyka [gramatika] grammar

granatowy [granatovi] navy blue

granica [graneetsa] border

za granicą [graneetsON] abroad

gratulacje! [gratoolats-yeh] congratulations!

Grecja [grets-ya] Greece

grosz grosz (1/100 of a zloty)

grób [groop] grave

gruby [groobi] thick; fat

grudzień [groodjen-yuh] December

w grudniu [v grood-nyoo] in December

grupa [groopa] group

grupa krwi [krfee] blood group

grypa [gripa] flu

gryzie [griJeh] it bites

gryźć/pogryść [grish-ch] to bite; to chew

grzebień [gJeb-yen-yuh] comb

grzejnik [gJayneek] heater

grzmot [gJmot] thunder

gubić/zgubić [goobeech

zgoobeech] to lose
guma [gooma] rubber;
puncture
guma do żucia [Joocha]
chewing gum
gumka [goomka] elastic; eraser;
rubber band
guz [goos] lump; tumour
guzik [goozeek] button
gwałt [gva^{wuh}t] rape
gwarancja [gvarants-ya]
guarantee
gwiazda [g-vyazda] star
gwiazda filmowa [feelmova]
film star, movie star
gwoździe [gvoJdJeh] nails (in
wall)
gwóźdź [gvoosh-ch] nail (in wall)

H

halka slip (garment)
hałas [hawas] noise
hałaśliwy [hawashleevi] noisy
hamować [hamovach] to brake
hamulce [hamooltseh] brakes
hamulec [hamoolets] brake
hamulec bezpieczeństwa
[besp-yechenistfa] emergency
brake; communication cord
hamulec ręczny [renchni]
handbrake
Hindus [Heendoos], **Hinduska**
[Heendooska] Indian
hinduski [heendooskee] Indian
historia [heestor-ya] history;
story
Hiszpania [Heeshpan-ya] Spain

hiszpański [heeshpanskee]
Spanish
hokej [hokay] hockey
Holandia [Holand-ya] Holland
holenderski [holenderskee]
Dutch
homoseksualista m
[homoseksoo-aleesta] gay
hotelowy [Hotelovi] hotel (adj)
humor [hoomor] humour
huśtawka [hooshtafka] swing
(for children)
hydraulik [hidrowleek] plumber

I

i [ee] and
ich [eeH] their; theirs; them;
of them
idą [eedON] they go, they are
going; you go, you are going
idę [eedeh] I go, I'm going
idę spać [spach] I'm going to
bed
już idę! [yoosh] I'm coming!
idiota [eed-yota] nutter
idzie [eedjeh] he/she/it goes,
he/she/it is going; you go,
you are going
idziecie [eedjecheh] you go,
you are going
idziemy [eedjemi] we go, we
are going
idziesz [eedjesh] you go, you
are going
igła [eegwa] needle
igła z nitką [neetkON] needle
and thread

ile? [eeleh] how many?; how much?

ile razy? [razi] how many times?

ilość [eelosh-ch] amount, quantity

wielka ilość [v-yelka] a large quantity

im [eem] them; to them

imię [eem-yeh] first name, forename

na imię mi Jacek [eem-yeh mee] my name is Jacek

imiona [eem-yona] forenames

imitacja [eemeetats-ya] imitation

imponujący [eemponoo-yontsi] impressive

informacja [eenformats-ya] information; enquiries

informacja turystyczna [tooristichna] tourist information

inna [een-na] another; other; different

inną [ee-nON] another; with another; other; different

inne [een-neh] others; other ones; different

innego [een-nego] another; of another; other; different

... innego rodzaju [rodsÏ-oo] another type of ...

innej [een-nay] another; of another; other; different

inni [een-nee] others; other ones; different

inny [een-ni] another; other; different

innych [een-nich] others; other ones; different

innym [een-nim] another; with another; other; different

innymi [een-nimee] other; with others; other ones; different

instrument muzyczny [eenstrooment moozichni] musical instrument

inteligentny [eenteleegentni] intelligent

interesować się [eenteresovach sheh] to be interested in

interesujący [eenteresoo-yontsi] interesting

inwalida [eenvaleeda] disabled

Irlandia [eerland-ya] Ireland

irlandzki [eerlantskee] Irish

irytujący [eeritoo-yontsi] annoying

iść/pójść [eesh-ch/poo^{yuh}sh-ch] to go

iść do domu [domoo] to go home

iść na piechotę [p-yeHoteh] to walk, to go on foot

iść na spacer [spatser] to go for a walk

iść po to go and get (something)

iść za to follow

proszę iść za mną [prosheh — mnON] follow me

J

ja [ya] I; me

ja też [tesh] so do I; so am I; me too

ja też nie [n-yeh] nor do I; nor am I; me neither

jacht [yaHt] yacht

jacy [yatsi] which; what; what sort; which ones

jadalnia [yadal-nya] dining room

jadam [yadam] I eat

jadę [yadeh] I go, I'm going; I'm driving; I'm travelling

jadę do ... I'm going to ...

jadę samochodem [samoHodem] I'm going by car

jadł [yadʷuʰ] he has eaten, he ate

jadła [yadwa] she has eaten, she ate

jadłaś [yadwash], **jadłeś** [yadwesh] you have eaten, you ate

jak? [yak] how?

jak on się nazywa? [sheh naziva] what is his name?

jaka [yaka] which; what; what sort; which one

jaką [yakON] what; with what; which

jaki [yaki] which; what; what sort; which one

jakich [yakeeH] what; of what; which ones

jakie [yak-yeh] which; what; what sort; which one; which ones

jakiego [yak-yego] what; which

jakiej [yak-yay] what; of what; to what; which

jakiemu [yak-yemoo] what; to what; which

jakim [yakeem] what; with what; which

jakimi what; with what; which ones

jakość f [yakosh-ch] quality

jarski [yarskee] vegetarian

jarosz [yarosh], **jaroszka** [yaroshka] vegetarian

jarzyny [yaJini] vegetables

jaskinia [yaskeen-ya] cave

jaskrawoczerwony [yaskravochervoni] bright red

jaskrawy [yaskravi] bright (colour)

jasnoniebieski [yasnon-yeb-yeskee] light blue, pale blue

jasnowłosy [yasnovwosi] fair-haired

jasnozielony [yasnoJeloni] light green, pale green

jasny [yasni] clear, obvious; light (colour)

jazda konna [yazda konna] horse riding

jazda na rowerze [roveJeh] cycling

jazda po pijanemu [pee-yanemoo] drunken driving

ją [yON] her

je [yeh] them; it; he/she/it eats; you eat

jechać [yeHach] to go (by transport)

jechać pociągiem/ autobusem to travel by train/bus

jeden [yeden] one

jedenaście [yedenash-cheh] eleven

jedna [yedna], **jedno** [yedno]
one

jednostka [yednostka] unit (on
phonecard)

jedwab [yedvap] silk

jedwab naturalny [natooralni]
pure silk

jedwabny [yedvabni] silk (adj)

jedzenie [yedsen-yeh] food

jego [yego] his; it; him

jej [yay] her; hers; of her;
to her

jemu [yemoo] him; it; to him;
to it

jemy [yemi] we eat, we are
eating

jesień f [yeshen^{yuh}] autumn,
(US) fall

jesienią [yeshen-yON] in the
autumn, in the fall

jest [yest] is; are; it is; there is;
there are

jest zimno [Jeemno] it's cold

jest automatyczne połączenie
you can dial direct

jestem [yestem] I am

jesteś [yestesh], **jesteście**
[yestesh-cheh] you are

jesteśmy [yesteshmi] we are

jeszcze [yesh-cheh] still; even
more

jeszcze coś? [tsosh] anything
else?

jeszcze jeden/jedna/jedno
[yeden/yedna/yedno] another
one

jeszcze nie [n-yeh] not yet

jeść [yesh-ch] to eat

jeść śniadanie/obiad/kolację

[sh-nyadan-yeh/ob-yat/kolats-yen]
to have breakfast/dinner/
supper

jeśli [yeshlee] if

jezdnia carriageway

jezioro [yeJoro] lake

jeździć konno [yeJdjeech kon-no]
to ride

jeździć na nartach [nartaH]
to ski

język [yenzik] tongue;
language

jubiler [yoobeeler] jeweller's

jutro [yootro] tomorrow

jutro rano tomorrow
morning

już [yoosh] already

już idę! [eedeh] I'm coming!

już proszę [prosheh] just a
minute

już wyszła [vishwa] she's gone

już wrócił [vroochee^{wuh}] he's
back

K

kabaret floor show

kabel lead; cable

kabina [kabeena] cabin

kac [kats] hangover

kaczka [kachka] duck

kajak [kī-ak] canoe

kajakarstwo [kī-akarstfo]
canoeing

kalendarz [kalendash] calendar

kalkulator [kalkoolator]
calculator

kaloryfer [kalorifer] radiator

kalosze [kaloosheh] wellingtons

kamienny [kam-yen-ni] stone (adj)

kamień [kam-yen^{yuh}] stone

kamizelka ratunkowa [kameezelka ratoonkova] life jacket

kamizelka ratunkowa jest pod twoim fotelem life jacket is under your seat

kanadyjski [kanadee-skee] Canadian

kanał [kana^{wuh}] canal

kanapa sofa, settee

kanister na benzynę [kaneester na benzineh] petrol can

kantor bank; bureau de change

kantor walutowy [valootovi] bureau de change

kantor wymiany walut [vim-yani valoot] bureau de change

kapela folk band

kapelusz [kapeloosh] hat

kapitan [kapeetan] captain

kaplica [kapleetsa] chapel

kapsel cap (of bottle)

karabin [karabeen] rifle

karafka carafe

karaluch [karalooн] cockroach

kardiolog [kard-yolog] heart specialist

karetka pogotowia [pogotov-ya] ambulance

karmić [karmeech] to feed

karmić piersią [p-yershoN] to breastfeed

karnet autobusowy [owtoboosovi] book of bus tickets

Karpaty [karpati] Carpathian Mountains

karta card

karta kredytowa [kreditova] credit card

karta magnetyczna [magnetichna] phonecard

karta pocztowa [pochtova] postcard

karta telefoniczna [telefonichna] phonecard

karta wstępu na pokład [fstempoo na pokwat] boarding pass

kartka papieru [pap-yeroo] piece of paper

karton carton; cardboard box

kasa till, cash desk, cashier

kasa biletowa [beeletova] ticket office

kasa nie zwraca pieniędzy no cash refunds

kasa teatralna [teh-atralna] box office

kaseta cassette

kask helmet

kaszel [kashel] cough

kaszleć [kashlech] to cough

katar cold (illness)

katar sienny [shenni] hay fever

katastrofa crash; disaster

katedra cathedral

katolicki [katoleetskee] Catholic

jestem katolikiem/katoliczką [yestem katoleek-yem/ katoleechkoN] I'm a Catholic

kawaler [kavaler] bachelor

kawalerka [kavalerka] flatlet

kawałek [kavavek] piece; slice

kawiarnia [kav-yarn-ya] café serving coffee, tea, cakes, desserts and wine

każda [kaJda], **każde** [kaJdeh], **każdy** [kaJdi] each, every

w każdym wypadku [f kaJdim vipatkoo] in every case

dla każdego z was [kaJdego s vas] for each of you

za każdym razem [razem] every time

o każdej porze [kaJday poJeh] at any time

każdą [kaJdON] each; with each

każdego [kaJdego] each; of each

każdej [kaJday] each; of each; to each

każdemu [kaJdemoo] each; to each

każdym [kaJdim] each; with each

kąpiel f [komp-yel] bath

kąpiel wzbroniona no swimming

kąt [kont] corner

kelner waiter

kelnerka waitress

kichać [keeHach] to sneeze

kiedy? [k-yedi] when?

kiedy indziej [eendjay] some other time

kiedykolwiek [k-yedikol-vyek] ever

kiedyś [k-yedish] once; ever

kieliszek [k-yeleeshek] glass (for drinking)

kieliszek do wina [veena] wine glass

kieliszek wina glass of wine

kiepski [k-yepskee] poor (quality); disappointing

kiermasz [k-yermash] market

kierowca m/f [k-yerovtsa] driver

kierownica [k-yerovneetsa] steering wheel

kierowniczka [k-yerovneechka] manageress

kierownik [k-yerovneek] manager

kierunek [k-yeroonek] direction

kierunkowskaz [k-yeroonkofskas] indicator

kieszeń [k-yeshen^{yuh}] pocket

kije do golfa [kee-yeh] golf clubs

kijek do nart [kee-yek] ski pole

kilim [keeleem] decorative rug

kilka [keelka], **kilkoro** [keelkoro], **kilku** [keelkoo] a few; several

kilkadziesiąt [keelkadjeshont] a number of ... (between 20 and 100); several dozen

kilkanaście [keelkanash-cheh] a number of ... (between 10 and 20)

kilometrów na godzinę [keelometroof na godjeeneh] kilometres per hour

kim [keem] whom; with whom

z kim [s] with whom

o kim of/about whom

kino [keeno] cinema, movie theater

kiosk Ruchu [k-yosk rooHoo] newspaper kiosk

klakson horn
klamerka buckle
klamerka do włosów [vwosoof] hair slide
klasa class
klasa turystyczna [tooristichna] economy class
klasztor [klashtor] monastery
klatka cage
klatka piersiowa [p-yershova] chest
klej [klay] glue
kleszcz [klesh-ch] tick
klimat [kleemat] climate
klimatyzacja [kleematizats-ya] air-conditioning
klimatyzowany [kleematizovani] air-conditioned
klinika [kleeneeka] clinic
klub [kloop] club
klub nocny [notsni] nightclub
klucz [klooch] key
klucz do nakrętek [nakrentek] spanner
klucz do otwierania butelek [ot-fyeran-ya bootelek] bottle-opener
klucz maszynowy [mashinovi] wrench
kluczyki [kloochikee] car keys
kładę [kwadeh] I put
kłamać [kwamach] to tell a lie
kłaść/położyć [kwash-ch/powoJich] to put
kłopot [kwopot] trouble
kłódka [kwootka] padlock
kobieta [kob-yeta] woman
kobiety [kob-yeti] women
koc [kots] blanket

kochać [koHach] to love
kochać się [sheh] to make love
kocioł do centralnego ogrzewania [kochowuh do tsentralnego ogJevan-ya] central heating boiler
kod [kod] code
kod adresowy [kod adresovi] post code, zip code
kodeks code
kodeks drogowy [drogovi] highway code
kod pocztowy [kot pochtovi] postal code, zip code
kogo who; whom
koja [koya] bunk, berth (on ship)
koklusz [kokloosh] whooping cough
kolacja [kolats-ya] supper, evening meal
kolano knee
kolczyki [kolchikee] earrings
kolega m colleague; friend
kolej [kolay] railway
kolejka [kolayka] queue
kolejka linowa [leenova] cable car
koleżanka [koleJanka] colleague; friend
kolor colour
kolorowy [kolorovi] colour (adj); colourful
kolosalny [kolosalni] tremendous
koleją [kolayON] by rail
kołdra [kowuhdra] quilt
kołek do bielizny [kowek do b-yeleezni] clothes peg

kołnierz [ko^wuh^nyesh] collar

koło [kowo] circle; wheel; near; by; around

koło ratunkowe [ratoonkoveh] lifebelt

koło zapasowe [zapasoveh] spare tyre

kołyska [kowiska] cradle

komar mosquito

komisariat [komeesar-yat] police station

komórka [komoorka] mobile (phone), cell phone

kompas compass

komplement compliment

komplet full

komputer [kompooter] computer

komu [komoo] whom; to whom

komunistyczny [komooneestichni] communist

komunizm [komooneezm] communism

koncert [kontsert] concert

konduktor [kondooktor] bus conductor; ticket inspector

konfekcja [konfeks-ya] ready-to-wear clothing

konfekcja damska [damska] ladies' fashions

konfekcja męska [menska] menswear

konferencja [konferents-ya] conference

koniec [kon-yets] end

do końca [kontsa] to the end

na końcu ulicy [kontsoo ooleetsi] at the end of the street

w końcu at last, eventually

koniec autostrady end of motorway/highway

koniec ograniczenia szybkości end of speed restrictions

koniecznie: jeśli koniecznie chcesz [yeshlee kon-yech-nyeh Htsesh] if you insist

konieczny [kon-yechni] necessary

konkurs [konkoors] competition

konsulat [konsoolat] consulate

koń [kon^yuh^] horse

kończyć/skończyć [konchich/ skonchich] to finish

już kończę [yoosh koncheh] I've almost finished

kończyć się [sheh] to end

koperta envelope

koperta lotnicza [lotneecha] airmail envelope

korek plug; cork; traffic jam

korkociąg [korkochonk] corkscrew

koronka lace

koronkowy obrus [koronkovi obroos] lace tablecloth

kort tenisowy [teneesovi] tennis court

korytarz [koritash] corridor

korzystać [koJistach] to use, to make use of

kosmetyk do demakijażu [kosmetik do demakee-yaJoo] make-up remover, cleanser

kosmetyki [kosmetikee] cosmetics

kostium [kost-yoom] suit (woman's)

kostium kąpielowy [komp-yelovi] swimming costume

kostka ankle

koszmar [koshmar] nightmare

kosztować [koshtovach] to cost

ile to kosztuje? [eeleh to koshtoo-yeh] how much does it cost?

koszula [koshoola] shirt

koszula nocna [notsna] nightdress

koszyk [koshik] basket

kościół [kosh-choo^wuh] church

kościół ewangelicki [evangeleetskee] Protestant church

kość [kosh-ch] bone

kot cat

kotwica [kotfeetsa] anchor

koza goat

kożuch [koЈooн] sheepskin coat

kółko do kluczy [koo^wuh^ko do kloochi] keyring

krab crab

kradzież f [kradjesh] theft

kraj [krī] country (nation)

krajobraz [krī-obras] scenery

krajowy [krī-ovi] domestic

krajowy lot domestic flight

Kraków [krakoof] Cracow

w Krakowie [f krakov-yeh] in Cracow

kran tap, faucet

kraść/ukraść [krash-ch/ookrash-ch] to steal

krawat [kravat] tie, necktie

kredka do ust [oost] lipstick

krem do golenia [golen-ya] shaving foam

krem do opalania [opalan-ya] suntan lotion

krem kosmetyczny [kosmetichni] cold cream

krem nawilżający [naveelЈī-ontsi] moisturizer

kremowy [kremovi] cream

krem przeciw owadom [pshecheef ovadom] insect repellent

kretyn [kretin] twit

krew [kref] blood

kręcić się [krencheech sheh] to turn round; to revolve

kręci mi się w głowie [krenchee mee sheh v gwov-yeh] I feel dizzy

kręcone włosy [krentsoneh vwosi] curly hair

krewna [krevna], **krewny m** [krevni] relative

krewni [krevnee] relatives

kropla drop

krople [kropleh] drops

krople do oczu [ochoo] eyedrops

krowa [krova] cow

król [krool] king

królik [krooleek] rabbit

królowa [kroolova] queen

krótki [krootkee] short

krótkowzroczny [krootkovzrochni] shortsighted

krwawić [krfaveech] to bleed

kryty basen [kriti basen] indoor swimming pool

krzaki [kshakee] bushes

krzesło [ksheswo] chair

krzewy [kshevi] shrubs

krzyczeć/krzyknąć [kshichech/kshiknonch] to scream

krzyż [kshish] cross

ksiądz [kshonts] priest

książeczka czekowa [kshonJechka chekova] cheque book, checkbook

książę [kshonJeh] prince

książka [kshonshka] book

książka telefoniczna [telefoneechna] telephone directory

księgarnia [kshengarn-ya] bookshop, bookstore

księżna [kshenJna] princess

księżniczka [kshenJneechka] princess

księżyc [kshenJits] moon

kształt [kshta^wuh^t] shape

kto? who?

kto mówi? [moovee] who's speaking?

kto tam? who is it?, who is there?

ktokolwiek [ktokol-vyek] anybody

która [ktoora] which; which one; who; that

która godzina? [godjeena] what's the time?

którą [ktooroN] which; with which; which one; which ones; who; that

które [ktooreh] which; which one; which ones; who; that

którego [ktoorego] what; of what; which

której [ktooray] what; of what; which

o której godzinie ...? [godjeen-yeh] at what time ...?

który [ktoori] which; which one; who; that

których [ktooriн] which; of which; which ones; who; that

którykolwiek [ktoorikol-vyek] either of them

którymi [ktoorimee] which; with which; which ones; who; that

którzy [ktooJi] which; which ones; who; that

ktoś [ktosh] somebody, someone; anybody

kubek [koobek] mug

kubeł [koobeh^wuh^] bucket

kubeł na śmieci [shm-yechee] bin

kucharka [kooнarka] cook

kucharz [kooнash] cook; chef

kuchenka [kooнenka] cooker

kuchenka mikrofalowa [meekrofalova] microwave oven

kuchnia [kooн-nya] kitchen

kucyk [kootsik] pony

kufel [koofel] beer mug

kule [kooleh] crutches

kupię [koop-yeh] I will buy

kupować/kupić [koopovach/koopeech] to buy

kupuję [koopoo-yeh] I buy, I am buying

kura [koora] hen

kuracja [koorats-ya] cure; medical treatment

kurcz [koorch] cramp
kurczę [koorcheh] chicken
kurs [koors] exchange rate;
taxi fare
kurs nauki języka [na-ookee
yenzika] language course
kurs walutowy [valootovi]
exchange rate
kurtka [koortka] jacket
kurtka ortalionowa [ortal-
yonova] anorak
kurtyna [koortina] curtain
kurwa [koorva] whore
kurwa! fuck!
kurz [koosh] dust
kuszetka [kooshetka] couchette
kuzyn [koozin], **kuzynka**
[koozinka] cousin
kwaskowy [kfaskovi] tart
(flavour)
kwaśny [kfashni] sour
kwatery prywatne private
rooms
kwiaciarnia [k-fyacharn-ya]
florist
kwiat [k-fyat] flower
kwiecień [k-fyechen^yuh] April
w kwietniu [f k-fyet-nyoo] in
April
kwit [kfeet] receipt

L

lakier do paznokci [lak-yer do
paznokchee] nail varnish
lakier do włosów [vwosoof] hair
spray
lalka doll

lampa lamp
laryngolog [laringolog] ear, nose
and throat specialist
las forest
lata years
latać/polecieć [latach/polechech]
to fly
latarka torch
lato summer
latem in the summer
lawina [laveena] avalanche
lądować [londovach] to land
lądowanie landing
lądowanie awaryjne
emergency landing
lecie: w lecie [v lecheh]
legginsy [legeensi] leggings
lejek [layek] funnel
lek medicine; drug
lekarstwo [lekarstfo] medicine
lekarstwo na kaszel [kashel]
cough medicine
lekarz [lekash], **lekarka** [lekarka]
doctor
lekcja [lekts-ya] lesson
lekki [lekkee] light (not heavy)
lekkoatletyka [lek-koatletika]
athletics
leniwy [leneevi] lazy
lepiej [lep-yay] better
coraz lepiej [tsoras] better and
better
lepszy [lepshi] better
leśniczówka [leshneechoofka]
gamekeeper's cottage
letni [letnee] summery;
summer (adj)
leworęczny [levorenchni] left-
handed

lewy [levi] left
  na lewo [levo] on the left; to
  the left
  po lewej stronie [levay stron-
  yeh] on the left
lezbijka [lezbee-ka] lesbian
leżak [leJak] deck chair
-li [lee] past tense ending
liczba [leechba] number
licznik [leechneek] meter (in taxi)
lina [leena] rope
linia kolejowa [leen-ya kolayova]
  railway line
linia lotnicza [lotneecha] airline
linia podmiejska [podm-yayska]
  suburban line
linka do bielizny [leenka do
  b-yeleezni] clothes line
lipiec [leep-yets] July
  w lipcu [v leeptsoo] in July
list [leest] letter
lista [leesta] list
list ekspres express letter
list lotniczy [lotneechi] airmail
  letter
listonosz [leestonosh] postman,
  mailman
listopad [leestopat] November
  w listopadzie [v-leestopadjeh]
  in November
list polecony [poletsoni]
  registered letter
-liście [leesh-cheh] past tense
  ending
liść [leesh-ch] leaf
-liśmy [leeshmi] past tense
  ending
litewski [leetefskee] Lithuanian
Litwa [leetfa] Lithuania

lizak [leezak] lollipop
lodówka [lodoofka] fridge
lody pl [lodi] ice cream
lody sorbetowe [sorbetoveh] ice
  lollies
lody w waflu [v vafloo] ice-
  cream cone
lokomotywa [lokomotiva] engine
  (train)
Londyn [londin] London
los fate; lottery ticket
  zły los [zwi] bad luck
  taki mój los [takee moo^{yuh}] just
  my luck
lot flight
lot bezpośredni [besposhrednee]
  direct flight
lot czarterowy [charterovi]
  charter flight
lot krajowy [krī-ovi] domestic
  flight
lotnisko [lotneesko] airport
lot opóźniony [opooJn-yoni]
  delayed flight
lot rejsowy [raysovi] scheduled
  flight
lód [loot] ice
lubić [loobeech] to like
lubię ... [loob-yeh] I like ...
ludność [loodnosh-ch]
  population
ludzie [loodjeh] people
luksus [looksoos] luxury
luksusowy [looksoosovi] luxury
  (adj)
lunapark [loonapark] funfair
lusterko [loosterko] mirror
  (small)
lusterko wsteczne [fstechneh]

rearview mirror
lustro [loostro] mirror (large)
luty [looti] February
  w lutym [v lootim] in
  February
lżejszy [lJayshi] lighter

Ł

ładny [wadni] pretty; nice
  ładna pogoda [wadna pogoda]
  fine weather
łagodny [wagodni] mild
łamać/złamać [wamach/
  zwamach] to break
łańcuch [wantsooH] chain
łapać [wapach] to catch
łapówka [wapoofka] bribe
łatwy [watfi] easy
łazienka [waJenka] bathroom
łokieć [wok-yech] elbow
łopatka [wopatka] spade
łotewski [wotefskee] Latvian
Łotwa [wotfa] Latvia
łowienie ryb wzbronione no
  fishing
łódka gumowa [wootka goomova]
  rubber dinghy
łódź f [wooch] boat
łóżeczko [wooJechko] cot (for
  baby)
łóżko [wooshko] bed
łóżko piętrowe [p-yentroveh]
  bunk beds
łóżko polowe [poloveh]
  campbed
łóżko samoopalające
  [samoopalī-ontseh] sunbed

łysy [wisi] bald
łyżeczka [wiJechka] teaspoon
łyżka [wishka] spoon
łyżwy [wiJvi] skates

M

ma he/she/it has; you have
  nie ma ... [n-yeh] there is
  no ...; there are no ...
  nie ma go he is not here
macie [macheh] you have
macocha [matsoHa] stepmother
magistrala main road
magnetofon tape recorder
magnetofon kasetowy
  [kasetovi] cassette player
magnetowid [magnetoveet]
  video recorder
maj [mī] May
  w maju [v mī-oo] in May
mają [mī-on] they have; you
  have
majteczki [mītechkee] knickers,
  pants, panties
majtki [mītkee] knickers, pants,
  panties
makijaż [makee-yash] make-up
maleńki [malenikee] tiny
malować [malovach] to paint
mało [mawo] few; little
  mało turystów [tooristoof] few
  tourists
  mało czasu [chasoo] little
  time
mały [mawi] small, little
mam I have
  mam ... lat I'm ... years old

mam nadzieję [nadjayen] I hope

mama mum

mamy [mami] we have

mapa map

mapa samochodowa [samoHodova] motorist's map, road map

mapa turystyczna [tooristichna] tourist map

marka make, brand name

martwić się [martfeech sheh] to worry about

marzec [maJets] March
w marcu [v martsoo] in March

marzenie [maJen-yeh] dream; wish

masa netto net weight

maska bonnet, (US) hood (of car)

maska do nurkowania [noorkovan-ya] snorkel

maska tlenowa [tlenova] oxygen mask

masz [mash] you have

maszyna do pisania [mashina do peesan-ya] typewriter

maszynka do golenia [mashinka do golen-ya] razor

maść [mash-ch] ointment

mata beach mat

materac [materats] mattress

materac dmuchany [dmooHani] lilo

materiał [mater-ya^wuh] material, cloth, fabric

matka mother

Mazowsze [mazofsheh] Mazovia

Mazury [mazoori] Mazurian Lake District

mądry [mondri] clever

mąż [monsh] husband

mdłości [mdwosh-chee] nausea

meble [mebleh] furniture

mechanik [meHaneek] mechanic

mecz [mech] match (sport)

meduza [medooza] jellyfish

metro underground, (US) subway

mewa [meva] seagull

męski [menskee] gents' toilet, men's room

mężatka [menJatka] married woman

mężczyzna [mensh-chizna] man

mgła [mgwa] fog

mi [mee] me; to me

miałam [m-yawam], **miałem** [m-yawem] I had

miasto [m-yasto] city; town

mieć [m-yech] to have

mieć mdłości [mdwosh-chee] to feel sick

mieć nadzieję [nadjayeh] to hope

mieć rację [m-yech rats-yeh] to be right

ma pan/pani rację [pan/panee] you are right

nie ma pan/pani racji [n-yeh] you are wrong

miejsca (siedzące) [m-yaystsa (shedsontseh)] seats

miejsce [m-yaystseh] seat, place

miejscowość nadmorska f [m-yaystsovosh-ch] seaside resort

miejscówka [m-yaystsoofka] seat reservation

miejski [m-yayskee] municipal

miesiąc [m-yeshonts] month

miesiąc miodowy [m-yodovi] honeymoon

miesiączka [m-yeshonchka] period; menstruation

mieszać [m-yeshach] to mix

mieszkać [m-yeshkach] to live (in town etc); to stay

mieszkam w Warszawie [m-yeshkam v] I live in Warsaw

mieszkam u ... [oo] I am staying with ...

mieszkam w hotelu [f hoteloo] I am staying at a hotel

mieszkanie [m-yeshkan-yeh] apartment, flat

mieszkanie do wynajęcia apartment for rent

między [m-yendsi] among; between

między innymi [een-nimee] among other things

między nami mówiąc [namee moov-yonts] between you and me

międzylądowanie intermediate stop

międzynarodowy [m-yendsi-narodovi] international

międzynarodowy lot international flight

miękki [m-yenk-kee] soft

mięsień [m-yenshen^yuh] muscle

migrena [meegrena] migraine

miło mi pana/panią poznać [meewo mee pana/pan-yON poznach] nice to meet you

miłość f [meewosh-ch] love

miły [meewi] nice, pleasant

minuta [meenoota] minute

miska [meeska] bowl

mleczko kosmetyczne [mlechko kosmetichneh] skin cleanser

mleczny bar [mlechni bar] restaurant serving vegetarian dishes

młody [mwodi] young

młodzież [mwodjesh] young people

młotek [mwotek] hammer

mną [mnON] me

mniam mniam! [mn-yam mn-yam] yum-yum!

mnie [mnyeh] me; of me; to me

mniej [m-nyay] less

mniej więcej [v-yentsay] more or less

mniej niż ... [neesh] less than ...

mniejszy [m-nyayshi] smaller

moda fashion

modlitwa [modleetfa] prayer

modny [modni] fashionable

mogę [mogeh] I can

mogłam [mogwam], **mogłem** [mogwem] I could, I was able to

moi [mo-ee] my

moich [mo-eeH] my; of my; mine; of mine

moim [mo-eem], **moimi** [mo-eemee] my; with my; by my; mine

moja [moya] my; mine

moją [moyON] my; with my; by my; mine
moje [moyeh] my; mine
moje własne ... [vwasneh] my own ...
mojego [moyego], **mojej** [moyay] my; of my; mine; of mine
mojemu [moyemoo] my; to my; mine; to mine
mokry [mokri] wet
moneta coin
morze [moJeh] sea
Morze Bałtyckie [bowtitsk-yeh] Baltic Sea
most bridge (over river)
mostek bridge (dental)
motocykl [mototsikl] motorbike
motorówka [motoroofka] motorboat
motyl [motil] butterfly
może [moJeh] perhaps
może nie [n-yeh] perhaps not
możesz [moJesh] you can
możliwy [moJleevi] possible
to możliwe [moJleeveh] it's possible
możliwie jak najszybciej/ najwięcej [moJleev-yeh yak nishipchay/niv-yentsay] as soon/much as possible
móc [moots] can, to be able to
mój [moo^{yuh}] my; mine
mówi [moovee] he/she speaks; he/she is talking
mówicie [mooveets-yeh] you speak; you are talking
mówić/powiedzieć [mooveech/pov-yedjech] to say; to tell; to speak; to talk

mówię [moov-yeh] I speak; I am talking
mówisz [mooveesh] you speak; you are talking
mogłaby: czy mogłaby pani ...? [chi mogwabi panee] could you ...?
mogłabym [mogwabim], **mógłbym** [moog^{wuh}bim] I could, I might
mógłby: czy mógłby pan ...? [moog^{wuh}bi pan] could you ...?
MPT [em-peh-teh] municipal taxi company
mroźny [mroJni] frosty
mrożonki fpl [mroJonkee] frozen food
mrożony [mroJoni] frozen
mrówka [mroofka] ant
mróz [mroos] frost
msza [msha] mass
mu [moo] him; to him; it; to it
mucha [mooHa] fly
mur [moor] wall (outside)
musieć [mooshech] must, to have to
muszę [moosheh] I must, I have to
muszę iść [moosheh eesh-ch] I must go
muzeum [moozeh-oom] museum
muzyka [moozika] music
muzyka klasyczna [klasichna] classical music
muzyka ludowa [loodova] folk music
muzyka pop pop music

muzyka rokowa [rokova] rock music

my [mi] we

mycie i ułożenie włosów [micheh ee oowoJen-yeh vwosoof] shampoo and set

myć/umyć [mich/oomich] to wash

myć/umyć ręce [rentseh] to wash one's hands

myć się [sheh] to wash oneself, to have a wash

mydło [midwo] soap

myjnia samochodowa [mee-nya samoHodova] car wash

mysz [mish] mouse

myśleć [mishlech] to think

myślę że ... [mishleh Jeh] I think that ...

MZK [em zet kah] municipal transport company

N

na on; to; at; for

na pocztę to the post office

na poczcie at the post office

na niebie in the sky

na plaży on the beach

na plażę to the beach

nabożeństwo [naboJenstfo] church service

na czczo on an empty stomach

naczynia [nachin-ya] crockery

nad over; above

nad rzeką [JekON] by the river

na dworcu [dvortsoo] at the station

nadać [nadach] to post, to mail

nadawca [nadaftsa] sender

nadbrzeże [nadbJeJeh] quay

nadgarstek [nadgarstek] wrist

nad morzem [moJem] at the seaside, by the sea

na dole [doleh] at the bottom; downstairs; down there

nadwaga bagażu [nadvaga bagaJoo] excess baggage

na dworze [dvoJeh] outdoors

nadzieja [nadjaya] hope

mam nadzieję, że ... [nadjayeh Jeh] I hope that ...

nagi [nagee] naked

nagle [nagleh] suddenly

na górze [gooJeh] at the top; upstairs

nagrobek [nagrobek] gravestone

najbardziej [nībardjay] the most

najbliżej [nībleeJay] nearest to

najbliższy [nībleesh-shi] the nearest

najem [nī-em] lease

najgorszy [nīgorshi] worst

najlepiej spożyć przed ... best before ...

najlepszy [nīlepshi] best

najpóźniej [nīpooJ-nyay] latest

najwyższe piętro [nīvish-sheh p-yentro] top floor

nakrętka [nakrentka] nut (for bolt)

należeć [naleJech] to belong

nam us; to us

nami [namee] us; with us

z nami with us

namiot [nam-yot] tent

nampopować [nampopovach] to
pump (up)

napad [napat] assault

napełniać [napeh^{wuh}nyach] to fill

napiwek [napeevek] tip (to
waiter)

napompować [napompovach] to
pump; to pump up

napój [napoo^{yuh}] drink

naprawa [naprava] repair

naprawa obuwia [oboov-ya]
shoe repairer

naprawdę [napravdeh] really

naprawdę? is that so?

naprawiać/naprawić [naprav-
yach/npraveech] to mend, to
repair

naprzeciwko [napshecheefko]
opposite

na przykład [pshikwat] for
example

narciarstwo [narcharstfo]
skiing

narciarstwo wodne [vodneh]
waterskiing

nareszcie! [naresh-cheh] at last!

narodowość [narodovosh-ch]
nationality

na ropę [ropeh] diesel-powered

narty [narti] skis

narty wodne [vodneh] waterskis

narzeczona/narzeczony
[naJechona/naJechoni] fiancée,
fiancé

narzędzie [naJendjeh] tool

nas us

nasi [nashee] our; ours

na spacer [spatser] for a walk

na sprzedaż [spshedash] for

sale

następny [nastempni] next

nastolatek [nastolatek],
nastolatka [nastolatka]
teenager

nastrój [nastroo^{yuh}] mood

nasz [nash] our; ours

nasza [nasha] our; ours

naszą [nashON] our; ours; with
our; with ours

na szczęście [sh-chensh-cheh]
fortunately

nasze [nasheh] our; ours

naszego [nashego] our; ours;
of our; of ours

naszej [nashay] our; ours; of
our; of ours; to our; to ours

naszemu [nashemoo] our; ours;
to our; to ours

naszych [nashiH] our; ours

naszyjnik [nashee-neek]
necklace

naszym [nashim], naszymi
[nashimee] our; ours; with
our; with ours

naturalny [natooralni] natural

natychmiast [natiHm-yast]
immediately

nauczyciel [na-oochichel],
nauczycielka teacher

nauczyć [na-oochich] to teach

nauczyć się [sheh] to learn

nauka [na-ooka] science

nawet [navet] even

nawet jeśli [yeshlee] even if

nawet wtedy [ftedi] even then

na wynos [vinos] take away,
to go

na zdrowie! [zdrov-yeh] cheers!;

bless you!

na zewnątrz [zevnontsh] outside

nazwa [nazva] name

nazwisko [nazveesko] surname

nazwisko panieńskie [pan-yens-kyeh] maiden name

nazywać się [nazivach sheh] to be called

   nazywam się ... [nazivam] I am called ..., my name is ...

na żądanie [Jondan-yeh] request stop

negatyw [negatif] negative (film)

nerki [nerkee] kidneys

nerwowy [nervovi] nervous

nią [n-yON] her; by her

   z nią with her

nic [neets] nothing

   nic nie słyszę [n-yeh swisheh] I can't hear anything

   nic nie szkodzi [shkodjee] it doesn't matter

   nic mu nie jest [moo — yest] there is nothing wrong with him

   to na nic it's no good

nich [neeH] them

   o nich about them

nici [neechee] cotton thread

nic więcej [v-yentsay] nothing else

niczego: niczego tu nie ma [neechego too n-yeh ma] there is nothing here

   do niczego useless, worthless

nie [n-yeh] no; not; them

   nie bardzo [bards-o] not very much

nie chcę ... [Htseh] I don't want any ...

niebezpieczeństwo [n-yebes-pyechenstfo] danger

niebezpieczne skrzyżowanie dangerous junction

niebezpieczny [n-yebes-pyechni] dangerous

niebezpieczny zakręt dangerous bend

niebieski [n-yeb-yeskee] blue

niebo [n-yebo] sky

nieczynny [n-yechin-ni] out of order

niedaleko od [n-yedaleko ot] not far from

nie deptać trawników keep off the grass

niedziela [n-yedjela] Sunday

   w niedzielę on Sunday

niedziele i święta Sundays and public holidays

   w niedziele i dni świąteczne on Sundays and public holidays

niego [n-yego] his; him; its

niej [n-yay] her

nie ma ... [n-yeh ma] no ...; we haven't got any ...

   nie ma już ... [yoosh] no more ...

   nie ma tego we don't have that

nie ma mowy! [movi] no way!

nie ma przejazdu road closed

nie ma sprawy [spravi] no problem

Niemcy [n-yemtsi] Germany

niemiecki [n-yem-yetskee]
German

niemodny [n-yemodni]
unfashionable

niemowlę [n-yemovleh] baby

niemożliwy [n-yemoJleevi]
impossible

nienawidzieć [n-yenaveedjech]
to hate

nieograniczony przebieg
[n-yeh-ograneechoni psheb-yek]
unlimited mileage

**nie otwierać drzwi w czasie
biegu pociągu** do not open
the door while the train is
moving

nie palić no smoking

nieporozumienie [n-yeporozoom-
yen-yeh] misunderstanding

niepotrzebny [n-yepotshebni]
unnecessary

nieprawda [n-yepravda] not
true

nieprzyjemny [n-yepshi-yemni]
unpleasant

nieprzytomny [n-yepshitomni]
unconscious

nierówna nawierzchnia
uneven road surface

niespodzianka [n-yespodjanka]
surprise

niestety [n-yesteti]
unfortunately

niestrawność [n-yestravnosh-ch]
indigestion

nieść [n-yesh-ch] to carry

nieśmiały [n-yeshm-yawi] shy

nieświeży [n-yesh-fyeJi] stale;
off; bad

nieuprzejmy [n-yeh-oopshaymi]
rude

**nieuzasadnione użycie będzie
karane** penalty for misuse

nieważne [n-yevaJneh] it
doesn't matter

nieważny [n-yevaJni] not valid

niewidomy [n-yeveedomi] blind

niewiele czasu [n-yev-yeleh
chasoo] not much time

niewinny [n-yeveenni] innocent

nie wolno [n-yeh volno] it is
forbidden

nie wychylać się do not lean
out of the window

niezależny [n-yezaleJni]
independent

niezamężna [n-yezamenJna]
single, unmarried (woman)

nie zatrzymuje się w ... does
not stop in ...

nie zawiera ... contains no ...

nie zawiera cukru sugar-free

**nie zawiera tłuszczów
zwierzęcych** contains no
animal fat

niezbędny [n-yezbendni]
essential

niezbyt często [n-yezbit chensto]
not too often

nieznośny [n-yeznoshni]
horrible

nie żartuj! [Jartoo^yuh] don't
make me laugh!

nieżonaty [n-yeJonati] single,
unmarried (man)

nigdy [neegdi] never

nigdzie [neegdjeh] nowhere

nikim nobody, no-one; with

nobody, with no-one
nikogo [neekogo] nobody
nikt [neekt] nobody, no-one
nim [neem] him; it; them; with him; with it
nimi [neemee] them
niski [neeskee] low
niskocukrowy low in sugar
niskooktanowa [neeskooktanova] low octane; super (94 octane)
nitka [neetka] thread
niż [neesh] than; low pressure
noc [nots] night
nocą [notsON] at night
nocleg [notslek] accommodation; overnight stay
noclegi private rooms
nocna zmiana [notsna z-myana] night shift
nocny klub/lokal [notsni kloop] nightclub
nocny portier [port-yer] night porter
noga leg
normalne [nomalneh] slow, normal (train service)
normalny [normalni] normal
Norwegia [norveg-ya] Norway
norweski [norveskee] Norwegian
nos nose
nosić/nieść [nosheech/n-yesh-ch] to carry
nosze [nosheh] stretcher
notatnik [notatneek] diary; notebook
notatnik adresowy [adresovi] address book

notes notebook
Nowa Zelandia [nova zeland-ya] New Zealand
nowoczesny [novochesni] modern
nowy [novi] new
Nowy Rok New Year
nożyczki [noJichkee] scissors
nóż [noosh] knife
nudny [noodni] boring
nudzi mi się [noodjee mee sheh] I am bored
numer [noomer] number
numer kierunkowy [k-yeroonkovi] dialling code
numer rejestracyjny [rayestratsee-ni] registration number
numer telefonu [telefonoo] phone number
nurkować [noorkovach] dive
nurkowanie [noorkovan-yeh] skin-diving

O

o at; about; of
oba both of them
obejmować/objąć [obaymovach/ob-yonch] to include; to embrace
obiad [ob-yat] lunch
obie [ob-yeh] both of them
obiecywać/obiecać [ob-yetsivach/ob-yetsach] to promise
obiektyw [ob-yektif] lens
objazd [ob-yast] diversion, diverted traffic, detour

objąć [ob-yonch] to include; to embrace

obniżka [obneeshka] reduction (of prices)

obniżka cen reduced prices

oboje [oboyeh] both; both of them

obojga [oboyga] both; both of them

obok beside, next to

obóz koncentracyjny [oboos kontsentratsee-ni] concentration camp

obrabować [obrabovach] to rob

obraz painting

obraźliwy [obraJleevi] offensive

obrażać/obrazić [obraJach/obraJeech] to offend

obrażać się/obrazić się [sheh] to be offended

obrączka ślubna [obronchka shloobna] wedding ring

obrus [obroos] tablecloth

obrus haftowany [haftovani] embroidered tablecloth

obrzydliwy [obJidleevi] disgusting

obsługa [opswooga] service

obudzić [oboodjeech] to wake (someone)

obudzić się [sheh] to wake up

obuwie [oboov-yeh] shoes

obyczaj [obichi] custom

ochota: mam ochotę na ... [oHoteh] I feel like ...

czy masz ochotę na ... [chi mash] would you like ...?

ochrona środowiska [oHrona shrodoveeska] protection of the environment

oczy [ochi] eyes

oczyścić [ochish-cheech] to clean

oczywisty [ochiveesti] obvious

oczywiście [ochiveesh-cheh] of course

od from; off; of; than; for; since

odbiór bagażu [od-byoor bagaJoo] baggage claim

oddawać/oddać [od-davach/od-dach] to give back

oddychać [od-diHach] to breathe

oddział [od-dja^{wuh}] ward (in hospital)

odebrać [odebrach] to collect

odjazd [od-yast] departure

odjazd o godzinie ... departing at ...

odjazdy departures

odkurzacz [otkooJach] vacuum cleaner

odległość f [odlegwosh-ch] distance

odlot departure

odloty [odloti] departures

odpływ [odpwif] low tide

odpoczynek [otpochinek] rest (sleep)

odpoczywać/odpocząć [otpochivach/otpochonch] to take a rest

odpowiadać [otpov-yadach] to answer

odpowiedzialny [otpov-yedjalni] responsible

odpowiedź f [otpov-yech] answer

odprawa bagażowa [otprava bagaJova], **odprawa bagażu** [bagaJoo] check-in

odprawa biletowo-bagażowa [beeletovobagaJova] check-in

odprawa paszportowa passport control

odra measles

odważny [odvaJni] brave

odwiedzać/odwiedzić [odvyedsach/od-vyedjeech] to visit

odwołać [odvovach] to cancel

odzież damska [odjesh damska] ladies' clothing

odzież męska [menska] menswear

odżywka do włosów [odjifka do wwosoof] conditioner

ogień [og-yen^{yuh}] fire

ognie sztuczne [og-nyeh shtoochneh] fireworks

ogon tail

ogółem [ogoowem] altogether

ograniczenie szybkości speed limit

ogród [ogroot] garden

w ogrodzie [v ogrodjeh] in the garden

ogrzewanie [ogJevan-yeh] heating

ojca [oytsa] father's

ojciec [oychets] father

ojczym [oychim] stepfather

okazja [okaz-ya] bargain

Okęcie [okencheh] Warsaw Airport

okiennice [ok-yen-neetseh] shutters

okno window

oko eye

około [okowo] about, approximately

okrągły [okrongwi] round, circular

okres period

okropny [okropni] horrible

to okropne! [okropneh] that's awful!

okulary [okoolari] glasses, eyeglasses

okulary słoneczne [swonechneh] sunglasses

okulista [okooleesta] optician

olej [olay] oil

olejek do opalania [olayek do opalan-ya] suntan oil

olej napędowy [napendovi] diesel (fuel)

ołówek [owoovek] pencil

omyłka [omi^{wuh}ka] error, mistake

on he

ona she

one [oneh], **oni** [onee] they

ono it

opalać się/opalić się [opalach sheh/opaleech] to sunbathe; to get a tan

opalenizna [opaleneezna] suntan

opalony [opaloni] suntanned

oparzenie [opaJen-yeh] burn

oparzyć się [opaJich sheh] to burn oneself

operacja [operats-ya] operation

opiekować się [op-yekovach sheh] to look after

opiekun [op-yekoon], opiekunka [op-yekoonka] carer; childminder

opłata [opwata] charge

opłata krajowa [krī-ova] inland postage

opłata pocztowa [pochtova] postage

opłata za wstęp [fstemp] admission charge

opona tyre

opóźnienie [opooJn-yen-yeh] delay

opóźniony [opooJn-yoni] delayed

oprawka okularów [oprafka okoolaroof] frame (glasses)

oprócz [oprooch] except

oprócz niedziel except Sundays

opryszczka [oprish-chka] cold sore

optyk [optik] optician

optymistyczny [optimeestichni] optimistic

opuszczać/opuścić [opoosh-chach/opoosh-cheech] to leave

organizować [organeezovach] to organize

orkiestra [ork-yestra] orchestra

osa wasp

osiem [oshem] eight

osiemdziesiąt [oshemdjeshont] eighty

osiemnaście [oshemnash-cheh] eighteen

osiemset [oshemset] eight hundred

osioł [osho^wuh] donkey

osoba person

osobno separately

osobny [osobni] separate

osobowe [osoboveh] slow, normal (train service)

osobowy pociąg slow train

ostateczny [ostatechni] final

ostatni [ostatnee] last

ostrożnie! [ostroJn-yeh] be careful!

ostry [ostri] sharp

ostry dyżur [diJoor] emergency department, casualty department

ostry zakręt sharp bend

ostrzeżenie warning

ostrzyc włosy [ostshits vwosi] to have a haircut

oś [osh] axle

ość [osh-ch] fishbone

ośla łączka [oshla wonchka] nursery slope

ośrodek [oshrodek] centre

ośrodek sportowy [sportovi] sports centre

ośrodek zdrowia [zdrov-ya] health centre

Oświęcim [osh-fyencheem] Auschwitz

oto here is/are

otrzymać [otshimach] to receive

otwarte całą dobę open all day

otwarte od 8-ej do 20-tej opening hours from 8 a.m. to 8 p.m.

otwarty [otfarti] open

otwieracz do puszek [ot-fyerach do pooshek] tin-opener

otwierać/otworzyć [ot-fyerach/

otfoJich] to open; to unlock
otworzyć [otfoJich] to open; to
unlock
otwór [otfoor] hole
owad [ovat] insect
owca [ovtsa] sheep
owoc [ovots] fruit (one)
owoce [ovotseh] fruit

Ó

ósmy [oosmi] eighth

P
—

pachnący [paHnontsi] scented,
fragrant
paczka [pachka] packet; parcel
paczka papierosów [pap-
yerosoof] packet of cigarettes
paczki [pachkee] parcels
counter
padać: pada deszcz [desh-ch]
it's raining
pada śnieg [sh-nyek] it's
snowing
pająk [pī-onk] spider
pakować [pakovach] to pack
palacz [palach], **palaczka**
[palachka] smoker
palce [paltseh] fingers; toes
palec [palets] finger
palec u nogi [oo nogee] toe
palenie wzbronione no
smoking
palić [paleech] to smoke; to
burn

palić się [sheh] to burn
pali się! [palee] fire!
... pali się ... is on fire
paliwomierz [paleevom-yesh]
fuel gauge
palto coat
pałac [pawats] palace
pamiątka [pam-yontka] souvenir
pamiętać [pam-yentach] to
remember
pamiętam [pam-yentam] I
remember
pampersy [pampersi] disposable
nappies/diapers
pan gentleman; you
pan jest [yest] you are
pan ma you have
Pan Mr
pana your
pani [panee] lady; you; your
pani jest [yest] you have
pani ma you have
Pani [panee] Mrs; Miss; Ms
panie [pan-yeh] ladies; you
panika [paneeka] panic
panowie [panov-yeh]
gentlemen; you
panów [panoof] you; your;
yours
dla panów for you
pantofle [pantofleh] slippers
pań [pan^yuh] you; your; yours
dla pań for you
państwo [panstfo] state; ladies
and gentlemen; you
państwowy [panstfovi] state,
state-run
papeteria [papeter-ya]
stationery

papier [pap-yer] paper

papier do pakowania [pakovan-ya] wrapping paper

papier listowy [leestovi] writing paper

papieros [pap-yeros] cigarette

papierowy [pap-yerovi] paper (adj)

papier toaletowy [toaletovi] toilet paper

Papież [pap-yesh] Pope

para couple (two people); steam, vapour

para ... a pair of ...

parafia [paraf-ya] parish

parasol umbrella; sunshade, beach parasol

parasolka umbrella

parking [parkeeng] car park, (US) parking lot

parkować [parkovach] to park

parkowanie wzbronione no parking

parowóz [parovoos] steam locomotive

parter ground floor, (US) first floor

pas lane

pasażer [pasaJer], pasażerka [pasaJerka] passenger

pasażerowie passengers

pasażerów prosi się o pozostanie na swoich miejscach passengers are requested to stay in their seats

pas bezpieczeństwa [besp-yechenstfa] seat belt

pasek belt; strap; stripe

w paski [f paskee] striped

pasek do zegarka watch strap

pasjonujący [pas-yonoo-yontsi] exciting

pasmanteria [pasmanter-ya] haberdashery

pas startowy [startovi] runway

pas szybkiego ruchu [ship-kyego rooHoo] fast lane

pasta do butów [bootoof] shoe polish

pasta do zębów [zemboof] toothpaste

pastylki od bólu gardła [pastilkee od booloo gardwa] throat pastilles

pasuje: to pasuje [pasoo-yeh] it fits

paszport [pashport] passport

patelnia [patel-nya] frying pan

patrzeć [patshech] to look; to look at

paznokcie [paznokcheh] fingernails; toenails

październik [paJdjerneek] October

w październiku [f paJdjerneekoo] in October

pchać/pchnąć [pHach/pHnonch] to push

pchła [pHwa] flea

pchnąć [pHnonch] to push

pedał [pedawuh] pedal

pedał gazu [gazoo] accelerator

pełne utrzymanie [pehwuhneh ootshiman-yeh] full board

pełno ... [pehwuhno] plenty of ...

pełny [pehwuhni] full

pełen ... [pewen] full of ...

penicylina [peneetsileena] penicillin

pensjonat [pens-yonat] guesthouse

perfumy [perfoomi] perfume

peron platform, (US) track

peryferie [perifer-yeh] suburbs

pewny [pevni] sure, certain

  czy to pewne? [chi to pevneh] is it definite?

  czy jest pan pewien? [yest pan pev-yen] are you sure?

  czy jest pani pewna? [panee pevna] are you sure?

pęcherz [penHesh] bladder; blister

pędzel [pendsel] paint brush

pędzel do golenia [golen-ya] shaving brush

pękać/pęknąć [penkach/penknonch] to burst

pianino [p-yaneeno] piano

piasek [p-yasek] sand

piątek [p-yontek] Friday

piąty [p-yonti] fifth

pić [peech] to drink

piecyk [p-yetsik] oven

piecyk elektryczny [elektrichni] electric fire

pieczywo [p-yechivo] baker's; bread

piekarnia [p-yekarn-ya] bakery

pielęgniarka [p-yeleng-nyarka], **pielęgniarz** [p-yeleng-nyash] nurse

pieluszka [p-yelooshka] nappy, diaper

pieluszki jednorazowe [p-yelooshkee yednorazoveh] disposable nappies

pieniądze [p-yen-yondseh] money

pieprzny [p-yepshni] hot, spicy

pierś f [p-yersh] breast

pierścionek [p-yersh-chonek] ring (on finger)

pierwsza klasa [p-yerfsha klasa] first class

pierwsza pomoc [pomots] first aid

pierwszeństwo przejazdu right of way

pierwsze piętro [p-yerfsheh p-yentro] first floor, (US) second floor

pierwszy [p-yerfshi] first

  pierwszy raz [ras] the first time

pies [p-yes] dog

pieszo [p-yesho] on foot

pieszy [p-yeshi] pedestrian

pięć [p-yench] five

pięćdziesiąt [p-yench-djeshont] fifty

pięćset [p-yenchset] five hundred

piękny [p-yenkni] beautiful

piętnaście [p-yentnash-cheh] fifteen

piętro [p-yentro] floor, storey

pigułka [peegoo^{wuh}ka] pill

pigułka antykoncepcyjna [antikontseptsee-na] contraceptive pill

pijany [pee-yani] drunk

piję [pee-yeh] I drink, I am drinking

pikantny [peekantni] savoury
pilnik do paznokci [peelneek do paznokchee] nailfile
pilny [peelni] urgent
piłeczka golfowa [peewechka golfova] golf ball
piłka [pee^{wuh}ka] ball
piłka nożna [noJna] football
piosenka [p-yosenka] song
pióro [p-yooro] pen
pisać [peesach] to write
pisak [peesak] felt-tip pen
pistolet [peestolet] pistol
piszę [peesheh] I write, I am writing
jak to się pisze? [yak to sheh peesheh] how do you spell it?
piwiarnia [peev-yarn-ya] beer cellar; pub
piwnica [peevneetsa] cellar
piżama [peeJama] pyjamas
PKP [peh ka peh] Polish National Railways
PKS [peh ka ess] coach and country bus service; bus making limited stops
pl. square
plac [plats] square (in town)
plac zabaw [zabaf] playground
plakat poster
plama stain
plan map; plan
plan miasta [m-yasta] city map
plaster Elastoplast®, Bandaid®
plastyk [plastik] plastic
platyna [platina] platinum
plaża [plaJa] beach
plecak [pletsak] rucksack

plecy pl [pletsi] back (of body)
plomba filling
plus [ploos] plus
płacić [pwacheech] to pay
płacić gotówką [gotoofkON] to pay cash
ile płacę? [eeleh pwatseh] how much is it?
płakać [pwakach] to cry
płaski [pwaskee] flat (adj)
płaszcz nieprzemakalny [pwash-ch n-yepshemakalni] raincoat
płatne [pwatneh] charge (to use beach)
płot [pwot] fence
płuca [pwootsa] lungs
płukać [pwookach] to rinse
płukać gardło [gardwo] to gargle
płukanka koloryzująca [pwookanka kolorizoo-yontsa] tint
płyn [pwin] liquid; fluid
płyn do zmywania naczyń [zmivan-ya nachin^{yuh}] washing-up liquid
płynnie [pwin-nyeh] fluently
płyn po goleniu [golen-yoo] aftershave
płyn przeciw komarom/ owadom [pshecheef komarom/ ovadom] insect repellent
płyn przeciw zamarzaniu [zamar-zan-yoo] antifreeze
płyta [pwita] record
płyta kompaktowa [kompaktova] compact disc
pływać/popłynąć [pwivach/ popwinonch] to swim; to sail;

to float
pływalnia [pwival-nya]
swimming pool
pływanie [pwivan-yeh]
swimming
po after; on; over; past; up
po angielsku [ang-yelskoo] in
English
po dwa dla każdego [kaJdego]
two each
po co? [tso] what for?
po ile ...? [eeleh] how much
are the ...?
pobić [pobeech] to beat
pobierać opłatę [pob-yerach
opwateh] to charge
pobyt [pobit] stay
pocałować [potsawovach] to
kiss
pocałunek [potsawoonek] kiss
pochmurny [poHmoorni] cloudy
pochwa [poHfa] vagina
pociąg [pochonk] train
pociąg ekspresowy [ekspresovi]
express train
pociągi do ... trains to ...
pociąg osobowy [osobovi] slow
train
pociąg podmiejski [pod-
myayskee] local train
pociąg pośpieszny [posh-
pyeshni] fast train
pocić się [pocheech sheh] to
sweat, to perspire
początek [pochontek]
beginning
początkujący [pochontkoo-yontsi]
beginner
poczekalnia [pochekal-nya]

waiting room
poczekam tutaj [pochekam tooti]
I'll wait here
poczta [pochta] post office;
post, mail
poczta lotnicza [lotneecha]
airmail
pocztą lotniczą [pochtON
lotneechON] by airmail
Poczta, Telegraf, Telefon post,
telegram and telephone
office, main post office
pocztówka [pochtoofka]
postcard
pod under; below; by; at;
near
pod numerem 10 at number
10
pod Warszawą near Warsaw
podawać/podać [podavach/
podach] to pass; to serve
proszę mi podać ... [prosheh
mee] pass me the ..., please
podać cenę [tseneh] to give
a price
podarty [podarti] torn
podbródek [podbroodek] chin
podczas [potchas] during
podeszwa [podeshfa] sole (of
shoe)
pod górę [gooreh] uphill
podłoga [podwoga] floor (of
room)
podnośnik [podnoshneek] jack
pod ochroną [oHronON]
protected
podobać się [podobach sheh]
please
podoba mi się [mee] I like it

on/ona mi się podoba I like him/her

podobny [podobni] similar

podpaska higieniczna [potpaska heeg-yeneechna] sanitary towel/napkin

podpis [potpees] signature

podpisać [potpeesach] to sign

pod prąd [pront] upstream

podręcznik [podrenchneek] textbook

podróż [podroosh] journey

podróżować [podrooJovach] to travel

podróżować autostopem [podrooJovach owtostopem] to hitch-hike

podróż służbowa [podroosh swooJbova] business trip

pod spodem [pot] underneath

poduszka [podooshka] pillow; cushion

poduszkowiec [podooshkov-yets] hovercraft

pod warunkiem ... [varoonk-yem] on condition (that), provided (that)

podwozić/podwieźć [podvoJeech/podv-yesh-ch] to give a lift to

podwójny [podvoo^{yuh}ni] double

pogoda weather

pogodny dzień [pogodni djen^{yuh}] fine day

pogotowie [pogotov-yeh] casualty; ambulance

pogotowie ratunkowe [ratoonkoveh] casualty; ambulance

pogotowie techniczne [teHneechneh] breakdown service

pogryść [pogrish-ch] to chew

pogrzeb [pogJep] funeral

pojazd [poyast] vehicle

po jedzeniu after food

pojemnik na śmieci [poyemneek na shm-yechee] dustbin, trashcan

pojutrze [poyootsheh] the day after tomorrow

pokazywać/pokazać [pokazivach/pokazach] to show

pokład [pokwat] deck

pokoje do wynajęcia rooms to let

pokojówka [pokoyoofka] chambermaid

pokój [pokoo^{yuh}] room

pokój dwuosobowy [dvoo-osobovi] double room

pokój jednoosobowy [yedno-osobovi] single room

pokój nr ... room no. ...

pokrywka [pokrifka] lid

pokwitowanie [pokfeetovan-yeh] receipt

Polacy [polatsi] the Poles

Polak Pole

pole [poleh] field

polecać/polecić [poletsach/polecheech] to recommend

polecieć [polechech] to fly

polecony [poletsoni] registered (letter)

pole golfowe [poleh golfoveh] golf course

policja [poleets-ya] police
policjant [poleets-yant] policeman
polityczny [poleetichni] political
polityka [poleetika] politics
Polka Pole
polowanie wzbronione no hunting
Polska Poland
polski [polskee] Polish
połączenie [powonchen-yeh] connection
połowa [powova] half
położyć [powoJich] to put
położyć się [sheh] to lie down
położyć się do łóżka [wooshka] to go to bed
południe [powood-nyeh] midday, noon; south
na południe od ... south of ...
Południowa Afryka [powood-nyova afrika] South Africa
południowy [powood-nyovi] southern
południowy wschód [fsHoot] southeast
południowy zachód [zaHoot] southwest
pomagać/pomóc [pomagach/pomoots] to help
pomarańczowy [pomaranchovi] orange (colour)
pomnik [pomneek] monument; statue
Pomorze [pomoJeh] Pomerania
pomóc [pomoots] to help
pompa pump
pompować/napompować [pompovach/napompovach] to pump (up)
pomyłka [pomi^wuh ka] mistake; wrong number
poniedziałek [pon-yedjawek] Monday
ponieważ [pon-yevash] because
pończochy [ponchoHi] stockings
po otwarciu przechowywać w lodówce refrigerate after opening
poparzenie słoneczne [popaJen-yeh swonechneh] sunburn
popić wodą take with water
popielniczka [pop-yelneechka] ashtray
po pierwsze [p-yerfsheh] first
popłynąć [popwinonch] to swim; to sail; to float
popołudnie [popowood-nyeh] afternoon
po południu [powood-nyoo] in the afternoon
poprawny [popravni] correct
poprosić [poprosheech] to ask (for something)
poproszę [poprosheh] yes please
poproszę ... may I speak to ...
poproszę o ... may I have a ...
porada advice
poradzić [poradjeech] to advise
pora roku [rokoo] season
porcelana [portselana] china, porcelain
porcja [ports-ya] portion
porcja dziecinna [djecheenna] children's portion

181

port harbour; port
portfel wallet
portier [port-yer] doorman
portmonetka purse
portret portrait
poruszyć [porooshich] to move
porządek [poJondek] order
  w porządku [f poJontkoo] that's all right
  wszystko w porządku [fshistko] everything's fine
posiłek [posheewek] meal
posłodzić [poswodjeech] to sweeten; to add sugar
poste restante [post restan] poste restante
postój taksówek [postoo^yuh taksoovek] taxi rank
poszedł [poshed^wuh] he went, he has gone
poszedłem [poshedwem] I went, I have gone
poszliśmy [poshleeshmi] we went, we have gone
poszła [poshwa] she went, she has gone
poszłam [poshwam] I went, I have gone
poszłyśmy [poshwishmi] we went, we have gone
poszukać [poshookach] to look for
pośladki pl [poshlatkee] bottom, buttocks
pośpieszne fast train making limited stops
pośpieszny autobus [poshp-yeshni owtoboos] bus making

limited stops
potem then; afterwards
potężny [poten.Jni] powerful
potrawa [potrava] dish (food)
potrzeba [potsheba] need
  potrzeba mi ... [mee] I need ...
  nie potrzeba [n-yeh] there's no need
potwierdzić [pot-fyerdjeech] to confirm
poważny [povaJni] serious
powiedzieć [pov-yedjech] to say; to tell
  nie powiem [n-yeh pov-yem] I won't tell
  nie umiem powiedzieć [oom-yem] I can't say
powierzchnia [pov-yesh-Hnya] surface
powieść [pov-yesh-ch] novel
powietrze [pov-yetsheh] air
powiększenie [pov-yenkshen-yeh] enlargement
powinien pan ... [poveen-yen], powinna pani ... [poveen-na panee] you should ...
powodzenia! [povodsen-ya] good luck!
powoli [povolee] slowly
powolny [povolni] slow
powód [povoot] reason
powódź [povooch] flood
powrotna podróż [povrotna podroosh] return journey, round trip
powrót [povroot] return
powtarzać/powtórzyć [poftaJach/poftooJich] to repeat

poza beyond

poziom oleju [poJom olayoo] oil level

pozwalać/pozwolić [pozvalach/ pozvoleech] to let, to allow

pożar [poJar] fire (blaze)

pożar! fire!

pożyczać/pożyczyć [poJichach/ poJichich] to lend; to borrow

pójdę [poo^{yuh}deh] I'll go

pójdę piechotą [p-yeHotoN] I'll walk

pójdziesz [poo^{yuh}djesh] you will go

pójść [poo^{yuh}sh-ch] to go

pójść po to fetch

pół ceny [poo^{wuh} tseni] half price

pół godziny [godjeeni] half an hour

półka [poo^{wuh}ka] shelf

pół litra [leetra] half a litre

półmisek [poo^{wuh}meesek] platter, dish

północ [poo^{wuh}nots] midnight; north

na północ od north of

Północna Irlandia [poo^{wuh}notsna eerland-ya] Northern Ireland

północny [poo^{wuh}notsni] northern

północny wschód [fsHoot] northeast

północny zachód [zaHoot] northwest

półwysep [poo^{wuh}visep] peninsula

później [poojn-yay] later; later on

późny [poojni] late

praca [pratsa] work; job

pracować [pratsovach] to work

pracuję w [pratsoo-yeh v] ... I work in ...

pracuję jako ... [yako] I work as ...

prać/uprać [prach/ooprach] to wash (clothes)

prać w temp.40°C wash at 40°C

praktyczny [praktichni] practical

pralka washing machine

pralnia [pral-nya] laundry (place)

pralnia chemiczna [Hemeechna] dry-cleaner

pralnia samoobsługowa [samo-opswoogova] launderette, laundromat

pranie [pran-yeh] laundry, washing

prasa newspapers, press

w prasie [f prasheh] in the papers

prasować/uprasować [prasovach/ooprasovach] to iron

prawda [pravda] truth

prawda! that's right

prawda? isn't that so?

prawdopodobnie [pravdopodob-nyeh] probably

prawdziwy [pravdjeevi] true; real

prawidłowy [praveedwovi] right, correct

prawie [prav-yeh] almost

prawie nic [neets] hardly anything

prawie nigdy [neegdi] hardly ever

prawie zawsze [zafsheh] most of the time

prawniczka [pravneechka], **prawnik** [pravneek] lawyer

prawo [pravo] law; right
prawo do ... the right to ...

prawo jazdy [yazdi] driving licence

prawy [pravi] right (side)
na prawo [pravo] to the right; on the right
po prawej stronie [pravay stron-yeh] on the right

premier [prem-yer] Prime Minister

prezent present, gift

prezerwatywa [prezervativa] condom

prezydent [prezident] president

procent [protsent] per cent

prognoza pogody [pogodi] weather forecast

prom ferry

prosić/poprosić [prosheech/poprosheech] to ask, to request

prosimy o wygaszenie papierosów please extinguish your cigarettes

prosimy zapiąć pasy fasten your seat belts

prosto straight ahead

prosty [prosti] straight

proszek do prania [proshek do pran-ya] washing powder
mleko w proszku [f proshkoo] powdered milk

proszę [prosheh] please; here

you are

proszę! come in!

proszę na ... to the ... please

proszę o ... can I have ...?

proszę bardzo [bards-o] you're welcome, not at all; help yourself; here you are

proszę bilety do kontroli tickets, please

proszę nie dotykać please do not touch

proszę nie odkładać słuchawki [n-yeh otkwadach swooHafkee] hold the line

proszę nie palić please do not smoke

proszę pana Sir
proszę pana! waiter!

proszę pani Madam
proszę pani! waitress!

proszę tego nie ruszać do not touch

proszę wejść [vaysh-ch] come straight in

proszę zająć miejsca please take your seats

proszę zamkać drzwi please close the door

proszę zapytać w informacji please ask at the information desk

proszki od bólu głowy [proshkee od booloo gwovi] headache pills
... proszki na raz take ... pills at a time

proszę poczekać [prosheh pochekach] just a minute

proteza zębowa [proteza zembova] dentures

prowadzić samochód [provadjeech samoHoot] to drive
prowadzić do ... to lead to ...
próbować/spróbować [proobovach/sprooobovach] to try; to taste
próchnica [prooHneetsa] caries, tooth decay
prysznic [prishneets] shower
prywatny [privatni] private
przebierać się [psheb-yerach sheh] to get changed
przebita dętka [pshebeeta dentka] puncture, (US) flat
przebita opona flat tyre
przebywać [pshebivach] to stay, to remain
przechodzić/przejść [psheHodjeech/pshaysh-ch] to go through
przechodzić przez [pshes] to cross
przechowalnia bagażu [psheHoval-nya bagaJoo] left luggage, baggage check
przechowywać w chłodnym miejscu store in a cool place
przeciąg [pshechonk] draught
przeciek [pshechek] leak
przeciekać [pshechekach] to leak
przeciw [pshecheef] against
przeciwny [pshecheevni] opposite
w przeciwnym kierunku [f pshecheevnim k-yeroonkoo] in the opposite direction
przed [pshet] in front of; before
przed jedzeniem before food

przedłużacz [pshedwooJach] extension lead
przednia szyba [pshed-nya shiba] windscreen
przedsiębiorstwo państwowe state-run enterprise
przedsiębiorstwo prywatne [privatneh] private enterprise
przedstawiciel [pshetstaveechel] agent
przedstawić [pshetstaveech] to introduce
przedstawienie [pshetstav-yen-yeh] show (in theatre)
przedszkole [pshechkoleh] kindergarten, nursery school
przedtem [pshet-tem] before
przedwczoraj [pshetfchorī] the day before yesterday
przedział [pshedja^wuh] compartment
przedział dla niepalących [n-yepalontsiH] non-smoking compartment
przejazd kolejowy level crossing, grade crossing
przejście dla pieszych pedestrian crossing
przejście do pociągów dalekobieżnych to long-distance trains
przejście na perony to the platforms
przejście podziemne underpass
przejście wbronione no trespassing
przejść [pshaysh-ch] to go through

przekaz [pshekas] money order

przekazy pieniężne [pshekazi p-yen-yenJneh] money orders

przekleństwo [psheklenstfo] swearword

przeklinać [pshekleenach] to swear

przelotny deszcz [pshelotni desh-ch] shower (rain)

przełącznik napięcia [pshewonchneek nap-yencha] adapter (for voltage)

przełęcz [pshewench] pass (mountain)

przemysł [pshemis^wuh] industry

przenocować [pshenotsovach] to put up for the night

przepis [pshepees] recipe

przepisy [pshepeesi] regulations

przepisy ruchu drogowego highway code

przepraszać/przeprosić [psheprashach/psheprosheech] to apologize

przepraszam [psheprasham] excuse me, sorry

przepraszam bardzo [bardso] I am very sorry, I do apologize

przeprosić [psheprosheech] to apologize

przeprosiny [psheprosheeni] apology

przerażający [psheraJi-ontsi] appalling

przerwa [psherva] break; interval (at theatre)

przerwa obiadowa closed for lunch

przerwa semestralna vacation (from university)

przesadzać/przesadzić [pshesadsach/pshesadjeech] to exaggerate

przesiadać się/przesiąść się [psheshadach sheh/psheshonch] to change (trains, buses)

przesiadka! [psheshatka] all change!

z przesiadką w ... [s psheshantkon v] change at ...

przesłona [psheswona] shutter (on camera)

przesyłka [pshesi^wuhka] parcel; mail

przeszkadzać/przeszkodzić [psheshkadsach/psheshkodjeech] to disturb

to mi nie przeszkadza [mee n-yeh psheshkadsa] I don't mind at all

przeszkoda [psheshkoda] obstacle

przeszłość [psheshwosh-ch] the past

w przeszłości [f psheshwosh-chee] in the past

prześcieradło [pshesh-cheradwo] sheet

przetłumaczyć [pshetwoomachich] to translate; to interpret

przewodniczka [pshevodneechka] guide

przewodnik [pshevodneek] guide; guidebook

przewracać/przewrócić [pshevratsach/pshevroocheech] to knock over

przewracać się/przewrócić się [pshevratsach sheh/pshevroocheech] to fall over

przez [pshes] through; across; via; for; by

przejść przez ulicę [pshaysh-ch – ooleetseh] to cross the street

przez chwilę [Hfeeleh] for a moment

przez długi czas [dwoogee chas] for a long time

przez przypadek [pshipadek] by accident

przez telefon by phone

przez radio on the radio

przeziębienie [psheJemb-yen-yeh] cold (illness)

przeziębiony: jestem przeziębiony [yestem psheJemb-yoni] I've got a cold

przezwisko [pshezveesko] nickname

przodek [pshodek] ancestor

przód [pshoot] front (part)

do przodu [pshodoo] forward

z przodu [s] in front

przy [pshi] by; at; beside; next to

przy granicy on the border

przybywać/przybyć [pshibivach/pshibich] to arrive

przychodnia [pshiHod-nya] outpatients

przychodzić/przyjść [pshiHodjeech/pshee-sh-ch] to come

przyczepa [pshichepa] trailer (behind car)

przyczepa turystyczna [tooristichna] caravan, (US) trailer

przyczyna [pshichina] cause

przygnębiony [pshignemb-yoni] depressed

przygotować [pshigotovach] to prepare

przyjaciel [pshi-yachel], **przyjaciółka** [pshi-yachoo^{wuh}ka] friend

przyjazd [pshi-yast] arrival

przyjazd o godzinie ... arriving at ...

przyjazdy [pshi-yazdi] arrivals

przyjąć [pshi-yonch] to accept

przyjechać [pshi-yeHach] to arrive (by car, train etc)

przyjemność [pshi-yemnosh-ch] pleasure

z przyjemnością [s pshi-yemnosh-chON] with pleasure

przyjemny [pshi-yemni] pleasant

przyjęcie [pshi-yencheh] party; reception (for guests)

przyjmować/przyjąć [pshi-ymovach/pshi-yonch] to accept

przyjść [pshee-sh-ch] to come

przykład [pshikwat] example

na przykład for example

przylecieć [pshilechech] to arrive (by plane)

przylepiec [pshilep-yets] plaster, Bandaid®

przylot [pshilot] arrival

przyloty arrivals

przymierzać/przymierzyć

[pshim-yeJach/pshim-yeJich] to try on

przymierzalnia [pshim-yeJal-nya] fitting room

przymierzyć [pshim-yeJich] to try on

przynajmniej [pshinim-nyay] at least

przynosić/przynieść [pshinosheech/pshin-yesh-ch] to bring

przypadek [pshipadek] chance

przypadkiem [pshipat-kyem] by chance

przypalić [pshipaleech] to burn (food)

przypalone [pshipaloneh] burnt (food)

przypływ [pshipwif] high tide

przystanek [pshistanek] stop

przystanek autobusowy [owtoboosovi] bus stop

przystanek na żądanie [Jondan-yeh] request stop

przystanek tramwajowy [tramvī-ovi] tram stop

przystojny [pshistoyni] handsome

przyszłość [pshishwosh-ch] future

w przyszłości [f pshishwosh-chee] in the future

przyszły [pshishwi] next

w przyszłym tygodniu/ miesiącu/roku [f pshishwim tigod-nyoo/ m-yeshontsoo/rokoo] next week/ month/year

przyszywać/przyszyć

[pshishivach/pshishich] to sew on

przy telefonie [pshi telefon-yeh] speaking

przytomny [pshitomni] conscious

przywitać [pshiveetach] to greet, to welcome

psuć się/zepsuć się [psooch sheh/zepsooch] to break down (car); to get damaged; to go off (food)

psy [psi] dogs

pszczoła [psh-chowa] bee

ptak [ptak] bird

PTT [peh teh teh] post, telegram and telephone office, main post office

PTTK [peh teh teh ka] Polish Tourist Association

publiczność f [poobleechnosh-ch] audience

publiczny [poobleechni] public

pudełko [poodeh^wuh^ko] box

pudełko czekoladek [chekoladek] box of chocolates

pukać/zapukać [pookach/ zapookach] to knock

punkt pierwszej pomocy [poonkt p-yerfshay pomotsi], **punkt sanitarny** [saneetarni] First-Aid Post

punktualnie [poonktoo-al-nyeh] on time

pusty [poosti] empty

puszka [pooshka] can, tin

w puszce [f pooshtseh] canned, tinned

pytać/zapytać [pitach/zapitach]

to ask (question)

pytanie [pitan-yeh] question

PZMot Polish motoring organization

R

rachunek [raHoonek] bill, (US) check

racja: ma pan/pani rację [panee rats-yeh] you are right

nie ma pan/pani racji [n-yeh –rats-yee] you are wrong

raczej [rachay] rather

radzić/poradzić [radjeech/ poradjeech] to advise

rajstopy [rīstopi] tights, pantyhose

rak [rak] cancer; crayfish

rakieta [rak-yeta] racket (tennis, squash); rocket

rakietka [rak-yetka] bat (table tennis etc)

ramię [ram-yeh] arm; shoulder

ramiona [ram-yona] arms; shoulders

rana wound

ranny [ran-ni] injured

rano morning; in the morning

ratować/uratować [ratovach/ ooratovach] to save

ratownik [ratovneek] lifeguard

ratunku! [ratoonkoo] help!

ratusz [ratoosh] town hall

raz [ras] once

raz dziennie [djen-nyeh] once a day

dwa razy w tygodniu [razi f tigod-nyoo] twice weekly

razem together

rączka [ronchka] handle (on suitcase, pan)

recepcja [retsepts-ya] reception (in hotel)

recepcjonista m [retsepts-yoneesta], **recepcjonistka f** [retsepts-yoneestka] receptionist

recepta [retsepta] prescription

reflektory [reflektori] headlights

regulamin [regoolameen] rules and regulations

rejon [rayon] region

rejs [rays] cruise (on ship)

religia [releeg-ya] religion

remanent stock-taking

remont renovation; closed for renovation

rencista m [rencheesta], **rencistka f** [rencheestka] old-age pensioner

rentgen X-ray

resor spring (in car)

restauracja [restowrats-ya] restaurant

reszta [reshta] rest (remaining); change

reumatyzm [reh-oomatizm] rheumatism

rezerwacja [rezervats-ya] reservation

rezerwować/zarezerwować [rezervovach] to book, to reserve

ręce [rentseh] hands; arms

ręcznik [renchneek] towel

ręcznik kąpielowy [komp-yelovi] bath towel

ręka [renka] hand; arm

rękaw [renkaf] sleeve

rękawiczki [renkaveechkee] gloves

rękodzieło [renkodjewo] handicrafts

robić/zrobić [robeech] to do; to make

robić na drutach [drootaH] to knit

robić pranie [pran-yeh] to do the washing

robić zakupy [zakoopi] to go shopping

robię [rob-yeh] I make; I am making; I am doing

robisz: co robisz? [tso robeesh] what are you doing?

roboty drogowe roadworks

rocznica [rochneetsa] anniversary

rocznica ślubu [shlooboo] wedding anniversary

rodzaj [rodsī] type, kind

rodzice [rodjeetseh] parents

rodzić/urodzić [rodjeech/oorodjeech] to give birth

rodzina [rodjeena] family

róg [rook] corner

rogiem: za rogiem [rog-yem] round the corner

rogu: na rogu [rogoo] on the corner

rok year

rolety [roleti] blinds

rolki roller skates

rolnik [rolneek] farmer

rondo roundabout (for traffic)

Rosja [ros-ya] Russia

rosyjski [rosee-skee] Russian

roślina [roshleena] plant

rower [rover] bicycle

rowerem [roverem] by bike

rowery [roveri] bicycles

rowerzysta **m** [roveJista] cyclist

rozbijać/rozbić [rozbee-yach/rozbeech] to crush; to break

rozbić namiot [nam-yot] to put up a tent

rozciągać/rozciągnąć [roschongach/roschognonch] to stretch

rozdzielacz [rozdjelach] distributor

rozgałęziacz [rozgawenJach] adapter

rozkład jazdy [rozkwad yazdi] timetable, (US) schedule

rozliczyć się [rozleechich sheh] to settle (bill)

rozmawiać [rozmav-yach] to talk

rozmiar [roz-myar] size

rozmowa [rozmova] talk

rozmowa lokalna local call

rozmowa międzymiastowa [m-yendsim-yastova] long-distance call

rozmowa R [er] reverse charge call, collect call

rozmowa zagraniczna [zagraneechna] international call

rozmowa zamiejscowa [zam-yaystsova] long-distance call

rozmowa z przywołaniem [s pshivowan-yem] person-to-person call

rozmówki [rozmoofkee] phrasebook

rozpakować [rospakovach] to unpack

rozpoznać [rospoznach] to recognize

rozsądny [ros-sondni] reasonable; sensible

rozstrój żołądka [rostroo^{yuh} Jowontka] upset stomach

rozumieć/zrozumieć [rozoom-yech/zrozoom-yech] to understand

rozumiem [rozoom-yem] I see, I understand

nie rozumiem [n-yeh] I don't understand

rozwidlenie [rozveedlen-yeh] fork (in road)

rozwiedziony [rozv-yedjoni] divorced

rozwodnik [rozvodneek] divorced man

rozwolnienie [rozvol-nyen-yeh] diarrhoea

rozwód [rozvoot] divorce

rozwódka [rozvootka] divorced woman

róg [rook] corner

za rogiem [rog-yem] round the corner

na rogu [rogoo] on the corner

róż [roosh] blusher

róża [rooJa] rose

różowy [rooJovi] pink

różyczka [rooJichka] German measles

Ruch [rooH] newsagent's kiosk also selling stamps and bus tickets

ruch motion, movement

ruch drogowy [drogovi] traffic

ruch jednokierunkowy one-way traffic

ruch jednostronny one-way traffic

ruch kołowy vehicular traffic

ruch pieszy pedestrian traffic

rudowłosy [roodovwosi] red-haired

rudy [roodi] red-haired; russet

ruiny [roo-eeni] ruins

Rumunia [roomoon-ya] Romania

rura wydechowa [roora videHova] exhaust pipe

ruszać/poruszyć [rooshach/poroshich] to move

ryba [riba] fish

rynek [rinek] market; market place

rząd [Jont] government

rzecz f [Jech] thing

rzeka [Jeka] river

rzemiosło [Jem-yoswo] craft; crafts

rzeźba [JeJba] statue; sculpture

rzucać/rzucić [Jootsach/Joocheech] to throw

rzucam palenie [Jootsam palen-yeh] I'm giving up smoking

S

sala gimnastyczna
[geemnastichna] gym

sala klubowa [kloobova] lounge
(in hotel)

sala odlotowa [odlotova]
departure lounge

salon lounge, sitting room

salon fryzjerski [friz-yerskee]
hairdressing salon

Sam supermarket, self-service
store

sam myself; himself; alone

sama myself; herself; alone

samo itself; alone

samochód [samoHoot] car

samochodem [samoHodem] by
car

**samochód z prawostronną
kierownicą** [s pravostron-NON
k-yerovneetsON] right-hand
drive car

samolot aeroplane, airplane

samolotem by air

samoobsługa [samo-opswooga]
self-service

sandały [sandawi] sandals

są [soN] they are; there are ...

sąsiad [sonshad], **sąsiadka**
[sonshatka] neighbour

schodek [sHodek] step

schodki przeciwpożarowe
[sHotkee pshecheefpoJaroveh] fire
escape

schody [sHodi] stairs

schować [sHovach] to hide

schowek [sHovek] locker

schronisko młodzieżowe
[sHroneesko mwodjeJoveh] youth
hostel

scyzoryk [stsizorik] penknife

Sejm [saym] Lower House of
Polish Parliament

sekretarka secretary

sekunda [sekoonda] second
(in time)

semestr term (at university)

sen dream

Senat Upper House of Polish
Parliament

sens: nie ma sensu [n-yeh ma
sensoo] there is no point

bez sensu [bes] nonsense

w pewnym sensie [f pevnim
shensheh] in a way

**separacja: jestem w separacji
z żoną/mężem** [yestem f
separats-yee z JonON/menJem] I
am separated

septyczny [septichni] septic

serce [sertseh] heart

serwetka [servetka] napkin,
serviette

siadać/usiąść [shadach/
ooshonsh-ch] to sit down

siatka [shatka] net (in tennis)

siebie [sheb-yeh] oneself; one

siedem [shedem] seven

siedemdziesiąt [shedemdjeshont]
seventy

siedemnaście [shedemnash-
cheh] seventeen

siedemset [shedemset] seven
hundred

**siedząc w fotelu miej pas
zapięty** fasten your seat belt

while seated
siedzenie [shedsen-yeh] seat
siedzieć [shedjech] to be seated
siekiera [shek-yera] axe
sierpień [sherp-yen^yuh] August
  w sierpniu [f sherpn-yoo] in
  August
się [sheh] oneself
silnik [sheelneek] engine
silny [sheelni] strong
siniak [sheen-yak] bruise
siodełko [shodeh^wuhko] saddle
  (for bike)
siodło [shodwo] saddle (for horse)
siostra [shostra] sister
siostrzenica [shostsheneetsa]
  niece (sister's daughter)
siostrzeniec [shostshen-yets]
  nephew (sister's son)
siódmy [shoodmi] seventh
siwy [sheevi] white; grey
skakać/skoczyć [skakach/
  skochich] to jump
skakanie do wody wzbronione
  no diving
skala scale
  w skali Celsjusza/Fahrenheita
  [f skalee-yoosha/farenhīta]
  degrees Celsius/Fahrenheit
skała [skawa] rock
skarpetki [skarpetkee] socks
skądże [skondjeh] certainly not
sklep shop
sklep mięsny [m-yensni]
  butcher's
sklep monopolowy [monopolovi]
  off-licence, liquor store
sklep obuwniczy [oboovneechi]
  shoe shop

sklep papierniczy [pap-
  yerneechi] stationer
sklep rybny [ribni]
  fishmonger's
sklep spożywczy [spoɔ̄ifchi]
  grocer's
sklep warzywny [vaɔ̄ivni]
  greengrocer
sklepy nocne [sklepi notsneh]
  all-purpose store, open 24
  hours
sklep z futrami [s footramee]
  fur shop
składniki [skwadneekee]
  ingredients
skład surowcowy [skwat
  sooroftsovi] ingredients
skoczyć [skochich] to jump
skomplikowany [skompleekovani]
  complicated
skończone [skonchoneh] over,
  finished
skończyć [skonchich] to finish
skóra [skoora] skin; leather
skórzany pasek [skooɔ̄ani pasek]
  leather belt
skręcać/skręcić [skrentsach/
  skrencheech] to turn
skręt [skrent] turning (in road)
skrót [skroot] shortcut
skrzydło [skshidwo] wing
skrzynia biegów [skshin-ya
  b-yegoof], **skrzynka biegów**
  [skshinka] gearbox
skrzynka pocztowa [pochtova]
  letterbox, mailbox
Skrytka Pocztowa [skritka]
  P.O. Box
skrzypce [skshiptseh] violin

SK

193

skrzyżowanie [skshiJovan-yeh] junction; crossroads, intersection

skrzyżowanie jednopoziomowe [yednopoJomoveh] level crossing, grade crossing

skurcz [skoorch] cramp

skuter [skooter] scooter

slajd [slīd] slide

slipy [sleepi] underpants

slipy kąpielowe [komp-yeloveh] swimming trunks

słaby [swabi] weak

  jest mi słabo [yest mee swabo] I feel faint

sławny [swavni] famous

słodki [swotkee] sweet (taste)

słodzić/posłodzić [swodjeech/poswodjeech] to sweeten; to add sugar

słoik [swo-eek] jar

słoneczny [swonechni] sunny

słony [swoni] salty

słońce [swontseh] sun; sunshine

Słowacja [swovats-ya] Slovakia

słowacki [swovatskee] Slovak

słownik [swovneek] dictionary

słowo [swovo] word

słuchać [swooHach] to hear; to listen (to)

słucham? [swooHam] pardon (me)?; can I help you?; hello

słuchawka [swooHafka] handset

słuchawki [swooHafkee] headphones

słychać: co słychać? [swichach] what's happening?

smacznego! [smachnego] enjoy your meal!

smaczny [smachni] tasty

smak taste; flavour

smar engine oil

smar do nart ski wax

smoczek [smochek] dummy (baby's)

smukły [smookwi] slim

smutny [smootni] sad

sobą [sobON] oneself; with oneself; one

sobie [sob-yeh] onself; to oneself; one

sobota [sobota] Saturday

  w sobotę [f soboteh] on Saturday

solanka salt spring

Solidarność [soleedarnosh-ch] Solidarity

sól do kąpieli [sool do komp-yelee] bath salts

spacer [spatser] walk

spacerować [spatserovach] to walk

spać [spach] to sleep

specjalna oferta special offer

spinki do włosów [speenkee do vwosoof] hairgrips

spiżarnia [speeJarn-ya] larder

spodek saucer

spodnie [spod-nyeh] trousers, (US) pants

spodnie narciarskie [narcharsk-yeh] ski-pants

spodzie: na spodzie [spodjeh] at the bottom of

spodziewać się [spodjevach sheh] to expect

spokojny [spokoyni] peaceful

spokój i cisza [spokoo^{yuh} ee cheesha] peace and quiet

społeczeństwo [spowechenstfo] society

społeczny [spowechni] social; communal; welfare

spontaniczny [spontaneechni] spontaneous

sporo quite a lot

sportowy [sportovi] sport, sports (adj)

sporty wodne [sporti vodneh] water sports

sposób [sposoop] manner, method

w ten sposób [f] this way, like this

sposób przyrządzania preparation

spotykać/spotkać [spotikach/ spotkach] to meet

spożyć w przeciągu 3 dni use within 3 days

spożywczy [spoJifchi] grocer's

spód: na spodzie [spodjeh] at the bottom of

spódnica [spoodneetsa] skirt

spóźniać się/spóźnić się [spooJ-nyach sheh/spooJneech] to be late

spóźniłam się/spóźniłem się [spooJneewam – spooJneewem] I missed; I was late

spółka [spoo^{wuh}ka] company (business)

spóźnić się [spooJneech sheh] to be late; to miss (train, bus etc)

sprawdzać/sprawdzić [spravdsach/spravdjeech] to check

sprawiedliwy [sprav-yedleevi] fair

sprawy służbowe [spravi swooJboveh] business matters

sprężyna [sprenJina] spring (in seat)

spróbować [sproobovach] to try

sprzątaczka [spshontachka] cleaner, cleaning lady

sprzedawać/sprzedać [spshedavach/spshedach] to sell

sprzedaż [spshedash] sale

sprzęgło [spshengwo] clutch

sprzęt [spshent] equipment

sprzęt sportowy [sportovi] sports equipment

sp. z o.o. Ltd

spuchnięty [spooH-nyenti] swollen

spust [spoost] drain

srebrny [srebrni] silver (adj)

srebro [srebro] silver

ssanie [s-san-yeh] choke

stacja [stats-ya] railway station; stop

stacja benzynowa [benzinova] petrol station, (US) gas station

stacja końcowa [kontsova] terminus (rail)

stacja obsługi [opswoogee] service station

stać [stach] to stand

stać się [sheh] to become

stać w kolejce [f kolaytseh] to queue, to stand in line

stadion [stad-yon] stadium

stal steel

stało: co się stało? [tso sheh stawo] what's happened?

czy nic się panu/pani nie stało? [chi neets sheh panoo/panee n-yeh] are you all right?

stanik [staneek] bra

Stany Zjednoczone [stani z-yednochoneh] United States

Stare Miasto [stareh m-yasto] Old Town

staroświecki [starosh-fyetskee] old-fashioned

starożytny [staroJitni] ancient

Starówka [staroofka] Old Town

starszy [starshi] elderly; older; elder

start take-off

startować [startovach] to take off

stary [stari] old

statek [statek] ship; passenger boat

statkiem [stat-kyem] by ship, by sea

staw [staf] pond

stawać się/stać się [stavach sheh/stach] to become

stewardessa [st-yoo-ardesa] air hostess

sto hundred

stoję [stoyeh] I am standing

stok zjazdowy [z-yazdovi] ski slope

stolik [stoleek] table (in restaurant)

stopa foot (of person)

stopień [stop-yen^yuh] degree; step

stopień naukowy [na-ookovi] degree (qualification)

stopnie [stop-nyeh] degrees; steps

stopniowo [stop-nyovo] gradually

sto tysięcy [tishentsi] one hundred thousand

stół [stoo^wuh] table

strach [straH] fear

stracić [stracheech] to lose

stracić przytomność [pshitomnosh-ch] to lose consciousness

straszny [strashni] terrible

straż pożarna [strash poJarna] fire brigade

strefa wolnocłowa duty-free zone

stromy [stromi] steep

strona side; page

strój wieczorowy [stroo^yuh v-yechorovi] evening dress

strumień [stroom-yen^yuh] stream

strzeżone with attendant (beach where fee is charged)

strzyc/ostrzyc włosy [stshits/ostshits wwosi] to have a haircut

strzyżenie [stshiJen-yeh] haircuts

student [stoodent], **studentka** [stoodentka] student

styczeń [stichen^yuh] January

w styczniu [f stich-nyoo] in January

styki [stikee] points (in car)

suchy [sooHi] dry

suchy prowiant [prov-yant] packed lunch

sufit [soofeet] ceiling

sukces [sooktses] success

sukienka [sook-yenka] dress

suknia wieczorowa [sook-nya v-yechorova] evening dress (woman's)

suma [sooma] total

suszarka do bielizny [soosharka do b-yeleezni] tumble dryer

suszarka do włosów [vwosoof] hairdryer

suszyć/wysuszyć [sooshich/ visooshich] to dry

sweter [sfeter] jumper; cardigan

swędzić [sfendjeech] to itch

sygnał [signa^wuh] signal

Sylwester [silvester] New Year's Eve

syn [sin] son

synagoga [sinagoga] synagogue

synowa [sinova] daughter-in-law

synowie [sinov-yeh] sons

syntetycznie aromatyzowane artificial flavour

syntetycznie barwione artificial colour

sypialnia [sip-yal-nya] bedroom

sypialny [sip-yalni] sleeper, sleeping car

syrop [sirop] syrup

szafa [shafa] cupboard; wardrobe

szafka [shafka] cupboard; locker

szalik [shaleek] scarf (neck)

szalony [shaloni] mad

szampon [shampon] shampoo

szary [shari] grey

szatnia [shat-nya] cloakroom

szatnia obowiązkowa coats must be left in the cloakroom

szczególnie [sh-chegool-nyeh] especially

szczeniak [sh-chen-yak] puppy

szczepienie [sh-chep-yen-yeh] vaccination

szczepionka [sh-chep-yonka] vaccine

szczery [sh-cheri] sincere

szczęka [sh-chenka] jaw

szczęście [sh-chensh-cheh] good luck

Szczęśliwego Nowego Roku! [sh-chenshleevego novego rokoo] Happy New Year!

szczęśliwej podróży! [sh-chenshleevay podrooJi] have a good journey!

szczęśliwy [sh-chenshleevi] happy

szczoteczka do zębów [sh-chotechka do zemboof] toothbrush

szczotka [sh-chotka] brush

szczotka do włosów [vwosoof] hairbrush

szczotka do zamiatania [zam-yatan-ya] broom

szczur [sh-choor] rat

szczypce [sh-chiptseh] pliers

szczypczyki [sh-chipchikee] tweezers

szef [shef] boss

szeroki [sherokee] wide

szerszeń [shershen^yuh] hornet

szesnaście [shesnash-cheh] sixteen

sześć [shesh-ch] six

sześćdziesiąt [shesh-chdjeshont] sixty

sześćset [shesh-chset] six hundred

szklanka [shklanka] tea-glass, glass tumbler

szklany [shklani] glass (adj)

szkła kontaktowe [shkwa kontaktoveh] contact lenses

szkło [shkwo] glass (material)

Szkocja [shkots-ya] Scotland

szkocki [shkotskee] Scottish

szkoda [shkoda] damage

jaka szkoda! [yaka] what a pity!

nic nie szkodzi [neets n-yeh shkodjee] it doesn't matter, never mind

szkolny [shkolni] school (adj)

szkoła [shkowa] school

szkoła pomaturalna [pomatooralna] college

Szkot [shkot], **Szkotka** [shkotka] Scot

szlafrok [shlafrok] dressing gown

szlak turystyczny [shlak tooristichni] tourist footpath

sznurek [shnoorek] string

sznurowadła [shnoorovadwa] shoelaces

szok [shok] shock

szokujący [shokoo-yontsi] shocking

szorty [shorti] shorts

szosa [shosa] road

szósty [shoosti] sixth

szósty zmysł [zmis^wuh] sixth sense

szpilka [shpeelka] pin

szpilki [shpeelkee] stiletto shoes

szpital [shpeetal] hospital

szprycha [shpriHa] spoke

sztruks [shtrooks] corduroy

sztuczne futro [shtoochneh footro] artificial fur

sztuczny [shtoochni] artificial

sztućce pl [shtoochtseh] cutlery

sztuka [shtooka] art; piece; head; play; trick

od sztuki [ot shtookee] each, apiece

sztuka ludowa [loodova] folk art

sztuka teatralna [teatralna] play (theatre)

szuflada [shooflada] drawer

szukać/poszukać [shookach/poshookach] to look for

szukam ... [shookam] I am looking for ...

szwagier [shfag-yer] brother-in-law

szwagierka [shfag-yerka] sister-in-law

Szwajcaria [shfitsar-ya] Switzerland

Szwecja [shfets-ya] Sweden

szwedzki [shfetskee] Swedish

szybki [shipkee] fast, quick

szybko [shipko] quickly

szybko! hurry up!

szybkościomierz [shipkosh-chom-yesh] speedometer

szybkość [shipkosh-ch] speed
szybszy [shipshi] faster
szyć [shich] to sew
szyja [shi-ya] neck

Ś

ściana [sh-chana] wall (inside)
ściereczka [sh-cherechka] cloth
ścierka do naczyń [sh-cherka do nachin^yuh] tea towel
ścieżka [sh-cheshka] path
ścieżka rowerowa cycle path
Śląsk [shlonsk] Silesia
śledź [shlech] tentpeg
śliczny [shleechni] lovely
ślimak [shleemak] snail
śliski [shleeskee] slippery
ślub [shloop] wedding
śmiać się [sh-myach sheh] to laugh
śmieci [sh-myechee] litter
śmierć [sh-myerch] death
śmieszny [sh-myeshni] funny
śniadanie [sh-nyadan-yeh] breakfast
śnić [shneech] to dream
śnieg [sh-nyek] snow
śpi [shpee] he/she is asleep
śpiący: jestem śpiący [yestem sh-pyontsi] I'm sleepy
śpieszyć się [sh-pyeshich sheh] to be in a hurry; to rush
nie śpiesz się [n-yeh sh-pyesh] don't rush
śpieszy mi się [sh-pyeshi mee] I am in a hurry
śpiewać [sh-pyevach] to sing

śpiwór [shpeevoor] sleeping bag
średniej wielkości [shred-nyay v-yelkosh-chee] medium-sized
środa [shroda] Wednesday
w środę [f shrodeh] on Wednesday
środek [shrodek] middle, centre; means
w środku [f shrotkoo] in the middle; inside
środek bielący [b-yelontsi] bleach
środek dezynfekujący [dezinfekoo-yontsi] disinfectant
środek nasenny [nasen-ni] sleeping pill
środek przeciwbólowy [pshecheevboolovi] painkiller
środek przeczyszczający [pshechish-chī-ontsi] laxative
środowisko [shrodoveesko] environment
śruba [shrooba] screw
śrubokręt [shroobokrent] screwdriver
świadek [sh-fyadek] witness
świat [sh-fyat] world
światła pozycyjne [sh-fyatwa pozitsee-neh] sidelights
światła ruchu drogowego [rooHoo drogovego] traffic lights
światło [sh-fyatwo] light
światłomierz [sh-fyatwom-yesh] light meter
świąteczny: w niedziele i dni świąteczne on Sundays and public holidays
świątek [sh-fyontek] carved figure of a saint

świeca zapłonowa [sh-fyetsa zapwonova] spark plug

świeczka [sh-fyechka] candle

świecznik [sh-fyechneek] candlestick

świetnie! [sh-fyet-nyeh] good!

świeżo malowane [sh-fyeJo malovaneh] wet paint

świeży [sh-fyeJi] fresh

święto [sh-fyento] public holiday

święto kościelne [kosh-chelneh] church holiday

święto ludowe [loodoveh] folklore festival

Święto Wniebowzięcia NMP Feast of the Assumption

świnia [shfeen-ya] pig; bastard

świnka [shfeenka] mumps

świt [shfeet] dawn

T

ta this; this one; that one

tabletka tablet

tabletki: ... **tabletki na raz** take ... tablets at a time

tablica rejestracyjna [tableetsa rayestratsee-na] number plate

tablica rozdzielcza [rozdjelcha] dashboard

tabliczka czekolady [tableechka chekoladi] bar of chocolate

taca [tatsa] tray

tacy [tatsi] such

tak yes; I do; I will; it is; so

taka such

taką [takON] such; with such

taki [takee] such; so

taki duży so large

takich [takeeH] such; of such; about such; for such

takie [tak-yeh] such

takiego [tak-yego] such; for such

takiej [tak-yay] such; of such; about such; for such

taki ... jak ... as ... as ...

takim [takeem] such; with such

takimi [takeemee] such; with such

taki sam the same

tak jak [yak] like

tak jest [yest] that's right

tak sobie [sob-yeh] so-so

taksówka [taksoofka] taxi

taksówkarz [taksoofkash] taxi-driver

talerz [talesh] plate

talia [tal-ya] waist

talk [tahlk] talcum powder

tam [tam] there; over there

tamci [tamchee] those

tamta that; that one over there

tamtą [tamtON] that; with that

tamte [tamteh] those; those ones

tamtego that; for that

tamtej [tamtay] that; of that; about that; for that

tamten that; that one

tamto that; that one

tamtych [tamtiH] those; of those; about those; for those

tamtym [tamtim] that; with that

tamtymi [tamtimee] those; with those

tandeta cheap rubbish

tani [tanee] cheap, inexpensive

taniec [tan-yets] dance

tanio [tan-yo] cheaply, inexpensively

tańce ludowe [tantseh loodoveh] folk dancing

tańczyć/zatańczyć [tanchich/zatanchich] to dance

tańszy [tanchi] cheaper, less expensive

tapczan [tapchan] couch

targ market

targi [targee] trade fair

targować się [targovach sheh] to bargain, to haggle

taryfa [tarifa] tariff; taxi fare

ta sama the same

taśma klejąca [tashma klayontsa] Sellotape®, Scotch tape®

taśma magnetofonowa [magnetofonova] tape, cassette

taternictwo [taterneetstfo] mountaineering

Tatry [tatri] Tatra Mountains

tatuś [tatoosh] dad

tą [tON] this; by this

te [teh] these

teatr [teh-atr] theatre

teczka [techka] briefcase

tego this; of this

tej [tay] this; of this; to this

tektura [tektoora] cardboard

telefon telephone

telefon komórkowy [komoorkovi] mobile phone

telefonować [telefonovach] to phone

telegramy [telegrami] telegrams

telewizja [televeez-ya] television

temu [temoo] this; to this

dwa lata temu two years ago

temperówka [temperoofka] pencil sharpener

ten this; this one; that one

tenis [tenees] tennis

tenis stołowy [stowovi] table tennis

ten sam the same

teraz now

teren dla pieszych [p-yeshiH] pedestrian precinct

termofor hotwater bottle

termometr thermometer

termos Thermos® flask

testament will

teściowa [tesh-chova] mother-in-law

teściowie [tesh-chov-yeh] parents-in-law

teść [tesh-ch] father-in-law

też [tesh] also, too

tęcza [tencha] rainbow

tędy [tendi] this way

tępak [tempak] thickhead

tężec [tenJets] tetanus

tłumacz [twoomach], **tłumaczka** [twoomachka] translator; interpreter

tłumaczyć/przetłumaczyć [twoomachich/pshetwoomachich] to translate; to interpret

tłusty [twoosti] rich (food); greasy (skin, hair)

tłuszcz cukierniczy vegetable fat

tłuszcz roślinny vegetable fat

to [to] it; this; this one; that one

  to jest [yest] it is

  to było [biwo] it was

  to będzie [bendjeh] it will be

toaleta lavatory, toilet, rest room

toaleta damska ladies' toilets, ladies' room

toaleta męska [menska] gents' toilets, men's room

toaleta płatna 50 groszy charge for toilet/rest room 50 groszy

toalety [to-aleti] toilets, rest rooms

tobą [tobON] you; with you

tobie [tob-yeh] you; of you; to you

tonąć/utonąć [tononch/ootononch] to sink

torba bag; suitcase

torba na zakupy [zakoopi] shopping bag

torebka [torepka] handbag, (US) purse

tor wyścigowy [vish-cheegovi] race course

to samo the same

towarzyski [tovaJiskee] sociable

towarzystwo [tovaJistfo] company (social)

towarzyszyć [tovaJishich] to accompany

tradycja [tradits-ya] tradition

tradycyjny [traditsee-ni] traditional

trampolina diving board

tramwaj [tramvi] tramway

transmisja [transmees-ya] broadcast

trasa route

trawa [trava] grass

trawnik [travneek] lawn

trochę [troHeh] a little; a little bit (of); some

  trochę więcej [v-yentsay] a little more

  trochę za drogie a bit too expensive

trolejbus [trolayboos] trolleybus

troszeczkę [troshechkeh] a tiny bit

trójkąt [troo^{yuh}kont] triangle

trucizna [troocheezna] poison

trudny [troodni] difficult

trujący [troo-yontsi] poisonous

trwała [trvava] perm

trwały [trvawi] durable

trwała ondulacja [trvava ondoolats-ya] perm

trzeba ... [tsheba] it is necessary to ...

trzeci [tshechee] third

trzeźwy [tsheJvi] sober

trzy [tshi] three

trzydzieści [tshidjesh-chee] thirty

trzymać [tshimach] to hold; to keep

trzynaście [tshinash-cheh] thirteen

trzy razy dziennie three times a day

trzy razy dziennie przed jedzeniem three times daily before meals

trzysta [tshista] three hundred
tu [too] here
turysta m [toorista], **turystka f** [tooristka] tourist
tusz do rzęs [toosh do Jens] mascara
tutaj [tootī] here
tutejszy [tootayshi] local
twardy [tfardi] hard
twarz [tfash] face
twoi [tfo-ee] your; yours
twoich [tfo-eeн] your; of your; yours
twoim [tfo-eem] your; by your; with your; to your; yours
twoimi [tfo-eemee] your; by your; with your; yours
twoja [tfo-ya] your; yours
twoją [tfo-yon] your; by your; with your; yours
twoje [tfo-yeh] your; yours
twojej [tfo-yay] your; to your; yours
twojemu [tfo-yemoo] your; to your; yours
twój [tfoo^{yuh}] your; yours
ty [ti] you
tych [tih] these; of these
tydzień [tidjen^{yuh}] week
tygodnie [tigod-nyeh] weeks
tylko [tilko] only, just
tylko trochę [troнeh] not too much, just a little
tylko dla pieszych pedestrians only
tylko przed spaniem before bedtime
tylne światła [tilneh sh-fyatwa] rear lights

tylny [tilni] rear
tył [ti^{wuh}] back
tym [tim] this; by this; these; by these
tymi [timee] these; by these
tysiąc [tishonts] thousand
tytoń [titon^{yuh}] tobacco

U

u [oo] at
  u góry/dołu [goori/dowoo] at the top/bottom
  u mnie [mnyeh] at my place
ubezpieczenie [oobes-pyechen-yeh] insurance
ubezpieczony [oobes-pyechoni] insured
ubierać/ubrać [oob-yerach/oobrach] to dress (someone)
ubierać się/ubrać się [sheh] to get dressed
ubikacja [oobeekats-ya] lavatory, toilet, rest room
ubrać [oobrach] to dress (someone)
ubrać się [sheh] to get dressed
ubranie [oobran-yeh] clothes
ucho [ooнo] ear
uchwyt [ooнvit] handle
uczciwy [ooch-cheevi] honest
uczucie [oochoocheh] feeling
uczulenie [oochoolen-yeh] allergy
uczulony na ... [oochooloni] allergic to ...
uczyć/nauczyć [oochich/na-oochich] to teach

uczyć się/nauczyć się [sheh] to learn

udar [oodar] stroke (illness)

udar słoneczny [swonechni] sunstroke

uderzyć [oodeɹich] to hit

udo [oodo] thigh

udzielać porady [oodjelach poradi] to advise

ugotować [oogotovach] to cook

układanie na szczotkę [ookwadan-yeh na sh-chotkeh] blow-dry

ukradziono: ukradziono mi ... [ookradjono mee] my ... has been stolen

Ukraina [ookra-eena] Ukraine

ukraiński [ookra-eenskee] Ukrainian

ukraść [ookrash-ch] to steal

ul. St

ulepszać/ulepszyć [oolepshach/oolepshich] to improve

ulewa [ooleva] heavy shower

ulica [ooleetsa] road; street

ulubiony [ooloob-yoni] favourite

umiarkowanie [oom-yarkovan-yeh] moderately

umierać/umrzeć [oom-yerach/oomɹech] to die

umierający [oom-yerī-ontsi] dying

umrzeć [oomɹech] to die

umyć [oomich] to wash
  umyć ręce [rentseh] to wash one's hands

umyć i ułożyć włosy [ee oowoɹich vwosi] to have a shampoo and set

umyślnie [oomishl-nyeh] deliberately

umywalka [oomivalka] washbasin

Unia Europejska [oon-ya eh-ooropayska] European Union

unieważnić [oon-yevaɹneech] to cancel

uniwersytet [ooneeversitet] university

upadać/upaść [oopadach/oopash-ch] to fall

upał [oopa^wuh] heat

upaść [oopash-ch] to fall

upijać się/upić się [oopee-yach sheh/opeech] to get drunk
  upił się [oopee^wuh] he is drunk

upominek [oopomeenek] gift

uprać [ooprach] to wash (clothes)

uprasować [ooprasovach] to iron

uprzejmy [oopshaymi] polite; kind

upuszczać/upuścić [oopoosh-chach/oopoosh-cheech] to drop

uratować [ooratovach] to save

urlop [oorlop] holiday, vacation
  na urlopie [oorlop-yeh] on holiday, on vacation; on leave

urodzić [oorodjeech] to give birth

urodzić się [sheh] to be born
  urodziłem/urodziłam się w ... [oorodjeewem/oorodjeewam sheh f] I was born in ...

urodziny [oorodjeeni] birthday

urwisko [oorveesko] cliff

urząd celny [ooɹont tselni]

Customs office
Urząd Pocztowy [pochtovi] post office
Urząd Stanu Cywilnego [stanoo tsiveelnego] Registrar's Office, Registry Office
urządzenie [ooJondsen-yeh] device, appliance
usiąść [ooshonsh-ch] to sit down
uspokoić się [oospoko-eech sheh] to calm down
usta [oosta] mouth; lips
usterka [oosterka] defect, fault
ustęp [oostemp] primitive outdoor toilet with no plumbing
ustrój polityczny [oostrooᵞᵘʰ poleetichni] political system
uszczelka głowicy silnika [oosh-chelka gwoveetsi sheelneeka] cylinder head gasket
uszkodzić [ooshkodjeech] to damage
uszy [ooshi] ears
uśmiech [ooshm-yeH] smile
uśmiechać się/uśmiechnąć się [ooshm-yeHach sheh/ooshm-yeHnonch] to smile
uśmiechnięty [ooshm-yeH-nyenti] smiling
utonąć [ootononch] to sink; to drown
uwaga [oovaga] attention, beware, caution
  uwaga! look out!
uwaga bydło cattle crossing
uwaga nawierzchnia bad road surface

uwaga, niebezpieczeństwo danger
uwaga pociąg beware of trains
uwaga, wysokie napięcie warning: high voltage
uwaga zły pies [zwi p-yes] beware of the dog
uważny [oovaJni] careful
uwierzyć [oov-yeJich] to believe
uzdrowisko [oozdroveesko] health resort
użądlić [ooJondleech] to bite
użyć [ooJich] to use
użyteczny [ooJitechni] useful
użytkownik [ooJitkovneek] user
używać/użyć [ooJivach/ooJich] to use
używany [ooJivani] second-hand

W

w [v] in; at; on
  w domu [domoo] at home
wadliwy [vadleevi] faulty
waga [vaga] weight
wagon [vagon] carriage
wagon restauracyjny [restowratsee-ni] restaurant car, buffet car
wagon sypialny [sip-yalni] sleeping car, sleeper
wakacje pl [vakats-yeh] holiday, vacation
wakacje letnie [let-nyeh] summer holidays
Walia [val-ya] Wales

walijski [valee-skee] Welsh

walizka [valeeska] suitcase

waluta [valoota] currency

wał korbowy [va^{wuh} korbovi] crankshaft

wam [vam] you; to you

wami [vami] you; with you

wanna [van-na] bathtub

warga [varga] lip

wariat [var-yat] barmy

Warszawa [varshava] Warsaw

warsztat samochodowy [varshtat samoHodovi] garage (for repairs)

warte: to nic nie warte [neets n-yeh varteh] it's rubbish

warzywa [vaJiva] vegetables

was [vas] you; about you; of you; to you

wasi [vashee] your; yours

wasz [vash] your; yours

wasza [vasha] your; yours

waszą [vashON] your; yours; with your; with yours

wasze [vasheh] your; yours

waszego [vashego] your; yours; of your; of yours

waszej [vashay] your; of your; of yours; to your; to yours

waszemu [vashemu] your; yours; to your; to yours

waszych [vashiH] your; yours; of your; of yours

waszym [vashim] your; yours; with your; with yours; to your; to yours

waszymi [vashimee] your; yours; with your; with yours

**yours

wata [vata] cotton wool, absorbent cotton

wazon [vazon] vase

ważny [vaJni] important; valid

wąchać [vonHach] to smell

wąski [vonskee] narrow

wąsy [vonsi] moustache

wątroba [vontroba] liver (in body)

wąż [vonsh] snake

wcale nie [ftsaleh n-yeh] not at all

wchodzić/wejść [fHodjeech/vaysh-ch] to enter; to go up

wciąż [fchonsh] still

wczasy [fchasi] package holiday

wczesny [fchesni] early (adj)

wczesnym rankiem [fchesnim rank-yem] early in the morning

wcześnie [fchesh-nyeh] early

wczoraj [fchori] yesterday

wdowa [vdova] widow

wdowiec [vdov-yets] widower

wdzięczny [vdjenchni] grateful

we [veh] in; at; on

we Wrocławiu [vrotswav-yoo] in Wroclaw

wejście [vaysh-cheh] entrance, way in

wejście tylko z koszykiem please take a basket

wejście wzbronione no entry

wejście z przodu entry at front

wejście z tyłu entry at back

wejść [vaysh-ch] to enter; to go up

wełna [veh^{wuh}na] wool
wełniany [veh^{wuh}nyani] woollen
wentylator [ventilator] fan
wesele [veseleh] wedding reception
Wesołe Miasteczko [vesoweh m-yastechko] funfair
wesoły [vesowi] cheerful
Wesołych Świąt! [vesowiH shfyont] Happy Christmas/ Easter!
weterynarz [veterinash] vet
wewnątrz [vevnontsh] inside
  proszę wewnętrzny ... [prosheh vevnentshni] extension ... please
wezmę [vezmeh] I will take
węgierski [veng-yerskee] Hungarian
Węgry [vengri] Hungary
w godzinach szczytu at peak times
wiaderko [v-yaderko] bucket
wiadomości pl [v-yadomosh-chee] news
wiadomość f [v-yadomosh-ch] message
wiatr [v-yatr] wind
wiązanie [v-yonzan-yeh] binding (ski)
widelec [veedelets] fork
wideo [veedeh-o] video; video recorder
widok [veedok] view
widzialny [veedjalni] visible
widzieć/zobaczyć [veedjech/ zobachich] to see
  nie widzę [n-yeh veedseh] I can't see

wieczór [v-yechoor] evening
  dobry wieczór [dobri] good evening
  wieczorem [v-yechorem] in the evening
wiedzieć [v-yedjech] to know
wiek [v-yek] age; century
Wielka Brytania [v-yelka britanya] Britain
Wielkanoc [v-yelkanots] Easter
Wielki Piątek [v-yelkee p-yontek] Good Friday
Wielki Tydzień [tidjen^{yuh}] Holy Week
wiem [v-yem] I know
  nie wiem [n-yeh] I don't know
wierzę [v-yeЛeh] I believe
wierzyć/uwierzyć [v-yeЛich/oovyeЛich] to believe
wieszak [v-yeshak] coathanger
wieś f [v-yesh] village; countryside
  na wsi [fshee] in the country
wieża [v-yeЛa] tower
więcej [v-yentsay] more
większość [v-yenkshosh-ch] most (of)
większy [v-yenkshi] larger
więzienie [v-yenЛen-yeh] prison
Wigilia Bożego Narodzenia [veegeel-ya boЛego narodsen-ya] Christmas Eve
wilgotny [veelgotni] wet; damp
willa [veel-la] villa
wina [veena] fault; guilt
  to moja/jego wina [moya/yego] it's my/his fault
winda [veenda] lift, elevator

winiarnia [veen-yarn-ya] wine bar

winny [veen-ni] guilty

wiosna [v-yosna] spring (season)
wiosną [v-yosnON] in spring
na wiosnę [v-yosneh] in spring

wirus [veeroos] virus

wirusowy [veeroosovi] viral

wisiorek [veeshorek] pendant

Wisła [veeswa] Vistula

witać/przywitać [veetach/ pshiveetach] to greet, to welcome

witaminy [veetameeni] vitamins

witamy! [veetami] welcome!
witamy w ... welcome to ...

wiza [veeza] visa

wizjer [veez-yer] viewfinder

wizyta [veezita] visit; appointment

wizytowy [veezitovi] formal (dress)

wizytówka [veezitoofka] business card

w każdym razie [f kaJdim raJeh] anyway

w kierunku [f k-yeroonkoo] towards

wkładka śródmaciczna [fkwatka shroodmacheechna] IUD

w końcu [f kontsoo] at last, eventually

wkrótce [fkroot-tseh] soon

wliczony [vleechoni] included

włamanie [vwaman-yeh] burglary, break-in

właściciel [vwash-cheechel], właścicielka [vwash-cheechelka] owner

włączać/włączyć [vwonchach/ vwonchich] to switch on

Włochy [vwoHi] Italy

włoski [vwoskee] Italian

włosy [vwosi] hair

WNP [voo-en-peh] CIS

wnuczka [vnoochka] granddaughter

wnuk [vnook] grandson

woda [voda] water

woda destylowana [destilovana] distilled water

woda kolońska [kolonska] eau de toilette

woda niezdatna do picia water not suitable for drinking

woda zdatna do picia [peecha] drinking water

wodolot [vodolot] hydrofoil

wodorosty [vodorosti] seaweed

wodospad [vodospat] waterfall

wojna [voyna] war

wolałbym [volawuhbim], wolałabym [volawabim] I would prefer

woleć [volech] to prefer

wolę ... [voleh] I prefer ...

wolne pokoje vacancies

wolnocłowy [volnotswovi] duty-free

wolny [volni] free; vacant

wolny od cła [ot tswa] duty-free

wolny pokój [pokooyuh] vacancy

wolny rynek [rinek] free market

wołać/zawołać [vowach/ zavowach] to call; to shout

woń f [vonyuh] smell

worek [vorek] bag
wózek [voozek] pram
wózek inwalidzki [eenvaleetskee] wheelchair
wózek spacerowy [spatserovi] push-chair
WP Mr; Mrs
WPan Mr
WPani Mrs
wpaść w poślizg [fpash-ch f poshleesk] to skid
w pobliżu [f pobleeJoo] nearby
w porządku [f poJontkoo] all right
w przeciwnym razie [f pshecheevnim raJeh] otherwise
w przyszłym roku [f pshishwim rokoo] next year
wracać/wrócić [vratsach/vroocheech] to come back; to return
wrażliwy [vraJleevi] sensitive
w rolach głównych starring
wrotki [vrotkee] roller skates
wrząca woda [vJontsa voda] boiling water
wrzątek [vJontek] boiling water
wrzesień [vJeshen^yuh] September
we wrześniu [veh vJesh-nyoo] in September
wrzód [vJoot] ulcer
wrzuć monetę insert money
wschód [fsHoot] east
na wschód od east of
na wschodzie [fsHodjeh] in the east
wschodni [fsHodnee] eastern;

oriental
wschód słońca [fsHoot swontsa] sunrise
wsi: na wsi [fshee] in the country
wsiadać/wsiąść do [fshadach/fshonsh-ch] to get in (car)
wskaźnik [fskaJneek] gauge
wspaniały [fspan-yawi] fine
wspinaczka górska [fspeenachka goorska] rock climbing
Wspólnota Niepodległych Państw [vspoolnota n-yepodlegwiH panstf] Commonwealth of Independent States
współczesny [fspoo^wuh^chesni] contemporary
wstawać/wstać [fstavach/fstach] to get up
wsteczny [fstechni] reverse
wsteczny bieg [b-yek] reverse gear
wstęp wolny [fstemp volni] admission free
wstęp wzbroniony no entry, keep out
wstrętny [fstrentni] obnoxious; revolting
wstrząs [fstshons] shock
wstrząs mózgu [moozgoo] concussion
wszędzie [fshendjeh] everywhere
wszyscy [fshistsi] all
wszystkie [fshist-kyeh] all
wszystko [fshistko] everything
wszystkiego najlepszego!

[fshist-kyego nilepshego] all the best!, best wishes!

mam wszystkiego dość [dosh-ch] I'm fed up

wścieklizna [fsh-chekleezna] rabies

wściekły [fsh-chekwi] furious

wtedy [ftedi] then (at that time)

wtorek [ftorek] Tuesday

we wtorek [veh] on Tuesday

wtyczka [ftichka] plug

wuj [voo^{yuh}] uncle

wy [vi] you

wybierać/wybrać [vib-yerach/vibrach] to choose

wybory [vibori] election

wybrać [vibrach] to choose

wybrzeże [vibJeJeh] coast

na wybrzeżu [na vibJeJoo] on the coast

wychodzić/wyjść [viнodjeech/vee-sh-ch] to go out

wyciąg [vichonk] ski-lift

wyciąg krzesełkowy [vichonk ksheseh^{wuh}kovi] chairlift

wyciąg narciarski [narcharskee] ski-lift

wycieczka [vichechka] trip

wycieczka krajoznawcza [krī-oznafcha] sightseeing tour

wycieczka morska [morska] cruise

wycieczka turystyczna [tooristichna] package tour

wycieraczka szyby [vicherachka shibi] windscreen wiper

wyczerpany [vicherpani] exhausted (tired)

wydawać/wydać pieniądze

[vidavach/vidach p-yen-yondseh] to spend money

wydawać woń [von^{yuh}] to smell

wydmy [vidmi] sand dunes

wyglądać: jak to wygląda? [yak to viglonda] what does it look like?

wygoda [vigoda] comfort

wygodny [vigodni] comfortable

wygrywać/wygrać [vigrivach/vigrach] to win

wyjaśniać/wyjaśnić [vi-yash-nyach/vi-yashneech] to explain

wyjechać [vi-yeнach] to leave, to go away

wyjście [vi-yshtcheh] exit, way out

wyjście awaryjne [avaree-neh] emergency exit

wyjście bezpieczeństwa [besp-yechenstfa] emergency exit

wyjście zapasowe [zapasoveh] emergency exit

wykończony [vikonchoni] knackered, wrecked

wyleczony [vilechoni] cured

wyleczyć [vilechich] to cure

wyłączać/wyłączyć [viwonchach/viwonchich] to switch off

wymawiać/wymówić [vimav-yach/vimooveech] to pronounce

wymiana [vim-yana] exchange

wymiana dewiz [devees] currency exchange

wymiana pieniędzy [p-yen-

yendsi] bureau de change

wymiana walut [valoot] currency exchange

wymiotować [vim-yotovach] to vomit

wymioty [vim-yoti] vomiting

wymówić [vimooveech] to pronounce

wynajęty samochód [vinī-enti samoHoot] rented car

wynajęty sprzęt [spshent] hired equipment

wynajmować/wynająć [vinīmovach/vinī-onch] to hire, to rent

do wynajęcia [do vinī-encha] for hire, to rent

wynos: na wynos [vinos] to take away (food)

wypadek [vipadek] accident

wypełniać/wypełnić [vipeh^wuh^nyach/vipeh^wuh^neech] to fill in

wypożyczać/wypożyczyć [vipoJichach/vipoJichich] to hire, to rent

wyprysk [viprisk] spot (on skin)

wyprzedaż [vipshedash] sale (reduced price)

wyprzedzać/wyprzedzić [vipshedsach/vipshedjeech] to overtake

wyrób nie testowany na zwierzętach product not tested on animals

wyrywać/wyrwać ząb [virivach/virvach zomp] to extract a tooth

wyrzucać/wyrzucić [viJootsach/

viJoocheech] to throw away

wysiadać/wysiąść [vishadach/vishonsh-ch] to get off

wysoki [visokee] tall; high

wysokie ciśnienie [visok-yeh cheesh-nyen-yeh] high blood pressure

wysokooktanowa [visoko-oktanova] normal (86 octane); high octane

wyspa [vispa] island

wystarczająco [vistarchī-ontso] enough

wystarczy [vistarchi] that's enough

nie wystarczy [n-yeh] it won't be enough

wystawa [vistava] exhibition

wystawa sklepowa [sklepova] shop window

na wystawie [vistav-yeh] in the shop window

wysuszyć [visooshich] to dry

wysyłać/wysłać [visivach/viswach] to send

wysypka [visipka] rash (on skin)

wyśmienity [vish-myeneeti] delicious

wywoływać/wywołać film [vivowivach/vivowach feelm] to develop a film

wyż [vish] high pressure

wzbroniony [vzbron-yoni] forbidden

wzgórze [vzgooJeh] hill

wziąć [vJonch] to take

wziąłem [vJowem], **wzięłam** [vJewam] I took, I have taken

z with; out of; from
za behind
za ... too ...
za dużo [dooJo] too much
zabawki [zabafkee] toys
zablokowany [zablokovani] blocked; stuck
zabierać/zabrać [zab-yerach/zabrach] to take away, to remove
zabijać/zabić [zabee-yach/zabeech] to kill
zabraniać/zabronić [zabran-yach/zabroneech] to forbid
zabrania się ... do not ...,
... forbidden
zabrania się kierowcy rozmawiać z pasażerami do not speak to the driver
zabrudzony [zabroodsoni] soiled
zachmurzenie [zaHmooJen-yeh] overcast
zachodni [zaHodnee] western
zachód [zaHoot] west
na zachód od west of
na zachodzie [zaHodjeh] in the west
zachód słońca [swonitsa] sunset
zaczekajcie na mnie!
[zachekeecheh na mn-yeh] wait for me!
zaczynać/zacząć [zachinach/zachonch] to begin
zadowolony [zadovoloni] pleased, glad

zadziwiający [zadjeev-yayontsi] surprising
zadzwonić [zadsvoneech] to ring, to phone, to call
zagraniczny [zagraneechni] foreign
zajęty [zī-enti] engaged (toilet, phone), (US) busy
zakaz parkowania no parking
zakaz parkowania w godz. 8 - 20 no parking from 8 a.m. to 8 p.m.
zakaz skrętu w lewo no left turn
zakaz skrętu w prawo no right turn
zakaz wjazdu no entry
zakaz wyprzedzania no overtaking
zakaz zatrzymywania no stopping
zakaz zawracania no U-turn
zakaźny [zakaJni] infectious
zakażenie [zakaJen-yeh] infection
zakręt [zakrent] bend
na zakręcie [zakrencheh] on the bend
zakupy pl [zakoopi] shopping
iść po zakupy [eesh-ch] to go shopping
zalany [zalani] pissed
zależeć: to zależy [zaleJi] it depends
załamanie nerwowe [zawaman-yeh nervoveh] nervous breakdown
załatwiać/załatwić [zawat-fyach/zawatfeech] to arrange

załoga [zawoga] crew

zamawiać/zamówić [zamav-yach/zamooveech] to order

zamek castle; lock

zamek błyskawiczny [bwiskaveechni] zip

zamknąć [zamknonch] to close

zamknąć na klucz [klooch] to lock

zamknięte dla ruchu kołowego no entry for vehicular traffic

zamknięte na ferie closed for the holidays

zamknięty [zamk-nyenti] closed

zamówić wizytę [zamooveech veeziteh] to make an appointment

zamówienie [zamoov-yen-yeh] order

zamrażalka [zamraJalka] freezer

zamsz [zamsh] suede

zamykać/zamknąć [zamikach/zamknonch] to close

zamykać/zamknąć na klucz [klooch] to lock

zanieczyszczony [zan-yechish-choni] polluted

zapalać/zapalić [zapalach/zapaleech] to light; to switch on; to start

zapalać/zapalić ognisko [ogneesko] to light a fire/bonfire

zapalenie oskrzeli [zapalen-yeh oskshelee] bronchitis

zapalenie płuc [pwoots] pneumonia

zapalenie wątroby [vontrobi] hepatitis

zapalenie wyrostka robaczkowego [virostka robachkovego] appendicitis

zapalić [zapaleech] to light; to switch on; to start

zapalniczka [zapalneechka] lighter

zapalony [zapaloni] on (light etc)

zapałka [zapa^wuh^ka] match (light)

zaparcie [zaparcheh] constipation

zapiąć pasy fasten seat belts

zapłacić cło [zapwacheech tswo] pay Customs duty

zapłon [zapwon] ignition

zapominać/zapomnieć [zapomeenach/zapom-nyech] to forget

zapomniałam [zapomn-yawam], zapomniałem [zapomn-yawem] I've forgotten

zapraszać/zaprosić [zaprashach/zaprosheech] to invite

serdecznie zapraszam! [serdech-nyeh zaprasham] do come!

zaproszenie [zaproshen-yeh] invitation

zapukać [zapookach] to knock

zapytać [zapitach] to ask (question)

zarabiać/zarobić [zarab-yach/zarobeech] to earn

zaraz [zaras] right away

zaraz wracam [zaras vratsam] back in a moment

zaraz, zaraz! wait a minute!

zarezerwować [zarezervovach]

to book, to reserve

zaręczony [zarenchoni] engaged (to be married)

zaryglować [zariglovach] to bolt

zasłona [zaswona] curtain

zastrzyk [zastshik] injection

zasuwa [zasoova] bolt

zaświadczenie [zash-fyatchen-yeh] certificate

zatańczyć [zatanchich] to dance

zatłoczony [zatwochoni] crowded

zatoka bay

zatrucie pokarmowe [zatrooceh pokarmoveh] food poisoning

zatrzymywać się/zatrzymać się [zatshimivach sheh/zatshimach] to stop; to stay

zatwardzenie [zatfardsen-yeh] constipation

zaułek [za-oowek] close; cul-de-sac

zawiedziony [zav-yedjoni] disappointed

zawołać [zavowach] to call; to shout

zawór [zavoor] valve

zawrót głowy [zavroot gwovi] dizziness

zawsze [zafsheh] always

zazdrosny [zazdrosni] jealous

zazwyczaj [zazvichī] usually

zażalenie [zaJalen-yeh] complaint

ząb [zomp] tooth

zbiornik [z-byorneek] tank

zbiór [z-byoor] collection

zdarzać się/zdarzyć się [zdaJach sheh/zdaJich] to

happen

zdarza się [zdaJa] it happens

zdarzenie [zdaJen-yeh] occurrence

zdarzyć się [zdaJich sheh] to happen

zdechły [zdeHwi] dead (animals)

zdejmować/zdjąć [zdaymovach/z-dyonch] to take off, to remove

zderzak [zdeJak] bumper, (US) fender

zdrowie [zdrov-yeh] health

zdrowy [zdrovi] healthy

zdumiewający [zdoom-yevī-ontsi] astonishing

zdzierstwo [zdjerstfo]
to zdzierstwo it's a rip-off

zdjąć [z-dyonch] to take off, to remove

ze [zeh] out of; from; with

zebranie [zebran-yeh] meeting

zegar clock

zegarek watch, wristwatch

zegar słoneczny [swonechni] sundial

zejść [zaysh-ch] to go down

zemdleć [zemdlech] to faint

zepsuć się [zepsooch sheh] to break down; to get damaged; to go off

zepsuty [zepsooti] broken; off

zeszły: zeszłym razem [zeshwim razem] last time
w zeszłym tygodniu/miesiącu/roku [v – tigod-nyoo/m-yeshontsoo/rokoo] last week/month/year

zewnętrzny [zevnentshni]

external

na zewnątrz [zevnontsh] outside

zezwolenie [zezvolen-yeh] licence

zęby [zembi] teeth

zgadzać się/zgodzić się [zgadsach sheh/zgodjeech] to agree

nie zgadzam się z panem/panią [n-yeh zgads-am – s panem/pan-yON] I don't agree with you

nie zgadzam się na to I won't agree to that

zgasić [zgasheech] to switch off

zgasić światła headlights off

zgaszony [zgashoni] off (lights)

zgniły [zgneewi] rotten

zgoda OK, all right; will do

zgodzić się [zgodjeech sheh] to agree

zgubić [zgoobeech] to lose

Zielone Święta [Jeloneh sh-fyenta] Whitsun

zielony [Jeloni] green

ziemia [Jem-ya] earth; ground

na ziemi [Jemee] on the ground

zięć [Jench] son-in-law

zima [Jeema] winter

zimą [JeemON] in winter

w zimie [v Jeem-yeh] in winter

zimna woda [Jeemna voda] cold water

zimny [Jeemni] cold

zimny okład [okwat] cold compress

zjeżdżaj! [z-yeJdji] get lost!

zjeżdżalnia [z-yeJdjal-nya] slide (for children)

zlewozmywak [zlevozmivak] sink

zł zlotys

złamać [zwamach] to break

złamanie [zwaman-yeh] fracture

złamany [zwamani] broken

złapać gumę [zwapach goomeh] to have a flat tyre

złodziej [zwodjay] thief

złodziej kieszonkowy [k-yeshonkovi] pickpocket

złoto [zwoto] gold

złotówka [zwotoofka] zloty coin

złoty [zwoti] gold, made of gold; zloty (Polish unit of currency)

złożyć zażalenie [zwoJich zaJalen-yeh] to make a complaint

zły [zwi] bad; angry

zmarły [zmarwi] dead

zmarszczki [zmarsh-chkee] wrinkles, lines

zmartwienie [zmart-fyen-yeh] worry

zmartwiony [zmart-fyoni] worried

zmęczony [zmenchoni] tired

zmieniać/zmienić [z-myen-yach/z-myeneech] to change

zmienny [z-myen-ni] changeable

zmyć naczynia [zmich nachin-ya] to do the washing-up

zmywacz lakieru do paznokci [zmivach lak-yeroo do paznokchee] nail varnish remover

zmywać/zmyć naczynia [zmivach/zmich nachin-ya] to do the washing-up

zmywanie [zmivan-yeh] washing-up

zmywarka [zmivarka] dishwasher

znaczek [znachek] stamp

znaczki stamps

znaczyć [znachich] to mean **co to znaczy?** [tso to znachi] what does it mean?

znać [znach] to know (person)

znak drogowy [znak drogovi] roadsign

znalazłam [znalazwam], **znalazłem** [znalazwem] I have found

znajdować/znaleźć [znidovach/znalesh-ch] to find

znam I know **nie znam go** [n-yeh] I don't know him

znieczulenie miejscowe [z-nyechoolen-yeh m-yaytsoveh] local anaesthetic

znieść [zn-yesh-ch] to tolerate, to stand

znikać/zniknąć [zneekach/zneeknonch] to disappear

zniżka [zneeshka] discount; reduced fare

znosić/znieść [znosheech/zn-yesh-ch] to tolerate, to stand

znowu [znovoo] again

zobaczyć [zobachich] to see

zorganizować [zorganeezovach] to organize

zostawiać/zostawić [zostav-

Zm

yach/zostaveech] to leave behind

zostawić wiadomość dla ... [v-yadomosh-ch] to leave a message for ...

z przesiadką w ... [s psheshatkon v] change at ...

zrobić [zrobeech] to do; to make **zrobię to** [zrob-yeh to] I'll do it **nie zrobię tego** [n-yeh] I won't do it

zrozumieć [zrozoom-yech] to understand

zupełnie nowy [zoopeh^{wuh}nyeh novi] brand-new

zupełnie zimny [Jeemni] stone cold

zwichnąć [zveeHnonch] to sprain

zwichnięcie [zveeH-nyencheh] sprain

zwiedzać/zwiedzić [zv-yedsach/zv-yedjeech] to visit (place)

zwiedzanie [zv-yedsan-yeh] sightseeing

zwierzę [zv-yeJeh] animal

zwierzęta [zv-yeJenta] animals

zwracać/zwrócić pieniądze [zvratsach/zvroocheech p-yen-yondseh] to refund

zwyczaj [zvichi] habit

zwykły [zvikwi] usual; simple

Ź

źle [Jleh] badly

Ż

żaden [Jaden] none; no-one; any

żadna [Jadna], żadne [Jadneh] none; no-one

żadną [JadnON] none; with none; no-one

żadnego [Jadnego] none; for none; no-one

żadnej [Jadnay] none; of none; about none; for none

żadnych [JadniH] none; of none; about none; for none

żadnym [Jadnim] none; with none; no-one

żadnymi [Jadnimee] none; with none

żagiel [Jag-yel] sail

żaglówka [Jagloofka] sailing boat

żarówka [Jaroofka] light bulb

żart [Jart] joke

żartować [Jartovach] to joke

żartujesz! [Jartoo-yesh] you've got to be joking!

żądać [Jondach] to demand

żądlić [Jondleech] to sting

żebro [Jebro] rib

żeglarstwo [Jeglarstfo] sailing

żel [Jel] gel

żelazko [Jelasko] iron (for clothes)

żelazny [Jelazni] iron (adj)

żelazo [Jelazo] iron (metal)

żenujący [Jenoo-yontsi] embarrassing

żeton [Jeton] telephone token

złobek [Jwobek] creche

żmija [Jmee-ya] adder

żołądek [Jowondek] stomach

żona [Jona] wife

żonaty [Jonati] married (man)

żółty [Joo^{wuh}ti] yellow

życie [Jicheh] life

życzenie: najlepsze życzenia [nīlepsheh Jichen-ya] best wishes

żyć [Jich] to live

Żyd [Jit] Jew

Żydówka [Jidoofka] Jewess

żydowski [Jidofskee] Jewish

Żydzi [Jidjee] Jewish people

żyletka [Jiletka] razor blade

żywy [Jivi] alive

Ży

Menu
Reader:
Food

Essential Terms

bread chleb [Hlep]
butter masło [maswo]
cup filiżanka [feeleeJanka]
dessert deser
fish ryba [riba]
fork widelec [veedelets]
glass kieliszek [k-yeleeshek]
knife nóż [noosh]
main course drugie danie [droog-yeh dan-yeh]
meat mięso [m-yenso]
menu jadłospis [yadwospees]
pepper pieprz [p-yepsh]
plate talerz [talesh]
salad sałatka [sawatka]
salt sól [sool]
set menu obiad firmowy [feermovi]
soup zupa [zoopa]
spoon łyżka [wishka]
starter zakąska [zakonska]
table stolik [stoleek]

another ..., please proszę jeszcze jedno ... [prosheh yesh-cheh yedno]
excuse me! (to call waiter/waitress) proszę Pana/Pani
could I have the bill, please? proszę o rachunek [raHoonek]

The Polish Alphabet

This section is in Polish alphabetical order:

a, ą, b, c, ć, d, e, ę, f, g, h, i, j, k, l, ł, m, n, ń, o, ó, p, q, r, s, ś, t, u, w, x, y, z, ź, ż

agrest gooseberries

ananas pineapple

antrykot [antrikot] entrecote steak

arbuz [arboos] watermelon

babka plain cake (made with eggs and butter)

babka piaskowa [p-yaskova] madeira cake

bakalie [bakal-yeh] fruit and nuts

baleron ham, boned, boiled, smoked and made into a thick ham-sausage

banan banana

baranina [baraneena] mutton; lamb

barszcz czerwony [barsh-ch chervoni] beetroot soup

barszcz czerwony z pasztecikem [s pashtecheekem] beetroot soup with pastry

barszcz czysty [chisti] clear beetroot soup

barszcz ukraiński [ookra-eenskee] beetroot soup with vegetables

barszcz zabielany [zab-yelani] beetroot soup with soured cream

barszcz z uszkami [ooshkamee] beetroot soup with small ravioli-type pasta parcels

bazylia [bazil-ya] basil

bażant [baJant] pheasant

befsztyk [befshtik] steak

befsztyk tatarski [tatarskee] steak tartare

befsztyk z polędwicy [s polendveetsi] sirloin steak

bekon bacon

beza meringue

bezmięsne [bez-myensneh] without meat

bezy [bezi] meringues

biała kiełbasa [b-yawa k-ye^wuh basa] white sausage (pork sausage with garlic)

białko [b-ya^wuh ko] egg white; protein

biały ser [b-yawi] white, medium-soft cheese, curd cheese

bigos [beegos] hunters' stew – Polish national dish of sweet and sour cabbage with a variety of meats and seasonings

biszkopty [beeshkopti] biscuits, cookies

bita śmietana [beeta sh-myetana] whipped cream

bitki wołowe [beetkee vowoveh] beef cutlets

bliny [bleeni] small thick, rich pancakes

bochenek [boнenek] loaf

boczek [bochek] bacon

boćwinka [bochveenka], **botwinka** [botfeenka] soup made from young beet leaves

bób [boop] broad beans

brizol [breezol] grilled steak

brizol z polędwicy [s polendveetsi] grilled sirloin steak

brukiew [brook-yef] turnips

brukselka [brookselka] Brussels sprouts

bryndza [brindsa] soft ewe's milk cheese

bryzol [brizol] grilled beef steak

brzoskwinia [bJoskfeen-ya] peach

budyń [boodin^yuh] custard-like pudding, similar to blancmange

budyń czekoladowy [chekoladovi] chocolate blancmange

budyń orzechowy [oJeHovi] walnut blancmange

budyń truskawkowy [trooskafkovi] strawberry blancmange

budyń waniliowy [vaneel-yovi] vanilla blancmange

bukiet z jarzyn [book-yet z yaJin] mixed raw and pickled vegetables

bulion [bool-yON] broth

bulion z żółtkiem [Joo^wuht-kyem] broth with egg yolk

bułeczka [boowechka] bread roll

bułka [boo^wuhka] white bread

buraczki [boorachkee] boiled and grated beetroot

buraczki ze śmietaną [zeh sh-myetanON] beetroot in soured cream

buraki [boorakee] beetroot

cebula [tseboola] onion

chałka [Ha^wuhka] plaited loaf of semi-sweet white bread

chałwa [Ha^wuhva] halva (dessert made from sesame seeds)

chipsy [cheepsi] crisps, (US) potato chips

chleb [Hlep] bread

chleb graham [graHam] granary-like bread

chleb razowy [razovi] wholemeal rye bread

chleb żytni [Jitnee] rye bread

chłodnik [Hwodneek] cold beet leaf soup with soured milk or cream

chrupki [Hroopkee] savoury crisp biscuits/cookies, similar to crisps

chrust [Hroost] twig-shaped sweet pastries

chrzan [H-shan] horseradish

ciastko [chastko] pastry; small cake; slice of cake

ciastko tortowe [tortoveh] slice of cream cake

ciastko W-Z [voo-zet] individual chocolate cake filled with cream

ciastko z kremem cream cake

ciasto [chasto] pastry; cake

ciasto drożdżowe [droJdjoveh] yeast cake

ciasto drożdżowe z rodzynkami [z rodsinkamee] yeast cake with dried fruit

ciasto francuskie [frantsoosk-yeh] puff pastry

cielęcina [chelencheena] veal

comber barani w śmietanie [tsomber baranee f sh-myetan-yeh]

saddle of mutton in soured cream

comber sarni [sarnee] loin of venison

comber zajęczy [zo-enchi] saddle of hare

cukier [tsook-yer] sugar

cukierek [tsook-yerek] sweet; confectionery

cukier puder [pooder] icing sugar

cykoria [tsikor-ya] endives

cynaderki [tsinaderkee] kidneys

cynamon [tsinamON] cinnamon

cytryna [tsitrina] lemon

czarne jagody [charneh yagodi] bilberries

czarne porzeczki [poJechkee] blackcurrants

czekolada [chekolada] chocolate

czekolada mleczna [mlechna] milk chocolate

czekolada pitna na gorąco [peetna na gorontso] hot chocolate

czereśnia [cheresh-nya] cherry

czosnek [chosnek] garlic

ćwikła [chfeekwa] beetroot with horseradish

daktyle [daktileh] dates

dania [dan-ya] dishes

dania barowe [baroveh] buffet dishes

dania gotowe [gotoveh] à la carte dishes

dania jarskie [yarsk-yeh]

vegetarian dishes

dania mięsne [m-yensneh] meat dishes

dania rybne [ribneh] fish dishes

dania z drobiu [drob-yoo] poultry dishes

dania z jaj [yo] egg dishes

danie [dan-yeh] dish; course

deser dessert

desery [deseri] desserts

dorsz [dorsh] cod

dropsy [dropsi] fruit drops

drożdżówka [droJdjoofka] brioche

drób [droop] poultry

drugie danie [droog-yeh dan-yeh] main course

drugie śniadanie [sh-nyadan-yeh] 'second breakfast' — more substantial elevenses or an early, light lunch

duszony [dooshoni] braised

dynia [din-ya] pumpkin

dziczyzna [djeechizna] game

dzik [djeek] wild boar

dżem [djem] jam

farsz [farsh] stuffing

fasola beans, kidney beans

fasola szparagowa [shparagova] French beans, string-beans

fasolka po bretońsku [bretoniskoo] beans, bacon and sausage in tomato sauce

faszerowany [fasherovani] stuffed

faworki [favorkee] twig-shaped sweet pastries

figi [feegee] figs

223

filet cielęcy [feelet chelentsi] veal escalope

flaczki [flachkee] tripe cooked in spicy bouillon with vegetables

flaczki cielęce [chelentseh] veal tripe with seasoning

flaki [flakee] tripe

flądra [flondra] flounder

frytki [fritkee] chips, French fries

galaretka jelly

galaretka owocowa [ovotsova] fruit jelly

gałka muszkatołowa [ga^{wuh}ka mooshkatowova] nutmeg

gęś [gensh] goose

gęś pieczona [p-yechona] roast goose

główne danie [gwoovneh dan-yeh] main course

gofry [gofri] waffles

gofry z bitą śmietaną [beetON sh-myetanON] hot waffles with whipped cream

gofry z sosem czekoladowym [s — chekoladovim] hot waffles with chocolate sauce

golonka boiled leg of pork

gołąbki [gowompkee] cabbage leaves stuffed with meat and rice

gotowany [gotovani] boiled

goździki [goJdjeekee] cloves

grahamka [graHamka] brown roll

grejpfrut [graypfroot] grapefruit

grill [greel] barbecue

groch [groH] peas

grochówka [groHoofka] pea soup

groch włoski [vwoskee] chickpeas

groszek [groshek] peas

groszek z marchewką [z marHefkON] peas and carrots

gruszka [grooshka] pear

gruszka w czekoladzie [f chekoladjeh] pear in hot chocolate sauce

grzanka [gJanka] toast

grzanki [gJankee] toast; croûtons

grzybki marynowane [gJipkee marinovaneh] marinated mushrooms

grzybki w śmietanie [f sh-myetan-yeh] mushrooms in soured cream

grzybki z patelni [s patelnee] fried mushrooms

grzyby [gJibi] mushrooms

gulasz [goolash] goulash

halibut [haleeboot] halibut

herbatniki [herbatneekee] biscuits, cookies

homar lobster

imbir [eembeer] ginger

indyk [eendik] turkey

jabłka w cieście [yapka f chesh-cheh] apple fritters

jabłko [yapko] apple

jabłko pieczone [p-yechoneh] baked apple

jadłospis [yadwospees] menu
jagnię [yag-nyeh] lamb
jagody [yagodi] bilberries
jaja faszerowane [yo-a fasherovaneh] stuffed eggs
jajecznica [yo-echneetsa] scrambled eggs
jajka faszerowane [yoka fasherovaneh] stuffed eggs
jajka na boczku [bochkoo] bacon and eggs
jajka na szynce [shintseh] ham and eggs
jajka po wiedeńsku [v-yedenskoo] soft-boiled eggs with butter served in a glass
jajka przepiórcze [pshep-yoorcheh] quails' eggs
jajka sadzone [sadsoneh] fried eggs
jajka sadzone na pomidorach [pomeedoraH] fried eggs and tomatoes
jajko [yoko] egg
jajko na miękko [m-yenk-ko] soft-boiled egg
jajko na twardo [tfardo] hard-boiled egg
jajko sadzone [sadsoneh] fried egg
jarski [yarskee] vegetarian
jarzyny [yaJini] vegetables
jedzenie [yedsen-yeh] food
jeżyny [yeJini] blackberries
jogurt [yogoort] yoghurt

kabanos dry, smoked pork sausage
kaczka [kachka] duck

kaczka pieczona [p-yechona] roast duck
kaczka z jabłkami [yapkamee] roast duck stuffed with apples
kaczka z pomarańczą [pomaranichON] duck with orange sauce
kajzerka [kozerka] small white roll
kalafior [kalaf-yor] cauliflower
kalarepa kohlrabi
kalmary [kalmari] squid
kanapka sandwich
kandyzowany [kandizovani] candied
kanie [kan-yeh] parasol mushrooms
kapusta [kapoosta] cabbage
kapusta czerwona [chervona] red cabbage
kapusta kiszona [keeshona] sauerkraut
kapusta kwaszona [kfashona] sauerkraut
kapuśniak [kapoosh-nyak] cabbage soup
karczochy [karchoHi] artichokes
karmazyn [karmazin] haddock
karp carp
karp na słodko z migdałami [swotko z meegdawamee] carp in sweet almond sauce
karp po grecku [gretskoo] cold carp in onion and tomato sauce
karp w galarecie [v galarecheh] carp in aspic
karp z wody [vodi] boiled carp

karta dań [dani] menu
kartofel potato
kartofelki sauté [kartofelkee soteh] sauté potatoes
kartoflanka potato soup
kartofle [kartofleh] potatoes
kartofle w mundurkach [v moondoorkaн] baked potatoes
kasza [kasha] any type of boiled grain or cereal
kasza gryczana [grichana] buckwheat
kasza jęczmienna [yench-myenna] pearl barley
kasza manna [man-na] semolina
kaszanka [kashanka] black pudding
kasza perłowa [kasha perwova] pearl barley
kasztany [kashtani] chestnuts
kawior [kav-yor] caviar
keczup [kechoop] ketchup
keks fruit-cake
kiełbasa [k-yeh^{wuh}basa] sausage
kiełbasa myśliwska [mishleefska] hunters' smoked pork sausage
kiełbasa na gorąco [gorontso] hot sausage
kiełbasa szynkowa [shinkova] ham sausage
kisiel [keeshel] kind of cranberry jelly dessert
kiszony [keeshoni] pickled
klopsiki [klopsheekee] meat balls
klopsiki w sosie pomidorowym [f sosheh pomeedorovim] meat balls in tomato sauce

klops meat loaf
klopsy [klopsi] meat balls
kluski [klooskee] dumplings, noodles
kluski kartoflane [kartoflaneh] potato dumplings
kluski kładzione [kwadjoneh] flour dumplings
kluski z makiem [mak-yem] noodles with poppy seeds
kminek [kmeenek] caraway seed
knedle [knedleh] plum dumplings
kolacja [kolatsya] supper, evening meal
kołacz [kowach] rich cake (made with eggs and butter)
kołduny [ko^{wuh}dooni] dumplings with savoury meat stuffing
kompot stewed fruit, compote
kompot z jabłek [yabwek] apple compote
kompot z rabarbaru [rabarbaroo] rhubarb compote
konfitury [konfeetoori] jam, preserves
koper dill
kopytka [kopitka] potato dumplings
korniszony [korneeshoni] gherkins
kotlet chop, cutlet
kotlet barani [baranee] mutton chop
kotlet cielęcy [chelentsi] veal cutlet
kotlet de volaille [deh volo]

breaded fried chicken fillet

kotlet jarski [yarskee]
vegeburger, usually made
from eggs and vegetables

kotlet mielony [m-yeloni]
burger

kotlet schabowy [sHabovi] pork
chop

kotlet schabowy z kapustą [s
kapoostON] pork chop with
cabbage

kotlet siekany [shekani]
hamburger steak

kotlet wieprzowy [v-yepshovi]
pork chop

kotlet wołowy [vowovi] beef
cutlet

kremówka [kremoofka] a type
of millefeuille, custard slice

krem z czekoladą [s chekoladON]
cream sprinkled with
chocolate

krewetki [krevetkee] shrimps

krokiety [krok-yeti] croquettes

krokiety z sera i ziemniaków [s
sera ee Jemnyuhkoof] cheese and
potato croquettes

kromka chleba [kromka Hleba]
slice of bread

królik [krooleek] rabbit

krupnik [kroopneek] barley
soup; spiced hot mead

kukurydza [kookooridsa] corn
on the cob, maize

kulebiak [kooleb-yak] pie with
meat, fish or cabbage

kura [koora] chicken

kura w potrawce [f potravtseh]
chicken fricassee

kura w rosole [v rosoleh]
boiled chicken served in
broth

kurczak [koorchak] chicken

kurczak pieczony [p-yechoni]
roast chicken

kurczę [koorcheh] chicken

kurczę pieczone [p-yechoneh]
roast chicken

kurczę po polsku [polskoo]
roast chicken stuffed with
liver and bread

kurczę z rożna [rojna]
barbecued chicken

kurki [koorkee] chanterelle
mushrooms

kuropatwa [kooropatfa]
partridge

kwasek cytrynowy [kfasek
tsitrinovi] citric acid; lemon
flavouring

kwaszony [kfashoni] pickled

kwaśny [kfashni] sour

leniwe pierogi [leneeveh p-
yerogee] cheese dumplings

leszcz [lesh-ch] bream

listek bobkowy [leestek bobkovi]
bayleaf

lody [lodi] ice cream

lody bakaliowe [bakal-yoveh]
tutti-frutti ice cream

lody czekoladowe
[chekoladoveh] chocolate ice
cream

lody kawowe [kavoveh] coffee
ice cream

lody mieszane [m-yeshaneh]
assorted ice cream

lody sorbetowe [sorbetoveh] ice
lollies

lody truskawkowe
[trooskafkoveh] strawberry ice
cream

lody waniliowe [vaneel-yoveh]
vanilla ice cream

lody w waflu [v vafloo] ice-
cream cone

lody z bitą śmietaną [beetON
sh-myetanON] ice cream with
whipped cream

lubczyk [loopchik] lovage

łazanki [wazankee] noodles

łosoś [wososh] salmon

łosoś wędzony [vendsoni]
smoked salmon

majeranek [mo-eranek]
marjoram

majonez [mo-onez] mayonnaise

mak poppy seed

makaron macaroni; pasta

makaron z jajkami [yokamee]
macaroni with fried eggs

makaron z serem macaroni
cheese

makowiec [makov-yets] poppy-
seed cake

makrela mackerel

maliny [maleeni] raspberries

mandarynki [mandarinkee]
tangerines

marchew [marHef] carrot

marchewka [marHefka] carrots

marchewka z groszkiem
[marHefka z grosh-kyem] carrots
and green peas

margaryna [margarina]

margarine

marmolada marmalade

marmurek [marmoorek] marble
cake

marynata [marinata] marinade

marynowany [marinovani]
marinated

masło [maswo] butter

masło orzechowe [oJeHoveh]
peanut butter

masło roślinne [roshleen-neh]
hard margarine made from
vegetable oil

maślaki [mashlakee] buttercup
mushrooms, slippery jacks

maślanka [mashlanka]
buttermilk

mazurek [mazoorek] a kind of
thin cake

mazurek cygański [tsiganskee]
thin cake with nuts,
chocolate and dried fruit

mąka [monka] flour

mąka kartoflana [kartoflana]
potato flour

mąka pszenna [pshen-na]
wheat flour

mąka razowa [razova]
wholemeal flour

mąka żytnia [Jit-nya] rye flour

melba ice cream with fruit
and whipped cream

melon melon

mielonka [m-yelonka] a type of
luncheon meat

mielony [m-yeloni] minced

mięso [m-yenso] meat

migdały [meegdawi] almonds

migdały prażone [praJoneh]

roasted almonds
migdały w soli [f solee] salted almonds

miód [m-yoot] honey

mizeria [meezer-ya] sliced cucumber in soured cream

mleko w proszku [f proshkoo] powdered milk

morele [moreleh] apricots

mostek cielęcy [chelentsi] veal brisket

móżdżek [mooJdjek] brains

mrożonka [mroJonka] frozen food

mrożony [mroJoni] iced, frozen

murzynek [mooJinek] chocolate cake

mus jabłeczny [moos yabwechni] apple mousse

mus owocowy [ovotsovi] fruit mousse

musztarda [mooshtarda] mustard

nadzienie [nadjen-yeh] stuffing

nadziewany [nadjevani] stuffed

na grillu [greel-loo] barbecued

naleśniki [naleshneekee] pancakes

naleśniki z bakaliami w sosie czekoladowym [bakal-yamee f sosheh chekoladovim] pancakes with fruit and nuts in chocolate sauce

naleśniki z dżemem [djemem] jam pancakes

naleśniki z jabłkiem [yapk-yem] pancakes with apple purée

naleśniki z kapustą i grzybami [kapoostON ee gJibamee]

pancakes with cabbage and mushrooms

naleśniki z marmoladą [marmoladON] pancakes with jam

naleśniki z serem pancakes filled with white cheese, with soured cream on top

na parze [paJeh] steamed

napoleonka a type of millefeuille cake, custard slice

na słodko [swotko] served sweet; served as a sweet

na słono [swono] served as a savoury

nerki [nerkee] kidneys

nóżki w galarecie [nooshkee v galarecheh] calves' trotters in aspic

obiad [ob-yat] lunch; dinner

obiad firmowy [feermovi] set menu

obiady domowe [ob-yadi domoveh] set menu of home-cooked meals

obwarzanki [obvaJankee] pretzels

ocet [otset] vinegar

ogórek [ogoorek] cucumber

ogórek kiszony [keeshoni] pickled cucumber in brine

ogórek konserwowy [konservovi] pickled gherkins (in vinegar)

ogórek małosolny [mawosolni] cucumber (pickled for a short time in brine)

ogórki [ogoorkee] cucumbers; gherkins

ogórki kwaszone [kfashoneh] cucumbers in brine

okoń [okoni] perch

olej [olay] oil

olej rzepakowy [Jepakovi] rapeseed oil

olej słonecznikowy [swonechneekovi] sunflower oil

oliwa (z oliwek) [oleeva (z oleevek)] olive oil

oliwki [oleefkee] olives

omlet omelette

omlet 'grzybek' z konfiturami [gJibek s konfeetooramee] fluffy omelette served with fruit preserves

omlet z dżemem [djemem] jam omelette

omlet ze szpinakiem [zeh shpeenak-yem] spinach omelette

omlet z groszkiem [groshk-yem] omelette with peas

omlet z grzybami [gJibamee] mushroom omelette

omlet z pieczarkami [p-yecharkamee] mushroom omelette

omlet z serem cheese omelette

omlet z szynką [shinkON] ham omelette

orzechy [oJeHi] nuts

orzechy laskowe [laskoveh] hazelnuts

orzechy włoskie [vwosk-yeh] walnuts

orzeszki laskowe [oJeshkee laskoveh] hazelnuts

orzeszki ziemne [Jemneh] peanuts

oscypek [ostsipek] smoked ewes' milk cheese

ostrygi [ostrigee] oysters

oszczypek [osh-chipek] smoked ewes' milk cheese

owoce [ovotseh] fruit

ozorki cielęce [ozorkee chelentseh] veal tongue

ozór [ozoor] tongue

paluszki słone [palooshkee swoneh] pretzels

panierowany [pan-yerovani] in breadcrumbs

papryka [paprika] paprika

papryka zielona [Jelona] green peppers

parówka [paroofka] frankfurter

parówki z musztardą [mooshtardON] frankfurters with mustard

pascha [pasHa] cold zabaglione-like dessert, made with beaten egg yolks and sugar

paszteciki [pashtecheekee] savoury pastries, small pasties

paszteciki z grzybami [gJibamee] small mushroom pasties

paszteciki z kapustą [kapoostON] small cabbage pasties

paszteciki z mięsem [m-yensem] small meat pasties

pasztet [pashtet] terrine, pâté

pasztet jarski [yarskee]
vegetable terrine

pasztetówka [pashtetoofka] liver
sausage

pasztet z drobiu [pashtet z drob-
yoo] chicken pâté

pasztet z gęsich wątróbek
[gensheeH vontroobek] pâté de
foie gras

pasztet z zająca [zo-ontsa]
hare pâté

pączki [ponchkee] doughnuts

pieczarki [p-yecharkee]
cultivated button
mushrooms

pieczarki ze śmietaną [zeh sh-
myetanON] button mushrooms
in soured cream

pieczarki z patelni [s patelnee]
button mushrooms sautéed
in butter

pieczeń [p-yecheni] roast meat

pieczeń barania [p-yechenyuh
baran-ya] roast mutton

pieczeń cielęca [chelentsa]
roast veal

pieczeń rzymska [Jimska] meat
loaf

**pieczeń rzymska w sosie
śmietanowym** [f sosheh sh-
myetanovim] sliced meat loaf in
soured cream sauce

pieczeń wieprzowa [v-yepshova]
roast pork

pieczeń wołowa [vowova] roast
beef

pieczeń z dzika [djeeka] roast

wild boar

pieczony [p-yechoni] baked;
roasted

pieczyste [p-yechisteh] roast

pieczywo [p-yechivo] bread
products

pieczywo słodkie [swotk-yeh]
plain cakes, sweet rolls etc

pieprz [p-yepsh] pepper

piernik [p-yerneek] spiced
honeycake

pierogi [p-yerogee] ravioli-like
dumplings

pierogi leniwe [leneeveh]
dumplings filled with curd
cheese

pierogi ruskie [roosk-yeh]
dumplings filled with cheese
and potatoes

pierogi z jagodami [yagodamee]
bilberry dumplings

pierogi z kapustą i grzybami
[kapoostON ee gJibamee]
sauerkraut and mushroom
dumplings

pierogi z mięsem [m-yensem]
meat dumplings

pierogi z mięsem i kapustą
[ee kapoostON] dumplings
filled with meat and cabbage

pierogi z serem cheese
dumplings

pierogi z wiśniami [veesh-
nyamee] dumplings filled
with cherries

pietruszka [p-yetrooshka]
parsley

pikantny [peekantni] spicy

placek [platsek] tart

placek drożdżowy [droJdjovi] yeast cake

placek ze śliwkami [zeh shleefkamee] plum tart

placki kartoflane [platskee kartoflaneh] fried potato cakes; potato pancakes

placki ziemniaczane [Jemnyachaneh] fried potato cakes; potato pancakes

płatki owsiane [pwatkee ofshaneh] porridge oats

polędwica [polendveetsa] sirloin

polędwica po angielsku [angyelskoo] roast fillet of beef

polędwica sopocka [sopotska] smoked pork sirloin

pomarańcza [pomarancha] orange

pomidor [pomeedor] tomato

pory [pori] leeks

porzeczka czarna [poJechka charna] blackcurrants

porzeczka czerwona [chervona] redcurrants

posiłek [posheewek] meal

posiłek z trzechdań threecourse meal

potrawa [potrava] dish, course

potrawy jarskie [potravi yarskyeh] vegetarian dishes

powidła [poveedwa] plum jam purée

poziomki [poJomkee] wild strawberries

prawdziwki [pravdjeefkee] ceps (type of mushroom)

precelki [pretselkee] pretzels

proszek do pieczenia [proshek do p-yechen-ya] baking powder

przecier [pshecher] purée

przecier owocowy [ovotsovi] fruit purée

przecier pomidorowy [pomeedorovi] tomato purée

przekąska [pshekonska] snack

przekąski [pshekonskee] horsd'oeuvres

przekładaniec [pshekwadan-yets] layer cake

przepiórka [pshep-yoorka] quail

przyprawy [pshipravi] seasonings

przystawki [pshistafkee] side dishes

pstrąg [pstronk] trout

pstrąg z wody [vodi] poached trout

ptyś [ptish] cream puff

pulpety [poolpeti] meatballs

pulpety w sosie grzybowym [f sosheh gJibovim] meatballs in mushroom sauce

pulpety w sosie pomidorowym [pomeedorovim] meatballs in tomato sauce

pumpernikiel [poomperneek-yel] dark brown rye bread, with a characteristic bitter-sweet taste, usually sold sliced

pyzy [pizi] potato dumplings

rabarbar rhubarb

racuszki [ratsooshkee] small, round sweet pancakes

rak crayfish

razowy [razovi] solid brown bread sometimes flavoured

with honey

renklody [renklodi] greengages

rizotto z drobiu [reezot-to z drob-yoo] chicken risotto

rodzynki [rodsinkee] raisins; currants

rogal crescent of white bread with a crispy crust

rolmops marinated herring

rosół [rosoo^{wuh}] broth

rosół z makaronem [makaronem] clear soup with noodles

rosół z wkładką [s fkwadkON] broth with pieces of meat

rozbef roast beef

rozmaryn [rozmarin] rosemary

rumsztyk [roomshtik] rump steak

ryba [riba] fish

ryba w galarecie [v galarecheh] fish in aspic

ryby [ribi] fish

rydze [ridseh] saffron milk cap mushrooms

ryż [rish] rice

rzodkiewki [Jotk-yefkee] radishes

salceson [saltseson] brawn

sałata [sawata] lettuce

sałata zielona [Jelona] lettuce

sałatka [sawatka] salad

sałatka jarzynowa [yaJinova] Russian salad

sałatka owocowa [ovotsova] fruit salad

sałatka śledziowa [shledjova] herring salad

sałatka z pomidorów [s pomeedoroof] tomato and onion salad

sandacz [sandach] pike-perch

sardynki [sardinkee] sardines

sarnina [sarneena] venison

sauté [soteh] sautéed, shallow-fried

schab [sHap] joint of pork

schabowy [sHabovi] pork cut from the joint

schab pieczony [sHap p-yechoni] roast loin of pork

seler celery

ser cheese

ser biały [b-yawi] white, medium-soft cheese, curd cheese

ser chudy [Hoodi] low fat cheese, skimmed milk cheese

serdelki [serdelkee] sausages similar to frankfurters

serek masłowy [maswovi] fromage frais

ser myśliwski [mishleefskee] smoked cheese

sernik [serneek] cheesecake

ser topiony [top-yoni] cheese spread

ser tylżycki [tilJitskee] cheese similar to Cheddar

ser żółty [Joo^{wuh}ti] hard cheese

sezamki [sezamkee] sesame snaps

sękacz [senkach] fancy layer cake

siekany [shekani] chopped

skórka pomarańczowa [skoorka pomaranchova] orange peel

skwarki [skfarkee] crackling

słodki [swotkee] sweet

słodzik [swodjeek] artificial sweetener

smażony [smaJoni] fried

sola sole

solony [soloni] salted

sos sauce, gravy

sos beszamel [beshamel] white sauce

sos chrzanowy [H-shanovi] horseradish sauce

sos czekoladowy [chekoladovi] chocolate sauce

sos grzybowy [gJibovi] mushroom sauce

sos koperkowy [koperkovi] dill sauce

sos mięsny [m-yensni] gravy

sos pieczarkowy [p-yecharkovi] button mushroom sauce

sos pomidorowy [pomeedorovi] tomato sauce

sos waniliowy [vaneel-yovi] vanilla sauce

sos własny [vwasni] meat juices

sól [sool] salt

specjalność zakładu [spets-yalnosh-ch zakwadoo] house speciality

spis potraw [spees potraf] menu

stefanka chocolate and vanilla cream layer cake

stek steak

stek tatarski [tatarskee] steak tartare

strucla [strootsla] twist of bread or cake

strucla z makiem [mak-yem] poppy-seed roll

sucharki [sooHarkee] rusks; dry crisp bread

sułtanki [soo^{wuh}tankee] sultanas

surowy [soorovi] raw

surówka [sooroofka] side salad, made with raw and pickled vegetables

surówka z czerwonej kapusty [s chervonay kapoosti] shredded red cabbage

surówka z marchwi [marHvee] grated raw carrot

suszone śliwki [sooshoneh shleefkee] prunes

suszony [sooshoni] dried

szafran [shafran] saffron

szarlotka [sharlotka] apple cake, apple charlotte

szaszłyk [shashwik] mutton kebab

szaszłyk z polędwicy [s polendveetsi] beef barbecued on a skewer with onions

szczaw [sh-chaf] sorrel

szczupak [sh-choopak] pike

szczypiorek [sh-chip-yorek] chives

sznycel [shnitsel] escalope

sznycel cielęcy [chelentsi] veal escalope

sznycel po wiedeńsku [v-yedenskoo] Wiener schnitzel with egg

szparagi [shparagee]
asparagus

szpinak [shpeenak] spinach

szpinak z jajkiem [yok-yem]
spinach and eggs

szprotki [shprotkee] sprats

sztuka mięsa [shtooka m-yensa]
boiled beef

sztuka mięsa w sosie
chrzanowym [f sosheh H-
shanovim] boiled beef in
horseradish sauce

szynka [shinka] ham

szynka gotowana [gotovana]
cooked ham

szynka wędzona [vendsona]
smoked ham

szynka w galarecie [v
galarecheh] jellied ham

śledź [shlech] herring

śledź marynowany [marinovani]
marinated herring

śledź po japońsku [yaponiskoo]
herring with hard-boiled
egg and mayonnaise

śledź w oleju [v olayoo] salted
herring in oil

śledź w oliwie [oleev-yeh]
herring in oil

śledź w śmietanie [sh-myetan-
yeh] herring in soured cream

śliwka [shleefka] plum

śliwki węgierki [veng-yerkee]
damsons

śmietana [sh-myetana] soured
cream

śmietanka [sh-myetanka] cream

śniadanie [sh-nyadan-yeh]
breakfast

świeży [sh-fyeji] fresh

tarty [tarti] grated

tarty ser grated cheese

tatar steak tartare

tłuszcz cukierniczy [twoosh-ch
tsook-yerneechi] vegetable fat

tłuszcz roślinny [roshleen-ni]
vegetable fat

torcik waflowy [torcheek vaflovi]
praline wafer cake

torcik wiedeński [v-yedenskee]
Austrian-style gâteau with
coffee and chocolate
filling

tort cake, gâteau

tort bezowy [bezovi] meringue
tart

tort kakaowy [kaka-ovi]
chocolate cake

tort kawowy [kavovi] coffee
cake

tort orzechowy [ojeHovi]
walnut gâteau

truskawki [trooskafkee]
strawberries

tuńczyk [toonchik] tuna fish

twarożek [tfaroJek] soft white
cream cheese

twarożek ze szczypiorkiem
[zeh sh-chip-york-yem] cottage
cheese with chives

twaróg [tfarook] cottage cheese

tymianek [tim-yanek] thyme

uszka [ooshka] small parcels of
pasta filled with cabbage and
mushrooms

wafelki czekoladowe [vafelkee chekoladoveh] chocolate wafers
wafle [vafleh] wafers
wanilia [vaneel-ya] vanilla
waniliowy [vaneel-yovi] vanilla, vanilla flavour
warzywa [vaJiva] vegetables
wątróbka [vontroopka] liver
wątróbka cielęca [chelentsa] veal liver
wątróbka smażona z cebulą [smaJona s tseboolON] fried liver with onion
wątróbka z drobiu [drob-yoo] chicken liver
wątróbki po żydowsku [vontroopkee po Jidofskoo] cold cooked liver with onion and egg
wędzony [vendsoni] smoked
węgorz [vengosh] eel
węgorz smażony [smaJoni] fried eel
węgorz wędzony [vendsoni] smoked eel
w galarecie [v galarecheh] jellied, in aspic
wieprzowina [v-yepshoveena] pork
winogrona [veenogrona] grapes
wiśnie [veesh-nyeh] sour cherries
w occie [v ots-cheh] pickled in vinegar
wołowe [vowoveh] beef
wołowina [vowoveena] beef
wołowy [vowovi] beef
wuzetka [voozetka] individual chocolate cake filled with cream
w zalewie słonej [v zalev-yeh swonay] in brine

zając [zo-onts] hare
zając w śmietanie [f shm-yetan-yeh] roast hare in soured cream sauce
zakąska [zakonska] starter, appetizer
zalewajka [zalevoka] potato and rye soup
zapiekanka [zap-yekanka] baked cheese dish, gratin
ziarno sezamowe [Jarno sezamoveh] sesame seed
ziele angielskie [Jeleh ang-yels-kyeh] pimento
ziemniaki [Jem-nyakeh] potatoes
ziemniaki puree [p-yooree] mashed potatoes
ziemniaki w mundurkach [v moondoorkaH] jacket potatoes
zioła [Jowa] herbs
zrazy naturalne [zrazi natooralneh] fillets of beef
zrazy zawijane [zaveeyaneh] fillets of beef wrapped round bacon, pickled cucumber and prunes
z rusztu [rooshtoo] grilled
z serem stuffed with cottage cheese
zupa [zoopa] soup
zupa cebulowa [tseboolova] onion soup
zupa fasolowa [fasolova] bean soup

zupa grochowa [groHova] pea
soup

zupa grochówka [groHoofka]
pea soup

zupa grzybowa [gɹibova]
mushroom soup

zupa jarzynowa [yaɹinova]
vegetable soup

zupa kapuśniak [kapoosh-nyak]
cabbage soup

zupa kartoflanka potato soup

zupa mleczna [mlechna] milk-
based soup

zupa ogórkowa [ogoorkova]
cucumber soup

zupa owocowa [ovotsova] fruit
soup

zupa pomidorowa
[pomeedorova] tomato soup

**zupa pomidorowa z
kluseczkami** [s kloosechkamee]
tomato soup with noodles

zupa pomidorowa z ryżem
[riɹem] tomato soup with rice

zupa rybna [ribna] fish soup

zupa szczawiowa [sh-chav-
yova] sorrel soup

z wody [vodi] poached

żeberka [ɹeberka] spare ribs

żółtko [Joo^(wuh)tko] egg yolk

żółty ser [Joo^(wuh)ti] hard cheese

żurawina [Jooraveena]
cranberries

żurek [Joorek] sour rye and
cream soup

żur z kiełbasą [Joor s k-
ye^(wuh)basON] sour rye and
cream soup with smoked
sausage

Menu
Reader:
Drink

Essential Terms

beer piwo [peevo]
bottle butelka [bootelka]
brandy koniak [kon-yak]
coffee kawa [kava]
cup filiżanka ... [feeleeJanka]
a cup of ... filiżankę [feeleeJankeh]
fruit juice sok owocowy [ovotsovi]
gin gin [djeen]
gin and tonic gin z tonikiem [djeen stoneek-yem]
glass kieliszek [k-yeleeshek]
a glass of ... kieliszek ... [k-yeleeshek]
milk mleko
mineral water woda mineralna [voda meeneralna]
red wine czerwone wino [chervoneh veeno]
rosé wino rosé
soda (water) woda sodowa [sodova]
soft drink napój bezalkoholowy [napoo^{yuh} bezalkoholovi]
sugar cukier [tsook-yer]
tea herbata
tonic (water) tonik [toneek]
vodka wódka [vootka]
water woda [voda]
whisky 'whisky'
white wine wino białe [b-yaweh]
wine wino [veeno]
wine list karta win [veen]

another ..., please proszę jeszcze jedno ... [prosheh yesh-cheh yedno]

alkohole wysokoprocentowe
[alkoholeh visokoprotsentoveh]
spirits

bawarka [bavarka] milky tea
bez cukru [bes tsookroo]
without sugar
bez lodu [bez lodoo] without
ice
biała kawa [b-yawa kava] coffee
with milk or cream
bimber [beember] moonshine
butelka [bootelka] bottle
butelka wina [veena] bottle
of wine

ciemne [chemneh] draught beer
cocktail jagodowy [koktol
yagodovi] bilberry milk
shake
cocktail malinowy [maleenovi]
raspberry milk shake
cocktail mleczny [mlechni]
milk shake
cocktail truskawkowy
[trooskafkovi] strawberry milk
shake
cocktail z czarnej porzeczki [s
charnay poJechkee] blackcurrant
milk shake
cocktail z czerwonej porzeczki
[chervonay
poJechkee] redcurrant milk
shake
cukier [tsook-yer] sugar
Cytrynówka® [tsitrinoofka]
lemon-flavoured vodka
czerwone wino [chervoneh
veeno] red wine

czysta [chista] unflavoured
vodka

gazowany [gazovani] fizzy
Gdańskie® [gdans-kyeh]
regional lager
gorąca czekolada [gorontsa
chekolada] drinking chocolate
grzaniec z piwa [gJan-yets s
peeva] mulled beer
grzaniec z wina [veena] mulled
wine
grzany miód [gJani m-yoot]
mulled mead

herbata tea
herbata naturalna [natooralna]
tea without milk
herbata owocowa [ovotsova]
fruit tea
herbata po angielsku [ang-
yelskoo] tea with a drop of
milk
herbata w torebkach [f
torebkaH] teabags
herbata z cytryną [s tsitrinoN]
lemon tea
herbata ziołowa [Jowova] herb
tea

jabłecznik [yabwechneek]
cider
Jarzębiak® [yaJemb-yak]
rowanberry-flavoured vodka

kakao cocoa
karafka carafe
karafka wina [veena] carafe of
wine

karta win [veen] wine list
kawa [kava] coffee
kawa bezkafeinowa [beskafeeenova] decaffeinated coffee
kawa czarna [charna] black coffee
kawa duża [dooJa] large coffee
kawa mała [mawa] small coffee
kawa mielona [m-yelona] ground coffee
kawa mrożona [mroJona] iced coffee
kawa naturalna [natooralna] strong black coffee
kawa neska instant coffee
kawa po staropolsku [staropolskoo] old Polish-style coffee containing spices
kawa po turecku [tooretskoo] Turkish coffee
kawa z bitą śmietaną [z beetON sh-myetanON] coffee with whipped cream
kawa zbożowa [zboJova] ersatz coffee, barley drink
kawa ze śmietanką [zeh shm-yetankON] coffee with cream
kefir [kefeer] kefir, drinking yoghurt
kieliszek [k-yeleeshek] glass
kieliszek czystej [chistay] glass of pure vodka
kieliszek wina [veena] glass of wine
kieliszek wódki [vootkee] glass of vodka
koniak [kon-yak] brandy

koniak francuski [frantsooskee] cognac
koniak gruziński [grooJeenskee] Georgian brandy
kostka lodu [lodoo] ice cube
Krakus® [krakoos] clear vodka
Krupnik® [kroopneek] honey liqueur
Kryniczanka® [krineechanka] mineral water
kwaśne mleko [kfashneh] sour milk

lemoniada [lemon-yada] lemonade
Leżajsk® [leJosk] strongish lager
likier [leek-yer] liqueur
lód [loot] ice

maślanka [mashlanka] buttermilk
Mazowszanka® [mazofshanka] mineral water
Miodówka® [m-yodoofka] honey vodka
miód pitny [m-yoot peetni] mead
mleko milk
Myśliwska wódka® [mishleefska vootka] hunter's vodka flavoured with juniper berries

nalewka [nalefka] strong infusion of herbs, berries, fruit or nuts steeped in alcohol
napoje bezalkoholowe [napoyeh bezalkoholoveh] soft drinks

napój [napoo^yuh] bottled fruit
drink

napój jabłkowy [yapkovi] apple
fruit juice with mineral
water

napój truskawkowy
[trooskafkovi] strawberry juice
with mineral water

napój żurawinowy
[Jooraveenovi] cranberry
cordial

naturalna without milk

Okocim® [okochim] strongish
lager

oranżada [oranJada] orangeade

Pejsachówka® [paysaHoofka] 75
percent, strongest vodka on
the market

Pieprzówka® [p-yepshoofka]
pepper-flavoured vodka

piwo [peevo] beer

piwo beczkowe [bechkoveh]
draught beer

piwo butelkowe [bootelkoveh]
bottled beer

piwo karmelowe [karmeloveh]
alcohol-free dark beer

piwo słodowe [swodoveh]
alcohol-free malt beer

piwo w puszce [f pooshtseh]
canned beer

Piwo Żywieckie® [Jiv-yetsk-yeh]
lager

podpiwek [potpeevek] alcohol-
free dark beer

Polonez® popular brand of
vodka

poncz [ponch] punch

poncz owocowy [ovotsovi] fruit
punch

porter stout

pół butelki [poo^wuh bootelkee]
half bottle

pół litra [leetra] half a litre

puszka piwa [pooshka peeva]
can of beer

ratafia [rataf-ya] fruit liqueur

rum [room] rum

serwatka [servatka] whey

setka vodka measure of 100
grammes

sok juice

sok ananasowy [ananasovi]
pineapple juice

sok grejpfrutowy [graypfrootovi]
grapefruit juice

sok jabłkowy [yapkovi] apple
juice

sok malinowy [maleenovi]
raspberry juice

sok owocowy [ovotsovi] fruit
juice

sok pomarańczowy
[pomaranchovi] orange juice

sok pomidorowy [pomeedorovi]
tomato juice

sok truskawkowy [trooskafkovi]
strawberry juice

sok wiśniowy [veesh-nyovi] sour
cherry juice

sok z czarnej porzeczki [s
charnay poJechkee] blackcurrant
juice

Soplica® [sopleetsa] flavoured,
dry vodka

spirytus [speeritoos] very high percentage alcohol

syfon [sifon] siphon for carbonated water

szampan [shampan] champagne

śliwowica [shleevoveetsa] plum brandy

Tatra Pils® [peels] strong lager

tonik [toneek] tonic water

trunek [troonek] alcoholic drink

Winiak® [veen-yak] Polish brandy

wino [veeno] wine

wino białe [b-yaweh] white wine

wino czerwone [chervoneh] red wine

wino deserowe [deseroveh] dessert wine

wino domowej roboty [domovay roboti] home-made wine

wino grzane [gЈaneh] mulled wine

wino musujące [moosoo-yontseh] sparkling wine

wino porzeczkowe [poЈechkoveh] home-made currant wine

wino półwytrawne [poo^{wuh}vitravneh] medium-dry wine

wino słodkie [swot-kyeh] sweet wine

wino wytrawne [vitravneh] dry wine

Wiśniak® [veesh-nyak] medium-sweet cherry-flavoured vodka

Wiśniówka® [veesh-nyoofka] sweet cherry-flavoured vodka

woda [voda] water

woda mineralna [meeneralna] mineral water

woda sodowa [sodova] soda water

wódka [vootka] vodka

Wrocławskie® [vrotswafsk-yeh] regional lager

Wyborowa® [viborova] dry clear vodka

wytrawne wino [vitravneh veeno] dry wine

z cukrem [s tsookrem] with sugar

z cytryną [s tsitrinON] with lemon

ze śmietanką [zeh sh-myetankON] with cream

z lodem with ice

z mlekiem [mlek-yem] with milk

zsiadłe mleko [s-shadweh mleko] sour milk

Żubrówka® [Јoobroofka] vodka with a blade of bison grass in the bottle

Żytnia® [Јit-nya] clear dry vodka

How the
Language
Works

Pronunciation

In this phrasebook, the Polish has been written in a system of imitated pronunciation so that it can be read as though it were English, bearing in mind the notes on pronunciation given below:

ay	as in m**ay**
ch	as in **ch**urch
ds	as in woo**ds**
g	always hard as in **g**oat
H	a hard 'ch' as in the Scottish way of pronouncing lo**ch**
i	as in p**i**t
ī	as the 'i' sound in m**i**ght
J	as the 's' sound in mea**s**ure
o	as in n**o**t
ON	as in l**o**ng but more nasal, as in the French sound **on**
oo	as in b**oo**k
ow	as in n**ow**
ts	as in ha**ts**
wuh	'w' as in **w**onder, but only lightly pronounced
y	as in **y**es
yuh	'y' as in **y**es, but a slight sound much less pronounced than 'y' above

Polish Pronunciation

aj	'i' as in m**i**ght
au	'ow' as in n**ow**
ą	**on** in the middle of a word; more nasal, as in the French **on**, at the end of a word
c	'ts' as in ha**ts**
ch	'ch' as in the Scottish way of pronouncing lo**ch**
ci/cz/ć	'ch' as in **ch**urch
dz	'ds' as in woo**ds**; or 'dj', similar to the 'j' in **j**am; 'ts' as in ha**ts** at the end of a word

chi ch cze (handwritten annotation)

247

dzi/dź/dż	'dj', similar to the 'j' in **j**am; 'ch' as in **ch**urch at the end of a word
ej	'ay' as in m**ay**
ę	'en' as in **en**gaged in the middle of a word; 'e' as in g**e**t at the end of a word; 'em' as in th**em** if followed by 'b' or 'p'
h	'ch' as in the Scottish way of pronouncing lo**ch**
i	'ee' as in s**ee**d; sometimes 'i' as in p**i**t
j	'y' as in **y**et
ł	'w' as in **w**onder
ni/ń	a slight 'n-y' sound as in **nu**ance
ó	'oo' as in b**oo**k
rz	's' as in mea**s**ure; 'sh' as in **sh**op at the end of a word
si/sz/ś	'sh' as in **sh**op
u	'oo' as in b**oo**k
w	'v' as in **v**ote
y	'i' as in r**i**ch
zi/ź/ż	's' as in mea**s**ure; 'sh' as in **sh**op as the end of a word

The Polish consonants **b**, **d**, **g**, **w** and **z** are generally pronounced like English b, d, g, v and z, but at the end of a word or when preceding certain letters, the pronunciation changes to: p, t, k, f and s respectively.

In Polish, the stress is always on the penultimate syllable of a word. In the English-Polish section, when pronunciation is omitted, the stressed part of the word is shown in bold type.

When **e** (or **ę**) occurs at the end of a Polish word, it is always pronounced, for example: **inne** (another) is pronounced 'een-neh' and **dziękuję** (thank you) is pronounced 'djenkoo-yeh'.

Abbreviations

acc	accusative	m pers	masculine personal
adj	adjective		
dat	dative	n	neuter
f	feminine	nom	nominative
fam	familiar	pl	plural
gen	genitive	pol	polite
instr	instrumental	sing	singular
loc	locative	voc	vocative
m	masculine		

The Polish Alphabet

The Polish-English section and Menu Reader are in Polish alphabetical order which is as follows:

a, ą, b, c, ć, d, e, ę, f, g, h, i, j, k, l, ł, m, n, ń, o, ó, p, q, r, s, ś, t, u, w, x, y, z, ź, ż

Notes

In the English-Polish section, when two forms of the verb are given in phrases such as 'I'd like to ... **chciałbym/ chciałabym** ...', the first form is used by male speakers and the second by female.

When two alternatives are shown in a phrase such as 'do you have any ...? **czy ma pan/pani ...?**', **pan** and **pani** are the polite forms of address; the first is used when speaking to a man and the second when speaking to a woman (see page 268).

Nouns, Articles and Cases

There are no articles (a, an, the) in Polish:

okno
window/a window/
the window

ręcznik
renchneek
towel/a towel/the towel

Context clarifies the equivalent English article:

czy mogę otworzyć okno?
chi mogeh otfoJich okno
may I open the window?

czy mogę prosić o ręcznik?
chi mogeh prosheech o renchneek
can I have a towel?

Polish nouns have one of three genders — masculine, feminine and neuter. Most masculine nouns end in a consonant:

wagon	**ojciec**	**przyjaciel**
vagon	oychets	pshi-yachel
carriage	father	friend (male)

but there are some exceptions, often relating to an occupation:

mężczyzna	**kierowca**
mensh-chizna	k-yerovtsa
man	driver

Most feminine nouns end in **-a**:

matka	**cukiernia**	**tłumaczka**
matka	tsook-yern-ya	twoomachka
mother	cake shop	translator (woman)

but some common exceptions are:

noc	**sól**	**pani**
nots	sool	panee
night	salt	lady; Mrs

Neuter nouns usually end in **-o** or **-e** and occasionally in **-ę**:

łóżko	**wejście**	**imię**
wooshko	vaysh-cheh	eem-yeh
bed	entrance	first name

Words denoting occupations usually have both a masculine and feminine form:

student	**studentka**
stoodent	stoodentka
student (male)	student (female)

nauczyciel	**nauczycielka**
na-oochichel	na-oochichelka
teacher (man)	teacher (woman)

Exceptions to the above rules on gender are shown in the English-Polish and Polish-English sections.

Cases

Polish has seven cases: nominative, accusative, genitive, dative, instrumental, locative and vocative. Usually, words following prepositions change their form according to which case they are in.

Noun endings change depending on the case. The ending used depends basically on two factors:

whether the noun is masculine, feminine or neuter

whether the noun is singular or plural

But in addition to these, there are other factors that affect the case endings (see the tables on pages 257-259).

Nominative Case

The nominative is the case of the subject of a sentence. In the following examples, **sklep** and **Tomasz** are in the nominative:

sklep jest już zamknięty
sklep yest yoosh zamk-nyenti
the shop is already closed

Tomasz wraca jutro
tomash vratsa yootro
Tomasz is coming back
tomorrow

Accusative Case

The object of most verbs takes the accusative. In the following examples the object is in the accusative:

chcielibyśmy zwiedzić Zamek Królewski
Hcheleebishmi z-vyedjeech zamek kroolefskee
we would like to visit the Royal Castle

idę kupić gazetę
eedeh koopeech gazeteh
I'm going out to buy a newspaper

czy mogę zamknąć drzwi?
chi mogeh zamk-nonch dJvee
may I close the door?

sprzedałem mieszkanie
spshedawem m-yeshkan-yeh
I have sold my flat

Some prepositions indicating motion or direction towards something are followed by the accusative:

jedziemy na wakacje
yedjemi na vakats-yeh
we are going on holiday

pójdę przez park
poo^yuh^deh pshes park
I'll walk through the park

poszła na pocztę
poshwa na pochteh
she has gone to the post office

czekam na nią
chekam na n-yON
I'm waiting for her

Genitive Case

The genitive has five functions in Polish.
It is used to indicate possession:

pies Adama
p-yes adama
Adam's dog

There is no word for 'of' in Polish. The genitive is used to translate 'of':

kieliszek wina
k-yeleeshek veena
a glass of wine

pudełko zapałek
poodeh^{wuh}ko zapawek
a box of matches

It replaces the accusative as the direct object whenever the verb is preceded by **nie** (not):

mam samochód (acc)
mam samoHoot
I have a car

nie mam samochodu (gen)
n-yeh mam samoHodoo
I haven't got a car

It follows certain verbs, such as **szukać** (to look for) and **słuchać** (to listen to):

szukam klucza
shookam kloocha
I'm looking for a key

słucham muzyki
swooHam moozikee
I'm listening to music

It is used after expressions of quantity:

dużo ludzi
dooJo loodjee
many people

kilka godzin
keelka godjeen
a few hours

It is used after many prepositions such as **od** (from; since); **do** (to; into); **dla** (for); **koło** (near; by); **z/ze** (out of; from):

od czerwca
ot cherftsa
since June

z Londynu do Warszawy
z londinoo do varshavi
from London to Warsaw

Dative Case

The dative is used for the indirect object of a sentence and is used with verbs like **pomagać** (to help), **dawać** (to give), **pozwalać** (to allow) and **pożyczać** (to lend). It often corresponds to 'to' (as in 'to me') in English:

dałem to Marysi
dawem to marishee
I gave it to Mary

pozwoliłem jej tam pójść
pozvoleeewem yay tam poo^{yuh}sh-ch
I let her go there

Instrumental Case

The instrumental is used to show by whom or by what means an action is carried out. It is used to translate 'by' when referring to means of transport:

podróżujemy samochodem
podrooɟoo-yemi samoнodem
we are travelling by car

przyjechałem pociągiem
pshi-yeнawem pochong-yem
I came by train

list wysłany pocztą lotniczą
leest viswani pochton lotneechon
a letter sent by airmail

The instrumental is used with some prepositions, such as **z/ze** (with), and also after a group of prepositions denoting position (used in reply to the question 'where?', but not 'where to?'), for example, **przed** (in front of; before), **nad** (above), **pod** (under; below) and **za** (behind):

herbata z mlekiem
herbata z mlek-yem
tea with milk

przed obiadem
pshed ob-yadem
before lunch

pod stołem
pot stowem
under the table

przed hotelem
pshet hotelem
in front of the hotel

Locative Case

The locative is used with prepositions denoting location, such as **na** (on; at), **w/we**★ (in), **przy** (by; at); it is also used with **po** (after) and **o** (about; of):

na ulicy
na ooleetsi
on the street

w samolocie
f samolocheh
on the plane

w pokoju
f pokoyoo
in the room

po obiedzie
po ob-yedjeh
after lunch

rozmawiali o dzieciach
rozmav-yalee o djechaн
they were talking about the children

★ **We** is used before words beginning with a consonant cluster, to make the pronunciation easier:

we Francji
veh frants-yee
in France

we wtorek
veh ftorek
on Tuesday

we łzach
veh wzaн
in tears

Vocative Case

The vocative is used when addressing people directly:

panie i panowie
pan-yeh ee panov-yeh
ladies and gentlemen

Ewo!/Aniu!
evo/an-yoo
Eva!/Anna!

Janku!/Adamie!
yankoo/adam-yeh
Janek!/Adam!

Numbers and Cases

Numbers in Polish also determine the case of the noun. 1 takes the nominative singular; 2, 3, 4 and all numbers ending in 2, 3 or 4 (except 12, 13 and 14) take the nominative plural and all other numbers take the genitive plural:

jeden dom
yeden dom
1 house

trzy dni
tshi dni
3 days

dwanaście talerzy	czterdzieści osiem godzin
dvanash-cheh taleJi	chterdjesh-chee oshem godjeen
12 plates	48 hours

Jeden (one) has three genders:

jeden tydzień
yeden tidjen^{yuh}
one week

jedna książka
yedna kshonshka
one book

jedno jabłko
yedno yapko
one apple

The number 'two' in Polish has four different forms: **dwa** is the general impersonal form used with masculine and neuter nouns; **dwaj** is the masculine personal form, used to refer to male people; **dwie** is used for feminine nouns; and **dwoje** is the neuter form, which is only used to refer to children and young animals:

dwa koty
dva koti
two cats

dwaj chłopcy
dvī ниoptsi
two boys

dwie kobiety
d-vyeh kob-yeti
two women

dwoje dzieci
dvoyeh djechee
two children

Cases of Masculine Nouns

Masculine nouns usually end in a consonant, apart from a group of nouns (mostly occupations) which end in **-a**, for example, **kierowca** (driver) and **dentysta** (dentist). There are two ways of declining masculine nouns depending on whether they are animate (people, animals) or inanimate (objects, abstract nouns):

	ojciec father	**pociąg** train		
	singular		plural	
	animate	inanimate	animate	inanimate
nom	**ojciec**	**pociąg**	**ojcowie**	**pociągi**
	oychets	pochonk	oytsov-yeh	pochongee
acc	**ojca**	**pociąg**	**ojców**	**pociągów**
	oytsa	pochonk	oytsoof	pochongoof
gen	**ojca**	**pociągu**	**ojców**	**pociągów**
	oytsa	pochongoo	oytsoof	pochongoof
dat	**ojcu**	**pociągowi**	**ojcom**	**pociągom**
	oytsoo	pochongovee	oytsom	pochongom
instr	**ojcem**	**pociągiem**	**ojcami**	**pociągami**
	oytsem	pochong-yem	oytsamee	pochongamee
loc	**ojcu**	**pociągu**	**ojcach**	**pociągach**
	oytsoo	pochongoo	oytsaH	pochongaH
voc	**ojcze!**			
	oycheh			

Cases of Feminine Nouns

Most feminine nouns end in -a, but there are a number that
end in a consonant, and a few that end in -i.

	pani	**torebka**	**noc**
	lady; Mrs	handbag	night
singular			
nom	**pani**	**torebka**	**noc**
	panee	torepka	nots
acc	**panią**	**torebkę**	**noc**
	pan-yON	torepkeh	nots
gen	**pani**	**torebki**	**nocy**
	panee	torepkee	notsi
dat	**pani**	**torebce**	**noc**
	panee	toreptseh	nots
instr	**panią**	**torebką**	**nocą**
	pan-yON	torepkON	notsON
loc	**pani**	**torebce**	**nocy**
	panee	toreptseh	notsi
voc	**pani!**		
	panee		

plural			
nom	**panie**	**torebki**	**noce**
	pan-yeh	torepkee	notseh
acc	**panie**	**torebki**	**noce**
	pan-yeh	torepkee	notseh
gen	**pań**	**torebek**	**nocy**
	pan^{yuh}	torebek	notsi
dat	**paniom**	**torebkom**	**nocom**
	pan-yom	torepkom	notsom
instr	**paniami**	**torebkami**	**nocami**
	pan-yamee	torepkamee	notsamee
loc	**paniach**	**torebkach**	**nocach**
	pan-yaн	torepkaн	notsaн

Cases of Neuter Nouns

Neuter nouns end in -o or -e and occasionally in -ę:

	jajko	**słowo**	**pole**
	egg	word	field
singular			
nom	**jajko**	**słowo**	**pole**
	yīko	swovo	poleh
acc	**jajko**	**słowo**	**pole**
	yīko	swovo	poleh
gen	**jajka**	**słowa**	**pola**
	yīka	swova	pola
dat	**jajku**	**słowu**	**polu**
	yīkoo	swovoo	poloo
instr	**jajkiem**	**słowem**	**polem**
	yī-kyem	swovem	polem
loc	**jajku**	**słowie**	**polu**
	yīkoo	swov-yeh	poloo
plural			
nom	**jajka**	**słowa**	**pola**
	yīka	swova	pola
acc	**jajka**	**słowa**	**pola**
	yīka	swova	pola
gen	**jajek**	**słów**	**pól**
	yī-ek	swoov	pool

plural

dat	jajkom	słowom	polom
	yĭkom	swovom	polom
instr	jajkami	słowami	polami
	yĭkamee	swovamee	polamee
loc	jajkach	słowach	polach
	yĭkaн	swovaн	polaн

Prepositions

Some common prepositions and the cases they take (see also Cases pages 250-256):

bez [bes] (+ gen) without
dla (+ gen) for
do (+ gen) to; into
koło [kowo] (+ gen) near; by
między [m-yendzi] (+ instr) among; between
na (+ acc) on; to; for
na (+ loc) on; at
nad [nat] (+ instr) above
naprzeciwko [napshecheefko] (+ gen) opposite
o (+ loc) about; of
obok (+ gen) beside, next to
od [ot] (+ gen) from; off; of; for; since
po (+ loc) after
pod [pot] (+ instr) below; under
poza (+ instr) beyond
przeciw [pshechif] (+ dat) against
przed [pshet] (+ instr) before; in front of
przez [pshes] (+ acc) through
przy [pshi] (+ loc) by; at
w/we [v/veh] (+ loc) on
z/ze [zeh] (+ gen) out of; from
z/ze (+ instr) with
za (+ instr) behind

Adjectives and Adverbs

Adjectives

There are two categories of adjectives in Polish – those that express basic qualities:

dobry	**nowy**	**czysty**	**czerwony**
dobri	novi	chisti	chervoni
good	new	clean	red

and those which are derived from nouns or verbs:

wełna	**wełniany**	**widzieć**	**widzialny**
veh^{wuh}na	veh^{wuh}n-yani	veedjech	veedjalni
wool	woollen	to see	visible

Adjectives agree in case, gender and number with the nouns to which they refer.

dobry good

singular

	masculine	feminine	neuter
nom	**dobry**	**dobra**	**dobre**
	dobri	dobra	dobreh
acc	**dobrego/dobry***	**dobrą**	**dobre**
	dobrego/dobri	dobrON	dobreh
gen	**dobrego**	**dobrej**	**dobrego**
	dobrego	dobray	dobrego
dat	**dobremu**	**dobrej**	**dobremu**
	dobremoo	dobray	dobremoo
instr	**dobrym**	**dobrą**	**dobrym**
	dobrim	dobrON	dobrim
loc	**dobrym**	**dobrej**	**dobrym**
	dobrim	dobray	dobrim

* The accusative case of masculine adjectives has two forms: the first form is used with animate nouns (people, animals) and the second form is used with inanimate nouns (objects, abstract nouns).

plural		
	m pers	general
nom	**dobrzy**	**dobre**
	dobji	dobreh
acc	**dobrych**	**dobre**
	dobriн	dobreh
gen	**dobrych**	**dobrych**
	dobriн	dobriн
dat	**dobrym**	**dobrym**
	dobrim	dobrim
instr	**dobrymi**	**dobrymi**
	dobrimee	dobrimee
loc	**dobrych**	**dobrych**
	dobriн	dobriн

The plural forms of the adjective given in the lefthand column above (which we call masculine personal) are used to describe men only. The general forms are used to describe women, children, animals, objects or abstract nouns. Similarly, there are also two categories of plural for both demonstratives and possessives, see pages 263-266.

As in English, adjectives usually precede the noun.

Comparatives

To form the comparative, remove the final letter of the adjective and add one of the following endings:

singular

masculine	feminine	neuter
-szy	**-sza**	**-sze**
-shi	-sha	-sheh

plural

masculine	feminine	neuter
-si	**-sze**	**-sze**
-shee	-sheh	-sheh

There may be some vowel or consonant changes as well:

młody	młodszy		ciepły	cieplejszy
mwodi	mwotshi		chepwi	cheplayshi
young	younger		warm	warmer

szybki	szybszy		ciemny	ciemniejszy
shipkee	shipshi		chemni	chem-nyayshi
fast	faster		dark	darker

biały	bielszy		długi	dłuższy
b-yawi	b-yelshi		dwoogee	dwoosh-shi
white	whiter		long	longer

tani	tańszy
tanee	tanshi
cheap	cheaper

Some common irregular forms:

duży	większy		mały	mniejszy
dooJi	v-yenkshi		mawi	m-nyayshi
large	larger		small	smaller

dobry	lepszy		zły	gorszy
dobri	lepshi		zwi	gorshi
good	better		bad	worse

lekki	lżejszy
lek-kee	lJayshi
light	lighter

Superlatives

To form the superlative, add the prefix naj- to the comparative:

młodszy	najmłodszy		cieplejszy	najcieplejszy
mwotshi	nīmwotshi		cheplayshi	nīcheplayshi
younger	youngest		warmer	warmest

bliższy	**najbliższy**	**twardszy**	**najtwardszy**
bleesh-shi	nībleesh-shi	tfartshi	nītfartshi
nearer	nearest	harder	hardest

Some adjectives cannot be changed in the way described above; in such cases, the comparative and superlative are formed using the adverbs **bardziej** (more) and **najbardziej** (the most):

zmęczony	**bardziej zmęczony**	**najbardziej zmęczony**
zmenchoni	bardjay zmenchoni	nībardjay zmenchoni
tired	more tired	the most tired

Adverbs

To form the adverb, remove the final letter of the adjective and replace it with **-o** or **-ie** (there may be some vowel or consonant changes as well):

zimny	**zimno**	**piękny**	**pięknie**
Jeemni	Jeemno	p-yenkni	p-yenk-nyeh
cold	coldly	beautiful	beautifully

drogi	**drogo**	**śmieszny**	**śmiesznie**
drogee	drogo	sh-myeshni	sh-myesh-nyeh
expensive	expensively	funny	funnily

szybki	**szybko**	**uprzejmy**	**uprzejmie**
shipkee	shipko	oopshaymi	oopshay-myeh
quick	quickly	polite	politely

Demonstratives

The Polish demonstrative adjectives and pronouns are: **ten/ta/to**. These both mean 'this (one)' and 'that (one)'.

The forms change according to gender and case:

	masculine	feminine	neuter
nom	**ten**	**ta**	**to**
	ten	ta	to
acc	**tego/to***	**tą**	**to**
	tego/to	tON	to
gen	**tego**	**tej**	**tego**
	tego	tay	tego
dat	**temu**	**tej**	**temu**
	temoo	tay	temoo
instr	**tym**	**tą**	**tym**
	tim	tON	tim
loc	**tym**	**tej**	**tym**
	tim	tay	tim

* The accusative case of masculine demonstratives has two forms: the first form is used with animate nouns (people, animals) and the second form is used with inanimate nouns (objects, abstract nouns).

The plural demonstratives 'these' and 'those' are:

ci/te

	m pers	general			m pers	general
nom	**ci**	**te**		dat	**tym**	**tym**
	chee	teh			tim	tim
acc	**tych**	**te**		instr	**tymi**	**tymi**
	tiH	teh			timee	timee
gen	**tych**	**tych**		loc	**tych**	**tych**
	tiH	tiH			tiH	tiH

There is another demonstrative: **tamten/tamta/tamto** 'that (one)' and **tamci/tamte** 'those', used when referring to something further away. These decline like **ten/ta/to/ci/te** above.

czy to w tym kierunku?
chi to ftim k-yeroonkoo
is it in this/that direction?

nie wiedziałem o tym
v-yedjawem o tim
I didn't know that

tamten peron
that platform (over there)

Possessives

Possessive pronouns (mine, yours, hers etc) and possessive adjectives (my, your, her etc) have the same form in Polish:

to jest mój parasol
to yest moo^{yuh} parasol
this is my umbrella

ten parasol yest moo^{yuh}
this umbrella is mine
ten parasol jest mój

Apart from the possessives **jego** (his), **jej** (her/hers), **ich** (their/theirs), which always have the same form, possessives change according to gender, case and number:

mój/moje/moja/moi/moje my/mine

	singular		plural	
	m/n	f	m pers	general
nom	**mój/moje**	**moja**	**moi**	**moje**
	moo^{yuh}/moyeh	moya	mo-ee	moyeh
acc	**moje**	**moją**	**moich**	**moje**
	moyeh	moyON	mo-eeH	moyeh
gen	**mojego**	**moje**	**moich**	**moich**
	moyego	moyay	mo-eeH	mo-eeH
dat	**mojemu**	**mojej**	**moim**	**moim**
	moyemoo	moyay	mo-eem	mo-eem
instr	**moim**	**moją**	**moimi**	**moimi**
	mo-eem	moyON	mo-eemee	mo-eemee
loc	**moim**	**mojej**	**moich**	**moich**
	mo-eem	moyay	mo-eeH	mo-eeH

twój/twoja/twoje/twoi/twoje your/yours (sing, fam) follow the same pattern as **mój/moje/moja/moi/moje** above.
jego [yego] his – does not change.
jej [yay] her/hers – does not change.

nasz/nasze/nasza/nasi/nasze our/ours

	singular	plural		m pers	general
	m/n	f			
nom	**nasz/nasze**	**nasza**		**nasi**	**nasze**
	nash/nasheh	nasha		nashee	nasheh
acc	**nasze**	**naszą**		**naszych**	**nasze**
	nasheh	nashON		nashiH	nasheh
gen	**naszego**	**naszej**		**naszych**	**naszych**
	nashego	nashay		nashiH	nashiH
dat	**naszemu**	**naszej**		**naszym**	**naszym**
	nashemoo	nashay		nashim	nashim
instr	**naszym**	**naszą**		**naszymi**	**naszymi**
	nashim	nashON		nashimee	nashimee
loc	**naszym**	**naszej**		**naszych**	**naszych**
	nashim	nashay		nashiH	nashiH

wasz/wasze/wasza/wasi/wasze your/yours (pl, fam) follow the same pattern as **nasz/nasze/nasza/nasi/nasze** above.
ich [eeH] their/theirs – does not change.

There is also a possessive pronoun and adjective **swój** which follows the patterns of **mój** and **twój**. It is used when it refers to something possessed by the subject of the sentence and when the identity of the possessor is clear:

biorę swoje klucze
b-yoreh sfoyeh kloocheh
I'm taking my keys

czy bierzesz swoje klucze?
chi b-yeJesh sfoyeh kloocheh
are you taking your keys?

Anna bierze swoje klucze
an-na b-yeJeh sfoyeh kloocheh
Anna is taking her keys

Personal Pronouns

Subject pronouns are as follows:

ja	[ya]	I
ty	[ti]	you (sing, fam)
on/ona/ono	[on/ona/ono]	he/she/it
my	[mi]	we
wy	[vi]	you (pl, fam)
oni*/one	[onee/oneh]	they (m pers/general)

* The masculine personal **oni** is used when referring to men; **one** is the general pronoun used to refer to women, children, animals, objects or abstract nouns of all three genders.

Subject pronouns are generally omitted in Polish when the subject of the sentence is obvious, but they can be retained for special emphasis or to avoid confusion:

kiedy przyjdziesz?
k-yedi pshee-djesh
when are you coming?

nie wiem
n-yeh v-yem
I don't know

on to zrobił
on to zrobee^wuh
he did it

on to lubi, a ona nie
on to loobee a ona n-yeh
he likes it, but she doesn't

The forms of personal pronouns change according to the case:

	ja	ty	on	ona	ono
nom	ya	ti	on	ona	ono
acc	mnie	ciebie	jego/go	ją/nią	je
	mnyeh	cheb-yeh	yego/go	yON/n-yON	yeh
gen	mnie	ciebie	jego/niego	jej/niej	niego/go
	mnyeh	cheb-yeh	yego/n-yego	yay/n-yay	n-yego/go
dat	mnie/mi	tobie/ci	jemu/mu	jej/niej	jemu/mu
	mnyeh/mee	tob-yeh/chee	yemoo/moo	yay/n-yay	yemoo/moo
instr	mną	tobą	nim	nią	nim
	mnON	tobON	neem	n-yON	neem
loc	mnie	tobie	nim	niej	nim
	mnyeh	tob-yeh	neem	n-yay	neem

nom	my	wy	oni*	one**
	mi	vi	onee	oneh
acc	nas	was	ich/nich	je/nie
	nas	vas	eeн/neeн	yeh/n-yeh
gen	nas	was	ich/nich	ich/nich
	nas	vas	eeн/neeн	eeн/neeн
dat	nam	wam	im/nim	im/nim
	nam	vam	eem/neem	eem/neem
instr	nami	wami	nimi	nimi
	namee	vamee	neemee	neemee
loc	nas	was	nich	nich
	nas	vas	neeн	neeн

* Masculine personal form used when referring to men, for example brother, father etc.

** General form used to refer to women, children, animals and inanimate objects of all three genders.

In the above table, the alternative forms beginning with n- are used after prepositions:

zaprosiłam ich na jutro	**czy to dla nich?**
zaprosheewam eeн na yootro	chi to dla neeн
I have invited them for tomorrow	is this is for them?

You

The personal pronouns **ty** and **wy** ('you' singular and plural) are only used when addressing family, friends and children. The polite forms for 'you', used to address all other people, are:

pan [pan] to a man
pani [panee] to a woman
panowie [panov-yeh] to more than one man
panie [pan-yeh] to more than one woman
państwo [panstfo] to a man and woman or a group of men and women

The above forms are used with the third person of the verb (singular or plural as appropriate):

czy pan ma bilet?
chi pan ma beelet
have you got a ticket? (to a man)

czy pani pije kawę z mlekiem?
chi panee pee-yeh kaveh z mlek-yem
do you take milk in your coffee? (to a woman)

co państwo zamówili?
tso panstfo zamooveelee
what have you ordered? (to a man and a woman, or to a group of men and women)

They decline like nouns (see pages 256-258):

lubię pana/panią
pan-yON
I like you

Verbs

Aspects

The basic form of the verb given in the English-Polish and Polish-English sections is the infinitive (to drive, to go etc), which in Polish ends in **-ć** (and sometimes in **-c**). Most Polish verbs have two forms known as the imperfective and perfective aspects. (In the English-Polish and Polish-English sections, verbs are given in the order imperfective/perfective.) The imperfective aspect is generally used to refer to a process or an action which is either unfinished, habitual or continuous. The perfective aspect is used to describe a completed action in the past and also to form one of the future tenses (see pages 275-276).

czy przeczytałaś już tą książkę? (perfective)
chi pshechitawash yoosh TON kshonshkeh
have you finished reading this book?

wczoraj wieczorem czytałam książkę (imperfective)
fchorī v-yechorem chitawam kshonshkeh
last night I was reading a book

on nie zjadł śniadania (perfective)
on n-yeh z-yad^wuh sh-nyadan-ya
he hasn't eaten his breakfast

nigdy nie jadam ryb (imperfective)
neegdi n-yeh yadam rip
I never eat fish

kupowali dom (imperfective)
koopovalee dom
they were buying a house

kupili dom (perfective)
koopeelee dom
they bought a house, they have bought a house

Tenses

Basically, Polish verbs have three tenses — present, past and future.

Present Tense

The present tense corresponds to 'I read' and 'I am reading' in English. It is formed from the imperfective aspect and the main conjugation patterns are as follows:

jeść	[yesh-ch]	to eat
jem	[yem]	I eat, I am eating etc
jesz	[yesh]	you eat (sing, fam)
je	[yeh]	he/she/it eats, you eat (sing, pol)
jemy	[yemi]	we eat
jecie	[yecheh]	you eat (pl, fam)
jedzą	[yedsON]	they eat, you eat (pl, pol)

pić	[peech]	to drink
piję	[pee-yeh]	I drink, I am drinking etc
pijesz	[pee-yesh]	you drink (sing, fam)
pije	[pee-yeh]	he/she/it drinks, you drink (sing, pol)
pijemy	[pee-yemi]	we drink
pijecie	[pee-yecheh]	you drink (pl, fam)
piją	[pee-yON]	they drink, you drink (pl, pol)

płacić	[pwacheech]	to pay
płacę	[pwatseh]	I pay, I am paying etc
płacisz	[pwacheesh]	you pay (sing, fam)
płaci	[pwachee]	he/she pays, you pay (sing, pol)
płacimy	[pwacheemi]	we pay
płacicie	[pwacheecheh]	you pay (pl, fam)
płacą	[pwatsON]	they pay, you pay (pl, pol)

czytać	[chitach]	to read
czytam	[chitam]	I read, I am reading etc
czytasz	[chitash]	you read (sing, fam)
czyta	[chita]	he/she reads, you read (sing, pol)
czytamy	[chitami]	we read
czytacie	[chitacheh]	you read (pl, fam)
czytają	[chitī-ON]	they read, you read (pl, pol)

rozumieć	[rozoom-yech]	to understand
rozumiem	[rozoom-yem]	I understand
rozumiesz	[rozoom-yesh]	you understand (sing, fam)
rozumie	[rozoom-yeh]	he/she understands, you understand (sing, pol)
rozumiemy	[rozoom-yemi]	we understand
rozumiecie	[rozoom-yecheh]	you understand (pl, fam)
rozumieją	[rozoom-yayON]	they understand, you understand (pl, pol)

Some more useful examples:

być	[bich]	to be
jestem	[yestem]	I am
jesteś	[yestesh]	you are (sing, fam)
jest	[yest]	he/she/it is, you are (sing, pol)
jesteśmy	[yesteshmi]	we are
jesteście	[yestesh-cheh]	you are (pl, fam)
są	[soN]	they are, you are (pl, pol)
mieć	[m-yech]	to have
mam	[mam]	I have
masz	[mash]	you have (sing, fam)
ma	[ma]	he/she/it has, you have (sing, pol)
mamy	[mami]	we have
macie	[macheh]	you have (pl, fam)
mają	[mī-oN]	they have, you have (pl, pol)
iść	[eesh-ch]	to go
idę	[eedeh]	I go, I am going etc
idziesz	[eedjesh]	you go (sing, fam)
idzie	[eedjeh]	he/she/it goes, you go (sing, pol)
idziemy	[eedjemi]	we go
idziecie	[eedjecheh]	you go (pl, fam)
idą	[eedoN]	they go, you go (pl, pol)

Past Tense

To form the past tense replace the infinitive ending -ć with the following endings:

	masculine	feminine	neuter
(ja)	-łem	-łam	
	-wem	-wam	
(ty)	-łeś	-łaś	
	-wesh	-wash	
(on/ona/ono)	-ł	-ła	-ło
	_wuh	-wa	-wo
(my)	-liśmy	-łyśmy	
	-leeshmi	-wishmi	
(wy)	-liście	-łyście	
	-leesh-cheh	-wish-cheh	
(oni/one)	-li*/-ły**	-ły**	-ły**
	-lee/-wi	-wi	-wi

* The masculine personal ending -li is used when referring to men only.

** -ły is the general ending, used when referring to other masculine nouns, women, children, animals, objects or abstract nouns of all three genders.

Note that there are different endings for male, female and neuter subjects:

mój brat mieszkał w Poznaniu
moo^yuh brat m-yeshka^wuh f poznan-yoo
my brother lived in Poznań

moja siostra mieszkała w Londynie
moya shostra m-yeshkawa v londin-yeh
my sister lived in London

moje najstarsze dziecko mieszkało ze mną
moyeh nīstarsheh djetsko m-yeshkawo zeh mnoN
my eldest child lived with me

Some useful conjugations in the past tense:

być	[bich]		to be
masculine	feminine	neuter	
byłem	**byłam**		I was
biwem	biwam		
byłeś	**byłaś**		you were (sing, fam)
biwesh	biwash		
był	**była**		he/she/it was,
bi^wuh	biwa		you were (sing, pol)
		było	it was
		biwo	
byliśmy	**byłyśmy**		we were
bileeshmi	biwishmi		
byliście	**byłyście**		you were (pl, fam)
bileesh-cheh	biwish-cheh		
byli*/były	**były**	**były**	they were (m pers/
bilee/biwi	biwi	biwi	general), you were (pl, pol)

robić	[robeech]	to do	
masculine	feminine	neuter	
robiłem	**robiłam**		I was doing
robeewem	robeewam		
robiłeś	**robiłaś**		you were doing
robeewesh	robeewash		(sing, fam)
robił	**robiła**		he/she/it was doing,
robee^wuh	robeewa		you were doing (sing, pol)
		robiło	it was doing
		robeewo	
robiliśmy	**robiłyśmy**		we were doing
robeeleeshmi	robeewishmi		
robiliście	**robiłyście**		you were doing
robeeleesh-cheh	robeewish-cheh		(pl, fam)
robili*/robiły**	**robiły****	**robiły****	they were doing
robeelee/robeewi	robeewi	robeewi	(m pers/general), you
			were doing (pl, pol)

* The masculine personal ending -li is used when referring to men only.

** -ly is the general ending, used when referring to other masculine nouns, women, children, animals, objects or abstract nouns of all three genders.

Past Tense: Use of the Imperfective and Perfective

The imperfective aspect is generally used to refer to a process or an action which is either unfinished, habitual or continuous. The perfective aspect is used to describe a completed action in the past and also to form one of the future tenses (see pages 275-276). The perfective form of a verb is often formed by adding a prefix, such as z-, prze-, na-, u-, wy-, po-, za-:

imperfective		perfective	
jadłam	I was eating	**zjadłam**	I ate, I have
yadwam		z-yadwam	eaten
czytałem	I was reading	**przeczytałem**	I read, I have
chitawem		pshechitawem	read
pisał	he was writing	**napisał**	he wrote, he has
peesa^{wuh}		napeesa^{wuh}	written
myliśmy	we were	**umyliśmy**	they washed, they
mileeshmi	washing	oomileeshmi	have washed
szli	they were	**poszli**	they went, they
shlee	going	poshlee	have gone
liczyłeś	you were	**policzyłeś**	you counted, you
leechiwesh	counting	poleechiwesh	have counted
czekała	she was waiting	**zaczekała**	she waited, she
chekawa		zachekawa	has waited

Perfective forms can sometimes be identified because they look like a simpler form of the imperfective spelling:

zdejmować/zdjąć
zdaymovach/z-dyonch
to take off, to remove

kupowała
koopovawa
she was buying

kupiła
koopeewa
she bought, she has bought

The Future Tense

There are two ways of translating the future in Polish, using either the imperfective or perfective aspect of the verb. The imperfective aspect denotes a continuous action in the future:

będę na ciebie czekać przed kinem
bendeh na cheb-yeh chekach pshet keenem
I'll be waiting for you outside the cinema

The perfective denotes a firm intention or promise:

zrobię to
zrob-yeh to
I'll do it

To form the future tense using the imperfective aspect, use the future tense of **być** 'to be', followed by the infinitive of the main verb:

być	[bich]	to be
będę	[bendeh]	I will be
będziesz	[bendjesh]	you will be (sing, fam)
będzie	[bendjeh]	he/she/it will be, you will be (sing, pol)
będziemy	[bendjemi]	we will be
będziecie	[bendjecheh]	you will be (pl, fam)
będą	[bendON]	they will be, you will be (pl, pol)

czy tu będziesz mieszkać?
chi too bendjesh m-yeshkach
will you be staying here?

będę tak długo do niej dzwonić aż się dodzwonię
bendeh tak dwoogo do n-yay dsvoneech ash sheh dods-von-yeh
I'll keep ringing her until I get through

To form the future tense using the perfective aspect, take the infinitive and follow the conjugation patterns as for the present tense on page 270:

imperfective	perfective
robić [robeech]	zrobić [zrobeech] to do, to make
robię [rob-yeh]	zrobię [zrob-yeh]
I do, I am doing	I will do
I make, I am making	I will make

Negatives

To form a negative sentence, place the negative particle **nie** in front of the verb (even if there are other negatives in the sentence):

tam nigdy nikogo nie ma
tam neegdi neekogo n-yeh ma
there is never anybody there

on mi nic nie powiedział
on mee neets n-yeh pov-yedja^{wuh}
he has told me nothing,
he hasn't told me anything

jeszcze tego nie widziałam
yesh-cheh tego n-yeh veedjawam
I haven't seen it yet

ona nigdy nie ma pieniędzy
ona neegdi n-yeh ma p-yen-yendsi
she never has any money

nie mam czasu
n-yeh mam chasoo
I have no time

Imperative

The imperative is used to express a command or suggestion as in 'come here!' or 'let's go for a walk'. Regular imperatives are formed by adding the appropriate ending to a stem taken from the third person singular of the imperfective verb; the polite imperative is also preceded by the word **niech** and the appropriate polite pronouns:

czytać [chitach] to read

third person singular: **czyta**

czytaj	[chiti]	read (fam)
czytajmy	[chitimi]	let's read
czytajcie	[chiticheh]	read (pl, fam)
niech pan/pani czyta	[n-yeн pan/panee chita]	read (pol: to man/woman)
niech państwo czytają	[n-yeн panstfo chiti-ON]	read (pol: to men and women)

pisać [peesach] to write

third person singular: **pisze** (stem = **pisz-**)

pisz	[peesh]	write (fam)
piszmy	[peeshmi]	let's write
piszcie	[peesh-cheh]	write (pl, fam)
niech pan/pani pisze	[n-yeн pan/panee peesheh]	write (pol: to man/woman)
niech państwo piszą	[n-yeн panstfo peeshoN]	write (pol: to men and women)

With some verbs, the imperative is formed from the perfective of the verb:

infinitive	imperative
śpieszyć się/pośpieszyć się	**pośpiesz się!**
sh-pyeshich sheh/posh-pyeshich sheh	posh-pyesh sheh
to hurry	hurry!

infinitive	imperative
czekać/poczekać	**poczekaj!**
chekach/pochekach	pochekī
to wait	wait!

The following are some useful imperatives:

idź stąd!	**chodź tu!**	**chodźmy!**
eech stont	нoch too	нochmi
go away!	come here!	let's go!

In some commands, the infinitive is used instead of the imperative:

proszę wejść!
prosheh waysh-ch
come in!

Questions

To form a general question (for yes/no answers), add the particle **czy** at the beginning of the sentence. The word order does not change. For a specific question add an interrogative pronoun (why, when etc) at the beginning of the sentence:

czy kupiłeś bilety?
chi koopeewesh beeleti
have you bought the tickets?

czy jesteś głodna?
chi yestesh gwodna
are you hungry?

gdzie pani mieszka?
gjeh panee m-yeshka
where do you live?

kiedy on wraca?
k-yedi on vratsa
when is he coming back?

ile to kosztuje?
eeleh to koshtoo-yeh
how much does it cost?

Dates

Use the ordinal numbers on page 282 to express the date; the ordinal number is always in the genitive case and follows the declension patterns of adjectives (see page 260):

pierwszego kwietnia
p-yerfshego k-fyet-nya
the first of April

dwudziestego pierwszego czerwca
dvoodjestego p-yerfshego cherftsa
the twenty-first of June

Days

Sunday niedziela [n-yedjela]
Monday poniedziałek [pon-yedjawek]
Tuesday wtorek [ftorek]
Wednesday środa [shroda]
Thursday czwartek [chvartek]
Friday piątek [p-yontek]
Saturday sobota

Months

January styczeń [stichen^{yuh}]
February luty [looti]
March marzec [maɹets]
April kwiecień [k-fyechen^{yuh}]
May maj [mī]
June czerwiec [cherv-yets]
July lipiec [leep-yets]
August sierpień [sherp-yen^{yuh}]
September wrzesień [vɹeshen^{yuh}]
October październik [paɹdjerneek]
November listopad [leestopat]
December grudzień [groodjen^{yuh}]

Time

what time is it? która godzina? [ktoora godjeena]
1 o'clock pierwsza [p-yerfsha]
2 o'clock druga [drooga]
3 o'clock trzecia [tshecha]
4 o'clock czwarta [chfarta]
5 o'clock piąta [p-yonta]
6 o'clock szósta [shoosta]
7 o'clock siódma [shoodma]

8 o'clock ósma [oosma]

9 o'clock dziewiąta [djev-yonta]

10 o'clock dziesiąta [djeshonta]

11 o'clock jedenasta [yedenasta]

12 o'clock dwunasta [dvoonasta]

it's one o'clock jest pierwsza [yest p-yerfsha]

it's two/three/four o'clock jest druga/trzecia/czwarta [drooga/ tshecha/chfarta]

it's five o'clock jest piąta [p-yonta]

five past one pięć po pierwszej [p-yench po p-yerfshay]

ten past two dziesięć po drugiej [djeshench po droog-yay]

quarter past one kwadrans po pierwszej [kfadrans po p-yerfshay], piętnaście po pierwszej [p-yentnash-cheh]

quarter past two kwadrans po drugiej [droog-yay], piętnaście po drugiej

half past one wpół do drugiej* [fpoo^{wuh} do droog-yay]

half past ten wpół do jedenastej* [yedenastay]

twenty to ten za dwadzieścia dziesiąta [dvadjesh-cha djeshonta]

quarter to two za kwadrans druga [kfadrans drooga], za piętnaście druga [p-yentnash-cheh]

quarter to ten za kwadrans dziesiąta [djeshonta], za piętnaście dziesiąta

at one o'clock o pierwszej [p-yerfshay]

at two/three/four o'clock o drugiej/trzeciej/czwartej [droog-yay/tshechay/chfartay]

at five o'clock o piątej [p-yontay]

at half past four o wpół do piątej [fpoo^{wuh}]

14.00 czternasta zero zero [chternasta zeh-ro]

17.30 siedemnasta trzydzieści [shedemnasta tshidjesh-chee]

noon południe [powood-nyeh]

midnight północ [poo^{wuh}nots]

a.m. rano [rano]

p.m. po południu [po powood-nyoo]

hour godzina [godjeena]

minute minuta [meenoota]
second sekunda [sekoonda]
quarter of an hour kwadrans [kfadrans]
half an hour pół godziny [poo^wuh godjeeni]
three quarters of an hour trzy kwadranse [tshi kfadranseh],
czterdzieści pięć minut [chterdjesh-chee p-yench meenoot]

* For 'half past' the hour, refer to the next hour: **wpół do drugiej** literally means 'half an hour until 2 o'clock'.

Numbers

0 zero [zeh-ro]
1 jeden [yeden], jedna, jedno[1]
2 dwa[1] [dva], dwaj [dvī], dwie [d-vyeh], dwoje [dvoyeh]
3 trzy [tshi]
4 cztery [chteri]
5 pięć [p-yench]
6 sześć [shesh-ch]
7 siedem [shedem]
8 osiem [oshem]
9 dziewięć [djev-yench]
10 dziesięć [djeshench]
11 jedenaście [yedenash-cheh]
12 dwanaście [dvanash-cheh]
13 trzynaście [tshinash-cheh]
14 czternaście [chternash-cheh]
15 piętnaście [p-yentnash-cheh]
16 szesnaście [shesnash-cheh]
17 siedemnaście [shedemnash-cheh]
18 osiemnaście [oshemnash-cheh]
19 dziewiętnaście [djev-yentnash-cheh]
20 dwadzieścia [dvadjesh-cha]
21 dwadzieścia jeden [dvadjesh-cha yeden]
22 dwadzieścia dwa [dvadjesh-cha dva]
23 dwadzieścia trzy [tshi]
30 trzydzieści [tshidjesh-chee]
31 trzydzieści jeden [tshidjesh-chee yeden]
32 trzydzieści dwa [tshidjesh-chee dva]
33 trzydzieści trzy [tshi]
40 czterdzieści [chterdjesh-chee]
50 pięćdziesiąt [p-yendjeshont]
60 sześćdziesiąt [sheshdjeshont]
70 siedemdziesiąt [shedemdjeshont]

80	osiemdziesiąt [oshemdjeshont]
90	dziewięćdziesiąt [djev-yendjeshont]
100	sto
101	sto jeden [yeden]
102	sto dwa [dva]
110	sto dziesięć [djeshench]
200	dwieście [d-vyesh-cheh]
300	trzysta [tshista]
400	czterysta [chterista]
500	pięćset [p-yenset]
600	sześćset [shayset]
700	siedemset [shedemset]
800	osiemset [oshemset]
900	dziewięćset [djev-yenchset]
1,000	tysiąc [tishonts]
2,000	dwa tysiące[2] [dva tishontseh]
3,000	trzy tysiące [tshi]
4,000	cztery tysiące [chteri]
5,000	pięć tysięcy[3] [p-yench tishentsi]
6,000	sześć tysięcy [shesh-ch]
7,000	siedem tysięcy [shedem]
8,000	osiem tysięcy [oshem]
9,000	dziewięć tysięcy [djev-yench]
10,000	dziesięć tysięcy [djeshench]

100,000	sto tysięcy
1,000,000	milion [meel-yon]

[1] for use of the different forms of **jeden** and **dwa**, see page 256

[2] **tysiące** is used with 2,000, 3,000 and 4,000

[3] for 5,000 or more use **tysięcy**

Ordinals

first	pierwszy [p-yerfshi]
second	drugi [droogee]
third	trzeci [tshechee]
fourth	czwarty [chfarti]
fifth	piąty [p-yonti]
sixth	szósty [shoosti]
seventh	siódmy [shoodmi]
eighth	ósmy [oosmi]
ninth	dziewiąty [djev-yonti]
tenth	dziesiąty [djeshonti]

Conversion Tables

1 centimetre = 0.39 inches   1 inch = 2.54 cm

1 metre = 39.37 inches = 1.09 yards   1 foot = 30.48 cm

1 kilometre = 0.62 miles = 5/8 mile   1 yard = 0.91 m

1 mile = 1.61 km

km	1	2	3	4	5	10	20	30	40	50	100
miles	0.6	1.2	1.9	2.5	3.1	6.2	12.4	18.6	24.8	31.0	62.1

miles	1	2	3	4	5	10	20	30	40	50	100
km	1.6	3.2	4.8	6.4	8.0	16.1	32.2	48.3	64.4	80.5	161

1 gram = 0.035 ounces   1 kilo = 1000 g = 2.2 pounds

g	100	250	500	1 oz = 28.35 g
oz	3.5	8.75	17.5	1 lb = 0.45 kg

kg	0.5	1	2	3	4	5	6	7	8	9	10
lb	1.1	2.2	4.4	6.6	8.8	11.0	13.2	15.4	17.6	19.8	22.0

kg	20	30	40	50	60	70	80	90	100
lb	44	66	88	110	132	154	176	198	220

lb	0.5	1	2	3	4	5	6	7	8	9	10	20
kg	0.2	0.5	0.9	1.4	1.8	2.3	2.7	3.2	3.6	4.1	4.5	9.0

1 litre = 1.75 UK pints / 2.13 US pints

1 UK pint = 0.57 l   1 UK gallon = 4.55 l
1 US pint = 0.47 l   1 US gallon = 3.79 l

centigrade / Celsius   °C = (°F - 32) x 5/9

°C	-5	0	5	10	15	18	20	25	30	36.8	38
°F	23	32	41	50	59	64	68	77	86	98.4	100.4

Fahrenheit   °F = (°C x 9/5) + 32

°F	23	32	40	50	60	65	70	80	85	98.4	101
°C	-5	0	4	10	16	18	21	27	29	36.8	38.3

have good. Week

Mieć dobry tydzień

Myech dobra tidjen.